KB201399

케이컬처 시대의
아티스트 케어

Artist Care in the K-culture Era

케이컬처 시대의
아티스트
케어

연기 예술인의
롤링, 디롤링, 멘탈 헬스

Actor's Roling, De-roling and Mental Health

김정섭 지음

한울
아카데미

자신을 사랑하고
친절과 존중으로 자신을 온전히 받아들이는 배우는
자신이 연기하는 캐릭터와 더 잘 연결될 수 있습니다.

자기애는 개인적 성장과 웰빙을 촉진하며,
그 진전은 다른 사람들와의 관계에서 창작 작업까지
모든 일에 영향을 미칩니다.

모니크 플랜테 (Moniqua Plante) *

"Actors who practice self-love and embrace themselves fully with kindness and respect can connect better with the characters they play. Self-love nurtures your personal growth and well-being, and that progress filters down into everything you do, from your relationships with others to your creative work."

* 미국 샌프란시스코 태생(1971), 배우이자 배우 전문 건강과 웰빙 컨설턴트.

차례

머리말

존숭하는 독자 여러분! 반갑습니다. 이 책은 무대, TV, 스크린 등에서 활동하는 배우, 가수, 개그맨, 연주자, MC 등 연기 예술인의 건강하고 안정적인 예술 활동과 행복한 일상을 돕기 위한 전문 가이드북입니다. 서구에서 널리 권장되고 있는 배역 탈피술(配役 脫皮術)인 '디롤링 기법(De-roling Techniques)'을 국내에 공식적으로 처음 소개하는 것은 물론이고 우리나라의 예술 환경에 맞는 롤링·디롤링과 멘탈·생활 관리에 관한 과학적인, 최적의 기법들을 다양하게 제시함으로써 예술가들이 연기, 공연, 일상에서 효율적으로 활용할 수 있도록 구성했습니다.

또한 일반인도 이를 응용해 자신의 전문 분야에 적용하고 직무와 일상을 오가며 유용하게 쓸 수 있게끔 기획했습니다. 아울러 드높아진 '케이컬처(K-culture)'의 위상에 맞게 그간 결여되었거나 미흡했던 대한민국 예술인 케어 시스템의 수준을 드높이고자 하는 취지에서, 오랫동안 관련 기법을 전문적으로 탐구하고 숙련하며 축적한 필자의 연구 결과물이기도 합니다.

영화, 드라마, 가요 등의 히트로 국제적으로 높은 위상을 확보한 케이컬처는 지금 대한민국 국민의 자부심과 긍지로 자리 잡은 지 오래입니다. 해외 팬도 엄청나게 늘고 있습니다. 그런데 조금은 부끄러운 일이지만, 이렇게 영광스러운 성과에는 누구도 부인할 수 없게 어두운 '그늘'이 있었습니다. 그 그늘 가운데 하나가 바로 체계화, 전문화, 과학화되지 못한 '배우 케어(actor care) 시스템'입니다. 이것은 세계에서 폭넓게 각광받는 케이컬처를 튼튼하게 떠받칠 하부구조로서, 케이컬처의 확장과 지속 가능한 발전을 위해 반드시 필요한 체계입니다. 그럼에도 우리나라는 관련 제도가 워낙 부실하고 미흡해 그 실상이 후진국 수준입니다.

식견이 높으신 독자님들께서도 아시다시피, 그간 많은 배우와 가수가 연극, 영화, 드라마, 뮤지컬 작품, 콘서트를 마친 후 자신이 맡아 열연했던 캐릭터에서 벗어나지 못해 다양한 '후유증'을 겪었습니다. 그런 후유증은 침울하거나 불우한 일상사와 겹치면서 극단적 선택이 빈발하는 참혹한 문제도 초래했습니다. 연구자 샐리 베일리(Sally Bailey)와 페이지 디킨슨(Paige Dickinson)이 강조했듯이 배우가 작품 속 역할과 본래 자아 사이에 있는 '흐릿한 경계(blurred boundaries)'에 머물다 보면 각종 정서적 고통과 생활의 불편을 겪습니다(Bailey and Dickinson, 2016a: 1~18). 오늘도 그런 고통에 시달리는 예인들이 적지 않을 것입니다.

역할 인입(役割引入, roling, en-roling, 맡은 배역 연기 들어가기)과 역할 이탈(役割離脫, de-roling, 맡은 배역에서 원래 자신으로 돌아오기)은 각각 고도의 정신적, 감정적, 행동적, 생리학적 변화를 수반하는 예술적 과정이므로 엄청난 수준의 정서적 집중과 에너지를 소모하며 적잖은 스트레스를 유발합니다. 그런 후유증의 원인은 모두 짐작하시겠지만, 매우 다양합니다.

작품에 캐스팅되어 제작에 들어갈 때마다 역할의 내재화, 정서적 몰입(flow), 인물 구축(character building 또는 character development)을 숙명적으로 반복할 수밖에 없는 직업적 특성 탓에 배역의 페르소나(persona)에서 본래(자연인)의 자아로 환원하지 못하는 디롤링 문제, 그 문제와 개인 또는 주변의 문제가 중첩 및 복합되어 생기는 문제까지를 포함합니다.

디롤링 장애·지체에 따른 증상은 극심한 피로, 어지러움, 가벼운 두통, 불면증부터 통합돼야 할 자의식이 둘 이상으로 나누어지는 것 같은 혼란을 겪는 자아분열증(自我分裂症)은 물론이고 심각한 우울증, 무대 불안증(stage fright, performance anxiety), 공황장애까지 범위가 넓습니다. 정신건강이 피폐해지고 행복을 훼손할 뿐만 아니라 목숨을 포기하는 경우마저 있습니다. 이런 경우 가족, 친구, 동료 예술인, 나아가 팬들에게도 '베르테르 효과(Werther Effect)'를 유발해 동조·전염되는 등 폐해가 커지게 됩니다. 이것은 대참사이며, 매우 안타까운 일입니다.

너무 잘 아시겠지만, 과거 드라마 〈구가의 서〉에 나온 배우 이성재, 영화 〈연가시〉의 배우 김명민, 〈범죄도시〉에서 두목 장첸 역을 소화한 배우 윤계상, 영화 〈7년의 밤〉에서 복수심에 사로잡힌 부정(父情)을 연기한 배우 장동건, 드라마 〈아내의 유혹〉에서 표독스러운 역을 연기한 배우 김서형, 드라마 〈리멤버〉에서 분노 조절 장애로 얼룩진 재벌가 아들로 나온 배우 남궁민은 각각 작품을 끝낸 직후, 앞에서 말씀드린 디롤링 장애·지체 문제로 심각한 후유증을 겪었다고 언론에 각각 고백했습니다. 연기 관록이 짙은 것으로 정평이 난 배우 김해숙은 위안부 문제를 다룬 영화에서 위안부 역할에 몰입했을 때, 가수 출신의 뮤지컬배우 옥주현은 2012년 〈엘리자벳〉의 주연을 맡아 연기할 당시 각각 같은 증상을 겪었다고 말했습니다. 외국의 경우 명배우 니콜 키드먼(Nicole Kidman)이 영화 〈베이비 걸(Babygirl)〉 출연 당시 이런 유형의 고통을 겪어 고생했다고 2024년 고백했습니다.

그런데 이런 문제는 중병, 즉 질병이 아니라 단지 배우라는 특별한 직업이 갖는 유별난 경험입니다. 앞서 제시한 배우들만의 문제도, 결코 부끄러워할 이슈도 아닙니다. 인지도, 인기, 경력, 연기 장르에 관계없이 배역과 본래 자아 간의 전환이 일상인 배우라면 누구나 겪을 수 있는 '직업적 특징이자 증상'이기 때문입니다. 배우들은 연기하는 대부분의 시간 동안 다양한 기법으로 캐릭터에 최대한 몰입합니다. 연기 종료 후 그 캐릭터에서 벗어나는 것은 매우 어려운 문제였기에, 디롤링은 그간 많은 배우가 스스로 해결해야 했던 도전적 과제였습니다. 과거에는 과학적인 관련 기법이 정립하지 않아 널리 제시되지 못했기에 대학 등 교육기관은 물론이고 극단, 학원에서조차 가르칠 수 없었기 때문입니다.

특히 전통적인 연기 교육 방식으로 여전히 연기 예술계와 연기 교육 현장에서 맹위를 떨치는 '메소드 연기(method acting) 기법'의 적용은 배우가 완전하게, 그리고 철저하게 작중 인물이 되도록 지시하기만 했습니다. 그런 배역 인물에 동화하는 것은 막대한 에너지와 감정 소모가 수반되기에 반대로 역할 제거가 그만큼 어렵게 됩니다. 배역에서 매끄럽고도 완전하게 벗어나는 방법에 대해서는 특별한 해법을 제시하거나 지도한 적이 없습니다. 그건 개인이 알아서 하거나 술 한잔 마시면 해결된다는 식이었습니다. 이렇듯 역할 제거 과정은 개인 관행에 맡겼기에, 페르소나 전환이 쉽지 않은 배우의 경우 작품 종료 후 정리하는 과정에서 디롤링을 하는 데 심각한 장애나 결함을 느낄 수 있다고 지적받아 왔습니다.

연기에서 역할 제거 중 발생하는 장애·지체 문제는, 적합한 기법을 개발해 연기 교육 및 작품 제작 과정에 도입하면 개인적인 고질병이 아닌 이상 대부분 해결되리라 생각됩니다. 그러나 국내는 이에 대해 아직 미개척 상태이며 미국 등과 달리 기법 도입·적용에 대한 공론화조차 이루어지지 않았습니다. 미국에서는 대표적으로 공연 전문가 샐리 베일리와 페이지 디킨슨이 '안전한 디롤링 방법'을 개발하는 등 연구가 활발해지고 있습니다.

16만 명의 회원을 보유한 미국 영화배우조합 및 TV·라디오 아티스트 연합(SAG-AFTRA, Screen Actors Guild and the American Federation of Television and Radio Artists), 남아프리카공화국배우조합(SAGA, South African Guild of Actors) 등 외국 배우 조합과 단체들도 최근 온라인과 오프라인으로 디롤링 워크숍을 종종 열어 효과적인 배우 케어 서비스를 제공하며 회원들 간에서도 관련 해법을 공유하도록 권장하고 있습니다. 캐스팅, 극예술, 배우 관련 전문 웹사이트에도 디롤링 기법에 관한 정보가 점차 게시되고 있고, 이를 전문으로 하는 회사들도 체계를 갖춰 영업 활동을 활발하게 하고 있습니다.

미국 뉴욕에 위치한 뉴스쿨(NYC at The New School)에서는 2023년 10월 7~8일 디롤링 기법, 경계(boundaries)의 설정과 전달, 갈등 관리를 위한 회복

남아프리카공화국배우조합의 디롤링 워크숍 일정(2020.10.21).
자료: Chauke(2020.10.20).

뉴욕 뉴스쿨의 극적 친화성 강화 교육 일정(2023.10.7~10.8)(왼쪽)과 질루바 프로덕션의 디롤링
워크숍 일정(2023.9.2)(오른쪽).
자료: Xiluva Productions(2023.8.10).

적 정의 체제(Restorative-justice frameworks) 등을 배우는 '극적 친화성 강화 교육(TIE, Theatrical Intimacy Education)'을 주제로 주말 유료 워크숍(14시간 프로그램)을 열었습니다. 이에 앞서 남아프리카공화국 요하네스버그에 있는 질루바 프로덕션(Xiluva Productions)은 2023년 9월 2일 전문 배우 놈만갈리소 테베카(Nommangaliso Tebeka)가 주재하는 디롤링 워크숍(주제: 캐릭터에서 벗어나기 위한 여덟 가지 기술)을 실시했습니다.

국내에서는 그간 환자의 치유를 주목적으로 하는 '연극치료(演劇治療)', 즉 드라마 테라피(drama therapy) 연구가 이어졌을 뿐, 순수하게 배우들을 위한 디롤링 처치에 집중된 연구나 논의는 찾아보기 어려웠습니다. 영화, 온라인 동영상 서비스(OTT, Over The Top) 드라마 등의 히트, 삼성전자와 LG 전자 등에서 론칭한 신생 플랫폼 FAST(free ad-supported streaming television)를 통한 케이 콘텐츠(K content)의 세계 전파 등으로 케이컬처가 세계적으로 더욱 주목을 받는 요즘, 필자는 그 주역인 배우에 대한 심리 케어 기법과 관리 노하우도 그 수준에 부합해야 한다고 생각해 디롤링 기법을 구체적으로 소개하고 도입·적용을 권하는 책의 집필에 착수했습니다.

따라서 이 책은 배우를 중심 대상으로 서술했지만 연기 예술인 전체를 목표 집단으로 삼아 그들의 케어를 최적화할 연기 착수, 캐릭터 인입, 캐릭터 탈피 기법의 개발·제공, 정신건강과 일상생활에서의 과학적 자기관리 기법을 제시하는 데 중점을 뒀습니다. 아울러 이를 응용해 다양한 영역에 종사하는 일반인들이 일상 심리 및 컨디션 관리를 원활하게 할 수 있도록 다목적으로 기획되었습니다.

이는 영상산업의 주역인 배우들의 안정적인 예술 활동을 지원할, 또한 갑자기 스스로 목숨을 끊는 것과 같은 비극을 예방하는 데 보탬이 될 시스템 마련 차원에서 접근한 것입니다. 필자도 최정상의 인기를 누리던, 동시에 제자이기도 했던 걸그룹 카라의 구하라 씨가 이렇게 세상을 떠난 참담한 아픔이 이 책을 출간하는 결정적 동기가 되었습니다. 책의 목표는 따라서 배우 지망생과 배우 등 연기 예술인의 건강과 행복 지원, 배우 생활의 지속성 확보, 연기 능력의 항상성 유지, 마음 근육의 강화 등에 필요한 기법과 노하우를 충분하게 제공하는 것입니다.

다시 강조하지만 이 책은 연기 예술인을 대표해 '배우'라는 말로써 주로 서술했지만, 이 '배우'에는 연기자는 물론이고 가수, 개그맨·개그우먼, 코미디언, 연주자, 지휘자, 국악인, 무용가, 곡예사, 마술사 등을 모두 포함합니다. 이들은 모두 실연(實演), 즉 퍼포먼스(performance)를 하는 '배우 그룹'입니다. 쉴 새 없이 앵글이 돌아가는 땅과 드론이 떠 있는 하늘 위 카메라 앞, 현란한 조명이 있는 높은 무대, 그리고 입체적으로 직시하며 응시·감상·수용·비판의 눈을 지닌 관객 앞에서 연기하는 분들이기에, 이 책은 연기 전후 원활한 배역 인입과 탈피에 도움을 줄 것이라고 생각합니다.

아울러 명사(celebrity)급과 고위직을 포함해 직장과 가정을 오가며 공적·사적 역할과 그에 따라 페르소나를 수시로 변환하는 많은 직장인에게도 유용할 것입니다. 특히 언론과 대중 앞에 노출이 잦은 공인(公人)인 경우 또한 아티스트나 명사 못지않게 스트레스가 많기에 활용도가 클 것입니다.

배우 관리의 핵심인 '디롤링 기법'의 한국적 모델화 토대 마련을 위한 이전의 연구에서 인터뷰에 응해준 영화, 드라마, 연극, 뮤지컬 배우 21명과 익명의 배우들에게 감사드립니다. 아울러 특별히 장시간을 할애하여 심층 인터뷰로 고견을 피력해 주신 '연기 장인(匠人)' 윤복희, 이상희, 손병호, 정연주 배우님과 책의 출간을 위해 수고해 주신 김종수 한울엠플러스(주) 대표님을 비롯한 출판사 임직원들께도 각각 감사의 말씀을 드립니다.

이 책이 그 속에 담긴 콘텐츠를 필요로 하는 모든 분께 매우 소중하게 활용되기를 소망합니다. 아울러 본서의 출간을 계기로 우리나라 아티스트 케어 시스템이 세계 최고 수준으로 발전하고, 모든 연기 예술인과 일터의 국민들이 롤링, 디롤링을 원활히 하고 튼튼한 마음 근육의 바탕 위에 심신 관리를 매끄럽게 하여 매일 행복을 누리시기를 기원합니다. 감사합니다.

제1장

롤링-디롤링의 정의와
배역별 에너지 소요

1. 롤링과 디롤링의 개념과 등장 배경

배우는 평소 일반인과 대동소이한 자연인(自然人)의 모습이었다가, 캐스팅된 작품에 들어가면 그것과는 완전히 다른 자신이 맡은 배역의 인물로 몰라보게 탈바꿈한다. 작품이 매일 공연되거나 촬영된다면 배우는 하루에도 여러 번 이런 전환을 해야 한다. 가수, 연주가 등 다른 장르의 예술가도 마찬가지다. 이런 메커니즘은 예술가에게 그들의 존재감을 인증하는 작업인 동시에 묘미, 매력, 기쁨, 희열, 행복, 자아실현의 과정인데, 반대적 측면에서는 적잖은 부담과 스트레스이기도 하다.

디롤링은 작품의 역할에서 효과적으로 벗어나는 '배역 탈피술'이다. 연기 메커니즘에서 '롤링(roling)'은 배우가 자신의 배역(配役)에 몰입하는 것을 말한다. 캐릭터에 들어가는 것 또는 캐릭터 인입 기술을 뜻하기에 '인롤링(en-roling)'이라고도 한다. 이와 달리 '디롤링(de-roling)'은 연기를 마친 후 역할(役割)을 말끔하게 제거하는 것 또는 그 기법으로서, 한마디로 배역 탈피 기술을 의미한다. 배우가 작품(드라마, 영화, 연극, 뮤지컬, 쇼, 예능 등)에서 맡은 배역을 무대 또는 카메라(화면) 앞에서 연기한 뒤, 그 작업이 끝나면 배역으로부터 벗어나 본래 자신의 자아로 돌아오는 고도의 연기 및 심리 전환 기술이다. 작품 속 역할과 본래의 자아 사이의 '흐릿한 경계'에 머물지 않고 연기한 캐릭터에서 분명하고 말끔하게 벗어나게 하는 기술로서,

배우는 본래 자아와 작품 캐릭터를 넘나들어야 하기에 여러 개의 가면을 쓰고 살아가는 직업이다.

배우가 아티스트에서 자연인으로 돌아오는 모든 과정을 지칭한다.

대상이 보통 사람 또는 일반인, 즉 배우가 아닌 다른 직업군에 있는 사람이라면 디롤링은 자신이 속한 조직이나 직장, 단체 등에서 '사회적 역할' 또는 '공적 역할'을 수행한 뒤 그 직업, 보직, 임무, 직분의 캐릭터로부터 탈피해 가장 편안하고 자연스러운 본래의 자아로 환원하는 것을 지칭한다. 배우에게 '대본'은 이러한 사회적 역할의 지침이나 가이드에 해당하는데, 비유하자면 이것은 조직, 직장, 단체에서 일하는 사람들의 '직무 매뉴얼(job manual)', '업무 준칙'과도 같은 것이라 할 수 있다.

배우 가운데 '연기의 신', '연기의 달인'으로 비유되는 뛰어난 능력을 지닌 분들은 종종 다른 동료 배우들이나 연출가들, 나아가 시청자, 관객들 사이에 메소드 연기의 '신화적 존재'로 칭송된다(Frawley, 2023.10.5). 그런 배우들은 연기 능력을 출중하게 타고난 경우도 있지만, 적지 않은 분들은 캐릭터 구현의 몰입도와 완성도를 높이고자 강도가 센 극단적 방법과 수단을 사용하며 훈련하는 경우가 많다. 남과 달리 유별나게 반복적이고 지속적인 연기 훈련을 하기도 한다. 그러다 보면 디롤링이 잘 되지 않아 여러 증상이 생겨 불안 정서(uncomfortable feeling)에 사로잡힌다. 이러한 문제가 발생하면 이를 방어하기 위해 다양한 범위의 기술과 전략을 사용하게 된다(Stafford, 2005: 1083~1085).

사례를 구체적으로 들여다보면 연기력이 출중한 배우들은 오랫동안 안정된 캐릭터를 유지하거나 작품마다 변화무쌍함을 선보인다는 점에서 짐짓 화려하게 보여 다른 배우들의 부러움을 살지 모르지만, 그것은 결코 무용담이 될 수 없다. 오직 소수만 나름대로 경험과 노하우를 축적해 그것으로 버틸 뿐, 대부분은 디롤링 장애나 지체로 인해 말하기 어려운 고통을 겪는 경우가 많고, 심지어 건강과 행복이 파괴되는 경우도 있다.

배우는 작품에 집중하고자 캐릭터 인입(en-roling)에 적합하도록 감정을 고조시킨다. 그렇게 극도의 감성과 에너지를 소진하면 금방 기진맥진하기 마련이다. 아드레날린이 혈관으로 분출되는 듯한 느낌을 받는다면, 진짜 눈물이 얼굴을 타고 흐른다면, 어쩌면 연기를 그만두고 몇 주간 충분히 쉬면서 회복에 집중해야 할지 모른다(Frawley, 2023.10.5).

사람은 자신과 다른 사람처럼 생각하고, 느끼고, 말하고, 행동하는 캐릭터에 세심하게 들어가고자 엄청난 시간을 소비하는데, 반대로 그런 타인의 캐릭터에서 벗어나는 데에도 그만큼 많은 시간과 에너지를 소비한다(Arts Wellbeing Collective, 2019). 배우는 직업 특성상 이런 캐릭터 인입(들어가기)과 이탈(벗어나기)을 계속하고 또 계속해야 하는 사람이기에, 캐릭터와 본래의 자아를 오가는 전환에서 특별한 관리가 요구된다.

배우들이 특히 다음과 같이 고백한다면 특별한 디롤링 처치나 관련 상담이 필요한 상황으로 봐야 한다. 이를테면 "나는 최근 서울 대학로와 4대 광역시를 돌며 6개월 이상 연극 공연을 마치고 막 쉬고 있는데, 내가 맡은 슬픈 배역의 정서가 그대로 내 삶에 빠져들어 하루 종일 우울한 감정에 사

〈표 1-1〉 **롤링과 디롤링의 차이**

배역(역할)의 캐릭터 연기	배역(역할)의 캐릭터 제거
인입, 롤링(roling) 또는 인롤링(en-roling)	탈피, 디롤링(de-roling) 또는 디롤먼트(de-rolement)

로잡히기 일쑤였고, 어느 날은 그런 증상이 심해 모든 것을 놓아버리고 싶은 생각이 들었다"(30대 여배우의 고백) 또는 "나는 우울증을 앓았는데, 일주일에 6번 2시간 30분짜리 연기나 쇼를 하면서 여러 번 눈물을 자아낸 것을 기억해 낼 때까지 왜 그렇게 우울한지 도무지 알 수 없었다"와 같은 것이다(Frawley, 2023.10.5).

디롤링에는 정신에 지속적으로 영향을 주는 격렬한 감정적 충격인 '트라우마(trauma)'를 유발할 수 있는 연기 작업을 배우 스스로 인식하는 것, 공연이나 촬영 후 밀려드는 피로감 체감, 장면 파트너에 대한 감정을 포함해 등장인물의 감정을 일상생활에 반영하지는 않는지 점검하는 것 등이 포함된다.

'디롤링'은 우리말로 '역할(배역) 제거', '역할 분리', '역할 탈피'로 간명하게 풀이할 수 있다. 이 책에서는 배우 세계나 배우 연구, 공연학과 같은 학술 분야에서 통용하기에 가장 쉬운 표현인 '역할 제거'로 통칭해 사용하기로 한다. 디롤링과 반대로 자신이 맡은 배역, 역할, 직무에 인입하는 것을 '롤링(roling)' 또는 '인롤링(en-roling)'이라 한다. 역할 제거(de-rolement)는 수행한 역할이 의식적으로 종료되는 인식 과정으로서(Valente and Fontana, 1994: 3~10), 배우가 자신의 '본래 자아(authentic self)'로 돌아와(Grootboom, 2012) 중립성(neutrality)을 얻는 과정이다(Landy, 2009: 65~88).

미국에서 배우와 캐스팅 디렉터를 상대로 캐스팅 정보를 제공하는 플랫폼 '캐스팅 네트웍스(Casting Networks)'에서는 '디롤링'을 "작품 캐릭터에서 자신을 분리하는 과정(the process of disentangling yourself from the character)"이라고 정의한다(Frawley, 2023.10.5). 아울러 디롤링을 하는 목적을 "배우의 정신건강과 신체적 행복을 보호해 배우라는 직업을 지속하기 위한 것"이라고 명시했다.

예전에는 이 용어가 생소했다. 그러나 이제는 연기나 공연, 드라마 테라피 관련 서구의 학술논문과 학술서에는 앞서와 같은 뜻으로 디롤링이 널리 쓰인다. 미국의 연구 정보 인터넷 신문인 ≪사이언스데일리(Science Daily)≫는 캔자스주립대학교의 연구 자료를 인용하여 디롤링에 대해 "배우들이 캐릭터 역할을 끝냈을 때 그들의 캐릭터에서 떠나는 것"이라고 풀이했다 (*Science Daily*, 2014.6.5; K-State, 2014.6.5).

≪사이언스데일리≫는 아울러 디롤링 기술의 예로 캐릭터를 떨쳐버리기 위해 팔다리와 몸을 흔들거나, 캐릭터의 특정 소품이나 의상을 감독에게 돌려줌으로써 의식적으로 공연에서 물러나는 것 등이 있다고 소개했다.

 클로즈업

배우의 롤링(캐릭터 창조) 요건과 방법론

공연 분야 예술가들은 무대 위나 카메라 앞에서 작품을 진행할 때마다 캐스팅된 다양한 배역을 연기해야 한다. 일례로 정극(正劇) 배우는 괴로워하는 메데이아(Medea), 사랑에 빠진 로미오(Romeo), 눈물을 흘리며 슬퍼하는 헤카베(Hecabe)처럼 감정과 성격이 다른 인물을 연기하고, 이를 감상하는 관객들은 그 연기에 숨을 죽이고, 심상에 불꽃이 튀기 시작한다(Gurbuz et al., 2016: 197~208). 이처럼 배우는 그 숙명에 따라 오직 자신이 속한 극의 세계와 현실 세계 사이에 존재하면서, 그 안에 내재된 이중 이미지들을 서로 교체하며 끊임없이 새로운 이미지를 창조한다(Cho, 1999: 393~405).

배우의 '롤링', 즉 배역 인입을 뜻하는 연기는 페르소나(배역 연기를 통해 표현하는

〈표 1-2〉 배우가 캐릭터를 창조하는 데 필요한 4대 요소

구분	『시학』에 나타난 아리스토텔레스의 견해	
진정성(authenticity)	크레스톤(chreston)	캐릭터를 진실하고 참되게 표현
구체성(specificity)	하르모톤(harmotton)	캐릭터 특성을 세세하게 표현
유사성(similarity)	호모이오스(homoios)	캐릭터와 가깝게 매끄럽게 묘사
일관성(consistency)	호마론(homalon)	극의 초-중-종반 표현 간의 일관성

외적 자아나 외적 인격)의 발현 과정이다(김정섭, 2019: 93~106). 연기를 뜻하는 어휘는 'performance', 'acting', 'play', 'perform', 'act' 등으로 다양하다. 롤링은 흔히 '캐릭터 창조(chracterization)' 또는 '인물 창조'로 일컬어진다.

롤링은 배우가 자신의 고유한 감성과 개성을 덧붙이는 예술·심미적 창조 과정을 통해 캐릭터 구축을 넘어 배역을 자기화하는 과정이다. 배우는 이렇듯 캐릭터를 창조하여 관객을 자극하고, 지시하고, 기쁘게 하고, 즐거움을 선사하는데, 관객은 이를 통해 전달되는 그들의 에너지와 열정을 확인하면서 '신뢰'를 형성한다(Sarason, 1999). 그 신뢰는 점차 연기력의 근거이자 스타덤을 구축하는 인기의 바탕이 된다.

영화 이론과 표현 연구자인 리처드 다이어(Richard Dyer)에 따르면 영화에서 배우가 연기하는 캐릭터는 캐릭터에 대한 관객의 사전 지식, 이름(사회적 상징과 의미), 외양(외적 특성과 의상·분장), 객관적 상관물(주변 물), 주인공 캐릭터의 발화, 주인공을 제외한 캐릭터의 발화, 제스처, 행동(움직임과 동선), 미장센(mise en scene: 조명, 색채, 프레이밍, 구성, 배우의 배치 등 환경 구성과 연출 요소)을 통해 창조된다(Dyer, 1998: 3~10; 2005; 2013).

배우의 극적 표현 행위인 캐릭터 창조는 전통적으로 진정성(authenticity), 구체성(specificity), 유사성(similarity), 일관성(consistency)을 갖춰야 한다. 이와 관련해 고대 그리스의 철학자인 아리스토텔레스(Aristoteles)는 『시학(Peri poiētikēs)』에서 배우의 캐릭터 창조 요건을 다음과 같이 네 가지로 구분했다 (Chatman, 1978; Chatman, 2006: 219; Briggs, 2001).

첫째, 라틴어 프로비타스(próbĭtas)와 동의어로서 적절한 성격, 즉 착함, 덕성

(德性), 성실, 정직, 결백, 청렴, 겸허, 정숙(貞淑), 단정함을 뜻하는 '크레스톤 (chreston)'(Elyot and Primaudaye, 2014: 163), 둘째, 세세함과 고유함을 뜻하는 '하르모톤(harmotton)', 셋째, 유사함을 뜻하는 '호모이오스(homoios)', 넷째, 일관성을 뜻하는 '호마론(homalon)'이다.

크레스톤은 캐릭터를 진실하고 참되게, 즉 진정성 있게 표현해야 한다는 것을, 하르모톤은 캐릭터가 지닌 고유한 특성과 행동을 그것에 맞게 세세하게 표현해야 함을 각각 이른다. 호모이오스는 맡은 캐릭터와 최대한 가깝게 표현한다는 것인데, 복사한 듯 똑같이 하는 것이 아닌, 매끄러운 묘사를 의미한다. 호마론은 극 중 배우가 행하는 대화와 동작 등 표현의 특성이 시종일관(극의 초반-중반-종반) 어긋남이나 이질감 없이 모두 같은 색채와 유형이어야 한다는 것이다.

어떻게 연기를 하는 것이 잘하는 연기이고, 어떤 방법을 적용하는 것이 적합한 연기술이냐에 관한 논쟁은 과거부터 계속되어 왔다. 금세기에는 심지어 배우라면 자신이 맡은 캐릭터 유형을 거의 그대로, 사실적으로 연기해야 한다는 '캐릭터 배우론'이 더 이상 연기론으로서 유일무이하지 않다는 것 또한 유력하게 설파되었다. 배우를 둘러싼 환경이 크게 바뀌었기 때문이다. 이에 따라 스타의 파워가 세지고 스타 배우의 이미지도 설정된 오늘날, 현대 배우는 '캐릭터 배우(chracter actor)'와 '퍼스낼리티 배우(personality actor)'라는 두 갈래의 길 가운데 하나를 가야 한다는 논의로 확장되었다.

'캐릭터 배우론'은 배우가 자신이 맡은 캐릭터에 사실적으로 인입해 연기해야 한다는 주장으로 메릴 스트리프(Meryl Streep), 로버트 드니로(Robert De Niro), 더스틴 호프먼(Dustin Hoffman), 앤 해서웨이(Anne Hathaway), 어맨다 사이프리드(Amanda Seyfried) 등이 이에 해당한다. 반면 '퍼스낼리티 배우론'은 배우가 본래 지닌 고유한 이미지와 개성을 맡은 캐릭터에 구현해야 한다는 것으로 톰 크루즈(Tom Cruise), 앤젤리나 졸리(Angelina Jolie), 브루스 윌리스(Bruce Willis), 제이슨 스테이섬(Jason Statham) 등이 그 전형이다(김시무, 2018; 오윤홍, 2020: 141~152). 이런 논의는 아직 스타급 배우의 세계에 국한되어 있지만, 보다 다른 층위와 범주의 배우 세계로 확장할 가능성도 있다.

전통적 연기학이나 연기론의 관점에서도 인물 창조론은 '메소드(내면적) 연기론'과 '외면적 연기론'이라는 두 갈래 논의가 양립한다. 러시아의 배우이자 연출가 콘스탄틴 스타니슬라프스키(Konstantin Stanislavski)가 체계화한 '메소드 연기'는 배우가 실제 체험한 사건의 감각 기억에 연기의 토대를 둔다. 그러나 러시아계 미국 배우이자 감독인 미하일 체호프(Michael Chekhov)의 '외면적 연기'는 연기자가 개인 경험을 떠나 감정과 상상으로 만들어내는 가상의 외적 자극들을 찾는 데 천착한다(박호영, 2009: 168~175).

미국 현대 연기론의 범주에서도, 뉴욕의 유서 깊은 극단 가운데 하나인 그룹 시어터(The Group Theatre)의 연출과 연기 지도를 맡았던 리 스트라스버그(Lee Strasberg)의 경우를 들 수 있다. 그는 스타니슬라프스키의 메소드 연기론을 응용해 이완(relaxation), 집중(concentration), 정서적 기억(affective memory)을 통한 심리적 측면, 즉 배우의 내적 메커니즘 개발에 중점을 두었다.

반면 배우이자 연기 지도자였던 스텔라 애들러(Stella Adler)는 행동 중심적인 입장에서 배우의 느낌(feeling), 행동(action)을 다루며 상상력(imagination), 신체적 행동(physical action)을 강조한다.

2. 디롤링의 어원과 학술적 개념

최근 국제학술 논문이나 해외 언론에는 디롤과 디롤링이라는 용어가 흔히 등장한다. 그러나 롤(role)이나 롤링(roling)과 달리 아직 영어사전에는 등록되지 않았으며, 특정 국가들에서만 연기 예술계의 전문용어로 통용된다. 따라서 'role'을 통해 그 의미를 유추할 수 있다. 'de-role'은 역할을 의미하는 'role'과 '분리'나 '제거'를 뜻하는 접두어 'de'가 결합된 학술 조어로서 "역할을 분리한다"라는 의미의 동사다. 'de'는 분리, 이탈, 이격(離隔), 멀어짐, 떨어짐, 분절(off, apart, away)'을 나타내는 접두사다. 따라서 명사형은 'de-roling' 또는 'de-rolement'이 된다.

〈표 1-3〉 디롤의 어휘 구성

de-role	
'de'	'role'
'분리, 이탈, 이격(離隔), 멀어짐, 떨어짐, 분절(off or apart or away or down)'을 나타내는 접두사	'역할(acting, part), 배역(part), 임무, 기능' 등을 의미

『옥스퍼드 영어 사전(Oxford Advanced Learner's Dictionary)』에서 'role'은 '연극이나 영화에서 배우의 배역', '조직 등 사회적 관계에서 갖게 되는 기능과 지위', '누군가가 어떤 상황이나 활동에 관여하는 정도와 그들이 그것에 미치는 영향'으로 각각 정의한다. 『메리엄웹스터 사전(Merriam-Webster Dictionary)』은 'role'에 대해 "배우나 가수가 연기하는 부분" 또는 "특정 동작이나 과정에서 특별히 수행되는 기능이나 부분" 등의 의미로 두루 정의하고 있다.

역할 제거의 핵심 개념이자 그 전제인 '역할'은 사전의 정의처럼 그 주체가 어떤 상황과 조직에 있느냐에 따라 다양하게 해석된다. 따라서 역할은 자신을 정의하는 데 중요하게 작용하며, 행동이나 타인 및 세상과의 상호작용에 따라 그 의미의 층위가 달라진다고 할 수 있다(Landy, 1993; Sarbin, 1986). 제이컵 모레나(Jacob Moreno)가 처음 제기한 '역할 이론(Role Theory)'은 모든 사람은 타고난 역할 수행자, 역할 창조자이며, 사람들이 역할을 통해 인생을 시작·발전·성장시킨다는 견해다(Bailey, 2014).

사람은 이전에 하지 않았던 역할을 맡고 일련의 행동을 통해 그것을 탐구한다(Sternberg and Garcia, 2000). 우리가 어떤 역할을 할 줄 안다면, 그것은 우리의 '역할 목록(role repertory)'의 일부가 되고, 그 역할 목록이 풍부해질수록 행동 측면에서 유연성이 높아진다. 일상이나 드라마에서나 역할이 적절한 방식으로 수행된다면 사람들은 행동과 관계, 역할 목록을 더욱 확장·발전시킬 수 있다(Bailey, 2014).

디롤링에 관해 극예술 연구, 배우 연구, 드라마 테라피 연구, 즉 어떤 연구인지에 따라 세계의 정의는 다양하다. 국내 연구는 아직 미진한 수준이기에 서구의 시각이 대부분이다. 먼저 토니 데이비스(Tony Davis)는 "디롤링은 드라마 작업의 형식적 구성 요소로서 고정되고 통제된 기간 몰두했던 역할을 내려놓을 수 있다는 가정에 따라 작동하는 시스템이자 방법"이라 정의했다(Davis, 1991: 6~19). 루실리아 발렌테(Lucilia Valente)와 데이비드 폰태나(David Fontana)는 디롤링을 "배우의 정체성이 갖는 인지·정서·신체·공간·신체적 측면을 되찾는 자아 환원 과정이자 수행한 역할이 의식적으로 끝나는 인식 과정"이라고 보았다(Valente and Fontana, 1994: 3~10).

디롤링에 대해 드라마 치료사인 에디 크네이셀(Eddy Knasel)과 동료 연구자들은 "배우가 역할극에서 특정 역할의 종료(끝)를 알리는 방법"(Knasel et al., 2003: 76), 심리학자 필 존스(Phil Jones)는 "배우가 현실로 다시 통합하기 위해 자신과 연기된 캐릭터에서 분리하는 의도적인 마음 챙김(mindfulness) 행위"라고(Jones, 2007) 각각 정의했다. 스테파노 괄레니(Stefano Gualeni)와 그의 동료들은 "어떤 개인(배우)이 일상적인 자아감에서 생생한 역할극을 경험하는 것이 '롤링'이라면 롤링을 경험한 뒤 그 역할극을 해제하는 것은 '디롤링'의 과정"이라고 비교해 설명했다(Gualeni et al., 2017).

▌ '디롤링'에 관한 다양한 정의 ▐

▷ 드라마 작업의 형식적 구성 요소로서 배우가 고정되고 통제된 기간 몰두했던 역할을 내려놓을 수 있다는 가정에 따라 작동하는 시스템이자 방법이다 (Davis, 1991).

▷ 배우의 정체성이 갖는 인지·정서·신체·공간·신체적 측면을 되찾는 자아 환원 과정이자 수행한 역할이 의식적으로 종료되는 인식의 과정이다(Valente and Fontana, 1994).

▷ 배우가 연기 후에 자신의 '본래 진짜 자아(authentic self)'로 돌아오는 과정을 말한다(Landy, 2009).

▷ 배우가 역할극에서 특정 역할의 종료(끝)를 알리는 방법이다(Knasel et al., 2003).

▷ 배우가 현실로 다시 통합하기 위해 자신과 연기된 캐릭터에서 분리하는 의도적인 마음 챙김 행위다(Jones, 2007).

▷ 어떤 개인(배우)이 일상적인 자아감에서 생생한 역할극을 경험(롤링)한 뒤 그 역할극을 해제하는 것을 말한다(Gualeni et al., 2017).

▷ 배우가 작품의 역할에서 탈피해 심신의 중립성(neutrality)을 얻는 과정이다 (Grootboom, 2012).

▷ 배우가 작품 속 역할과 본래 자아 사이의 '흐릿한 경계'를 탈피해 배역에서 완전히 벗어나는 것이다(Bailey and Dickinson, 2016a).

▷ 배우가 연기 종료 후 본래 자아와 현실을 재통합하기 위해 연기한 캐릭터와 분리하려는 의도적이고 사려 깊은 행동이다(Lassken, 2017).

▷ 배우가 캐릭터에서 자신을 분리하는 과정이다(castingnetworks.com; science daily.com).

▷ 배우들이 연기 텍스트의 역할에서 전환해 캐릭터를 극장에 남겨두는 기법이 다(Busselle, 2021).

▷ 배우가 자신의 예술적 역량을 발휘해 연극, 드라마, 영화, 뮤지컬 등의 극작에서 맡은 배역(캐릭터)을 무대 또는 카메라 앞에서 연기한 뒤 종료와 함께 배역에서 벗어나 본래 자신의 자아로 돌아오는 고도의 테크닉이다(김정섭, 2023).

심리학자이자 드라마 테라피 연구자인 로버트 랜디(Robert Landy)는 "배우가 연기 후에 자신의 본래 진짜 자아로 돌아오는 과정"이라고 보았다

(Landy, 2009: 65~88). G. 앨런 그루트붐(G. Allen Grootboom)는 "배우가 역할에서 탈피해 심신의 중립성을 얻는 과정"이라고 개념화했다(Grootboom, 2012). 베일리와 디킨슨은 배우가 작품 속 역할과 본래 자아 사이의 '흐릿한 경계'를 탈피해 배역에서 완전히 벗어나는 것이라고 보았다(Bailey and Dickinson, 2016a: 1~18). 사배너 래스컨(Savannagh Lassken)은 "배우가 연기 종료 후 본래 자아와 현실을 재통합하기 위해 연기한 캐릭터와 분리하려는 의도적이고 사려 깊은 행동"이라 규정했다(Lassken, 2017: 165~179).

배우 연구자인 필자는 디롤링을 "배우가 자신의 예술적 역량을 발휘해 연극, 드라마, 영화, 뮤지컬 등의 극작에서 맡은 배역(캐릭터)을 무대 또는 카메라 앞에서 연기한 뒤 종료와 함께 배역에서 벗어나 본래 자신의 자아로 돌아오는 고도의 테크닉"이라고 정의했다(김정섭, 2023). 올랜도 셰익스피어 극장(Orlando Shakespeare Theater)의 첫 번째 친화력 강화 코디네이터(intimacy coordinator) 출신으로서 연극 폭력과 연극적 친밀감을 주로 연구해온 케이트 부셀(Kate Busselle) 교수는 "배우들이 연기 텍스트의 역할에서 전환하여 역할을 극장에 남겨두는 기법"이라고 말했다(Busselle, 2021: 129~135). 그는 오클라호마대학교 페기 도 헬메리히 드라마 스쿨(Peggy Dow Helmerich School of Drama)에 재직하면서 연극 폭력과 연극적 친밀감을 주로 연구했다.

 클로즈업

미국 '캐스팅 네트워크'의 디롤링 기법

스타니슬라프스키 방식으로 몰입 연기를 하는 '메소드 배우들(method actors)'에게는 수많은 신화가 형성되어 전래된다. 대부분은 유명 배우가 자신의 캐릭터를 숙련하기 위해 연기 훈련 그리고 실연에서 극단적 조치를 취하거나 믿을 수 없을 만큼 오랫동안 캐릭터를 유지하는 것에 관한 현혹적이고 미화된 이야기인 경우가 많다. 이런 아이디어는 배우 지망생이나 신인급 배우에게 본받을 대상으로 여겨져 매혹적일 수도 있지만, 결국에는 배우의 정신건강과 신체적 행복에 파괴적인 결과를 초래할 수도 있다.

배우들은 메소드 연기의 수련법과 같은 극단적인 방법이나 수단을 쓰지 않더라도 반복적이고 지속적인 주제를 접하게 되면 감정이 고조되는 경우가 많다. 그러니 이런 방식에 효과를 보는 것으로 느끼는 것도 당연하다. 당신의 몸은 당신의 행동을 항상 감지하지 못한다. 아드레날린이 혈관을 통해 뿜어져 나오고 진짜 눈물이 얼굴을 타고 흘러내린다면, 최소한 기진맥진함을 느끼는 것은 자연스러운 일이다. 그렇다면 배우 생활을 하며 우리는 어떻게 자신을 보호하고 연기 일을 할 때 육체적·정신적 건강을 유지할 수 있을까?

배우의 본래 자아와 캐릭터 간 분리는 예술가의 건강에 매우 중대한 문제다. 그렇기에 캐릭터로부터 자신을 풀어내는 과정, 즉 '디롤링'이 필요하다. 디롤링은 배우 여러분 자신이 약하다는 것을 의미하지 않으며 여러분이 참여한 작품(work)을 덜 심오하게 만들지도 않는다. 오히려 실제 배우가 자신의 작품을 보다 객관적으로 보고 조정할 수 있는 거리를 확보하고, 매번 연기에 온 힘을 쏟을 수 있는 에너지를 제공해 탄탄한 작품 제작을 돕는 경우가 많다. 하지만 디롤링은 (그냥 자연스럽게 되는 것이 아니라) 연습이 필요하다.

배우들은 모든 배역에서 디롤링 프로세스가 필요하지 않을 수도 있다. 아무 문제없이 배역에 참여하고 나중에 중단할 수 있는 작품도 많다. 하지만 연기가 배우에게 부정적 영향을 미치는 시점에 대한 개인적인 측정 방법을 알게 되면, 사전에 경고를 알아차리고 대비하는 데 도움이 될 수 있다.

여기에는 트라우마를 유발할 수 있는 작업이 무엇인지 아는 것, 공연 후 언제 탈진감을 느끼는지 인식하는 것, 배우가 연기한 작품 속 캐릭터의 감정을 자신의 일상생활에 전이하는지의 여부(연기 장면에서 파트너에 대한 감정 포함) 등이 포함되지만 이에 국한되지는 않는다. 어떠한 전조는 배우들 몰래 다가오기 때문이다.

배우이자 작가인 레이철 프롤리(Rachel Frawley)는 감정적으로 강렬한 내용이 전개되는 3주간의 쇼를 선보인 이후 캐릭터의 슬픔(grief)과 우울증(depression)이 제 삶에 피처럼 흐르고 있다는 사실을 깨달았다. 일주일에 6번 2시간 30분짜리 쇼를 진행하는 동안 여러 번 눈물을 흘렸다는 사실을 기억하기 전까지 그녀는 왜 그렇게 우울했는지 도무지 알 수 없었다고 전했다. 물론 그것은 프롤리에게 육체적으로나 감정적으로 영향을 미쳤다.

이제 여러분의 루틴(routine)을 찾길 바란다. 배우로서 필요할 때 연습할 수 있는 역할 제거 관행(de-roling practices)을 미리 마련해 두는 게 매우 도움이 된다. 이것은 배우마다, 쇼(작품)마다 다르게 보일 것이다. 장면 파트너(scene partner)와 강렬한 작품에 참여하는 경우 캐릭터를 내려놓고, 동료 배우로서 다시 연결(reconnect)하는 데 도움이 되는 공동 의례(joint ritual)를 갖는 것이 도움이 될 수 있다. 서로 체크인(check-in)을 하고 하이파이브(high-five)를 하는 것부터 함께 긴장을 푸는 것(decompressing)까지 무엇이든 가능하다. 하지만 여러분은 스스로 실천해야 한다. 귀가하여 다른 활동을 시작하기 전에 샤워를 하거나, 또는 옷을 갈아입거나, 좋아하는 간식을 먹을 수도 있다.

여러분들은 일관성을 유지할 수 있는 것이 있다면 작품을 제쳐두는 것도 염두에 둘 수 있다. 종종 우리는 캐릭터를 구현하는 데 너무 많은 생각과 에너지, 노력을 쏟아붓지만 실제 자아(actual selves)는 무시한다. '고통받는 예술가들(suffering artists)'이라는 낭만주의[1]에 빠져들어서는 안 된다. 작품과 캐릭터에 아무리 신경을 써도 연기는 여전히 직업(job)일 뿐이다. 여러분들은 여전히 연기 밖에서도 행복하고 건강한 삶을 누릴 자격이 있다(Frawley, 2023. 10.5).

---

[1] 자신의 귀를 자른 작가 빈센트 반 고흐(Vincent van Gogh)처럼 예술가는 원초적으로 고통을 받거나 받아야만 그것을 극복해 위대한 예술을 창조한다거나 예술가는 끔찍한 것을 예술로 만들 수 있다는 신화로, 'tortured artist'라고도 칭한다.

3. 배역의 위상과 배우의 투입 에너지

그리스 고전극에 바탕을 둔 아리스토텔레스의 『시학』 3~4장에 제시된 고전적 분류 체계(Aristoteles, 1968; Hritzu, 1945: 539~544; Damen, 1989: 316~340; Sifakis, 1995: 13~24: Buis, 2004: 697; Naratri, 2015: Bass, 2023)에 따르면 배우의 '배역별 위계 체계(Character Role Hierarchy)'는 〈표 1-4〉와 같이 프로태거니스트(protagonist), 주터래거니스트(deuteragonist), 트라이태거니스트(tritagonist), 테터태거니스트(tetartagonist), 앤태거니스트(antagonist) 등으로 구분한다.

이것은 배우의 역할 간에 엄격한 위계가 존재했던 아주 오래 전 시절의 분류법이지만, 오늘날 뮤지컬과 같은 현대극에서도 배우의 배역 비중을 강조하며 언급하는 경우가 적지 않다. 이 분류는 극예술과 문학의 체계에서 통용되어 권위성과 전통성을 갖추고 있다.

첫째, '프로태거니스트'는 극 중 '주인공'이자 '제1의 배우'로서 거대한 거사를 창조하고 이끌어가기 때문에 보통 영웅적인 모습과 성격을 지닌다. 이 용어의 어원인 'prôtos(πρῶτος)'는 첫 번째(first)라는 뜻이며, 'agōnistés'는 '첫 번째 배우(first actor)'라는 의미를 지닌다. 프로태거니스트는 작품을 주도하는 리더 역할을 하는 배우다.

가장 먼저 무대에 올라 전체 이야기 구조에서 가장 험난한 장애물을 극복하고 가장 큰 도전에 직면해 그것을 혁파하며 동시에 줄거리의 방향을 바꾸는 결정을 하므로 연기를 할 때 엄청난 에너지가 소모되는 배역이다. 맞상대인 앤태거니스트와 빌런에 내내 당하다가도 그들의 악랄함과 무도함의 에너지를 압도해야 프로태거니스트다움이 확보된다. 따라서 이 역할을 맡으면 그만큼 평소에 에너지 비축이나 연기 연습에서 준비를 많이 해야 한다.

배우와 연출이 분리되지 않은 시대에는 보통 선임 배우가 연출자 역할도 병행했기에, 프로태거니스트 역할을 맡은 배우들은 극을 준비하고 무대

<표 1-4> 배역의 위계 구조와 투입되는 배우의 에너지 수준

구분	배역 위계	정의	투입되는 에너지 수준
고전극의 분류	프로태거니스트 (protagonist)	주인공이자 제1의 배우	모든 상황을 주도하기에 연기할 때 엄청난 에너지가 투입되고 소모됨. 결국 맞상대인 앤테거니스타와 빌런의 에너지를 압도해야 함.
	주터래거니스트 (deuteragonist)	두 번째로 중요한 역할을 하는 제2의 배우	적절한 수준의 정교한 힘과 에너지 계산과 실연이 요구됨.
	트라이태거니스트 (tritagonist)	주인공을 돕는 제3의 배우	에너지 투입과 스트레스는 적지만 조율 감각 발휘가 중요함.
	테테태거니스트 (tetartagonist)	비중이 적은 제4의 배우나 배경 인물	투입되는 에너지와 스트레스는 크지 않음.
	앤태거니스트 (antagonist)	주인공과 대립하는 적대적 인물	주인공과 악의 에너지로 대립하기에 많은 육체적, 심리적 에너지 투입됨. 맞상대인 프로태거니스트에 대해 대등하거나 그 이상의 수준으로 괴롭히면서 그의 영웅적 면모를 부각하다가 소멸해야 하므로, 그만큼 많은 에너지를 발산해야 함.
현대극의 분류	주연 또는 주인공 (lead role, main character)	극을 이끌어가는 스토리의 주도자	프로태거니스트의 수준에 준함.
	조연 또는 사이드 캐릭터 (supporting cast, side characters)	조수, 멘토, 연인, 동지 등 보조적 역할을 하는 배역	주터래거니스트의 수준에 준함.
	엑스트라 또는 배경 캐릭터 (extras, background characters)	작품 배경에 생명력을 불어 넣는 배역(대부분 무명배우)	테테태거니스트의 수준에 준함.
극 중 인물의 목적에 따른 분류	영웅(hero)	기념비적인 임무를 표방하고 난관을 극복해 목표를 성취하는 인물	프로태거니스트의 수준에 준함.
	조연 주인공 (supporting protagonist)	주인공 다음으로 극을 이끌어가는 최고의 조연	주터래거니스트나 앤태거니스트 수준에 준함.
	조수 (sidekick)	주인공이 성장시키는 동료이자 필요한 묘수나 기법을 제공하는 배역	주터래거니스트테의 수준에 준함.
	멘토 (mentor)	주인공에게 목표 달성 수단을 제공하는 인물	주터래거니스트테의 수준에 준함.

사랑의 대상 (love interest)	주인공 등 등장인물에게 사랑의 대상이 되는 배역	대상별·상황별로 섬세한 감정을 표현하는 데 많은 에너지 소모됨.
악당 (villain)	인공에 대항하는 적대자 역할을 하는 악인 캐릭터	앤태거니스트 수준에 준함.
안티빌런 (anti-villain)	캐릭터는 호감이 가고 목적 은 정의롭지만 그 실현 방법 이 옹졸하고 불쾌한 캐릭터	앤태거니스트 수준에 준함.
기분 전환용 흥미 제공자 (comic reliefer)	극의 상황과 분위기를 급전 환시키는 흥미 유발 돌발적 인 캐릭터	순간적인 집중력, 단시간에 투입 에너지가 큼.

에 올려 연기하는 과정까지 많은 부담을 떠안아야 했다. 관객으로서도 프로태거니스트는 가장 관심 있게 지켜보고 몰입할 페르소나다. 현재는 스타급 배우이거나 잠재적인 스타성이 도드라진 배우가 맡는 경우가 흔하다.

그리스 연극은 아리스토텔레스 시대까지 중창단을 제외하면 보통 3명의 배우가 이끌어갔는데, 주역인 첫 번째 배우에 해당한다. 그 자체로 하나의 완전한 이야기를 지니면서 메인 플롯(main plot)과 병행하거나 엇갈리며 흥미를 더해 작품의 전체적인 효과를 끌어올리는 '서브 플롯(subplot)'이 있는 작품의 경우 별도로 주인공이 배치될 수 있다.

영화 〈반지의 제왕(The Lord of the Rings)〉의 주연 배역 프로도 배긴스(Frodo Baggins, 일라이자 우드), 〈스타워즈(Star Wars)〉의 루크 스카이워커(Luke Skywalker, 마크 해밀), 〈캐리비안의 해적(Pirates of the Caribbean)〉의 윌 터너(Will Turner, 올랜도 블룸) 등이 이에 해당한다.

둘째, '주터래거니스트'는 극에서 두 번째로 중요한 역할을 하는 배우다. 이 용어는 '두 번째'를 의미하는 그리스어 'deuteros(δεύτερος)'에서 파생되었다. 주터래거니스트는 주인공의 '들러리 역할'을 하는 배우로서, 주인공을 돕는 핵심적인 조력자(helper)나 조수(sidekick)로 등장하는데, 주인공의 여정에 합류해 그를 돕고 적을 섬멸하기 위한 연합 전략을 펴기도 한다. 종종 주인공 또는 주인공이 좋아하는 사람과 사랑의 대상(love interest)이 되어 이 부분에서는 주인공과 목표가 같을 수도 있다.

따라서 이런 배역을 맡은 배우는 전체적인 이야기 구조와 상황 파악, 주인공과의 관계, 대항 인물(antagonist)과의 관계, 발휘해야 할 힘과 에너지의 적절한 수준을 헤아리는 등 정교한 계산을 해야 하기 때문에 실연에 많은 에너지를 쏟아야 한다. 주터래거니스트의 경우 그리스 고전극에서는 이런 역할이 1명이지만 현대극에서는 2~3명이 될 수도 있다.[2]

배우 톰 크루즈가 주연을 맡은 영화 〈미션 임파서블(Mission: Impossible)〉의 에단 헌트(Ethan Hunt), 〈베테랑〉의 서도철 형사(황정민), 〈반지의 제왕〉의 샘와이즈 갬지(Samwise Gamgee, 숀 애스틴), 〈스타워즈〉 시리즈의 한 솔로(Han Solo, 해리슨 퍼드), 〈캐리비안의 해적〉 시리즈의 잭 스패로(Jack Sparrow, 조니 뎁) 선장과 엘리자베스 스완(Elizabeth Swan, 키라 나이틀리)이 이에 해당한다. 엘리자베스 스완의 경우 주인공의 측면에서 볼 때 주터래거니스트인 동시에 사랑의 대상이기도 했다.

셋째, '트라이태거니스트(tritagonist)'는 극 중 세 번째로 중요한 역할을 하는 '제3의 배우'를 말한다. 주인공을 지원하는 중요한 인물이거나 작품 속 이야기의 큰 줄거리 속에 부분적으로 숨겨져 있는 새로운 이야기, 혹은 돌발적으로 발생하게끔 설정한 스토리에 등장해 주인공을 돕는 강력한 조연을 의미한다. 주인공의 멘토거나 조력자인 경우가 대부분인데 한 명이 아니고 다수인 경우도 많다. 이 용어의 어근 'trítos(τρίτος)'은 '제3의'를 뜻한다. 전형적인 구도의 전쟁 영화에서는 주인공이 속한 나라의 이웃 국가나 동맹국의 왕일 수도 있다.

따라서 프로태거니스트나 주터래거니스트보다는 투입하는 에너지와

---

2   주터래거니스트는 주요 등장인물 중 제2의(두번째로 강도가 높은) 에너지를 발산하는 인물로 파악하면 된다. 이러한 배역은 보는 이의 견해에 따라 달라질 수도 있다.

작품 스트레스는 현저히 적다. 그러나 극 중 갑자기 등장하는 경우가 많으므로 전체 이야기 구조와 대사의 톤에 어긋나지 않는 조율 감각을 실연에서 발휘하는 것이 매우 중요하다. 트라이태거니스트 배역을 맡은 배우는 혼자만 튀는 모습보다 전체 극의 흐름에 자연스레 조화되면서 주목받는 연기를 선보이는 것이 필요하다. 이 역할은 보통 영화에서는 다소 복잡하게 짜인 스토리에 드물게 설정되고, 현대 문학의 범주에서는 명확히 정의되지 않은 배역이다. 단순한 스토리 구조를 넘어서는 새로운 구성에 초점을 두어 창작하는 작가들에게 이 배역은 매우 도전적인 영역이다.

트라이태거니스트의 역할은 영화 〈스타워즈〉에서 멘토 역할인 오비완 케노비(Obi-Wan Kenobi, 이완 맥그리거)와 요다(Yoda, 프랭크 오즈), 조금 복잡한 성격을 지닌 레아 오르가나(Leia Organa, 캐리 피셔)가 해당한다. 〈캐리비안의 해적〉에서는 적대자와 동맹자 사이를 오가며 바르보사 선장(Captain Barbossa, 제프리 러시)이 트라이태거니스트의 역할을 제대로 수행했다고 볼 수 있다.

넷째, '테터태거니스트'는 극 중에서 비중이 적은 조연이나 배경적인 캐릭터를 소화하는 제4의 배우다. 우리가 흔히 말하는 일반적인 조연과 단역을 의미한다. 제4의 배우인 테터태거니스트 외에도 굳이 위계를 설정한다면 제5의 배우인 펜태거니스트(pentagonist)에서 '제n의 배우'까지 계속 서열을 매겨 부를 수 있는 배역이다. 그러나 이들은 평범한 조수나 단역을 하는 배우로 통칭해 불러도 무방하다. 따라서 해당 작품에 투입되는 에너지와 스트레스는 크지 않다. 다만 아직 배우로서 인지도가 낮거나 팬들이나 언론에서 두각을 나타내지 못했기 때문에 배우로서 향후 자신이 성장하는 것에 대한 스트레스와 걱정이 더 많다.

다섯째, '앤태거니스트'는 주인공인 프로태거니스트와 맞수거나 적대자로서 갈등 관계에 직면하는 '대항 인물'을 뜻한다. 이 용어는 '반대'를 뜻하는 접두사 'anti-(ἀντι-)'에서 파생되었다. 작품 속에서 주인공과 경쟁자로서 그 반대편에서 격렬하게 싸우거나 주인공의 목표 달성에 가장 큰 방해가되는 인물이다. 싸움, 전쟁 영화에서는 적군의 수장이, 갈등이 첨예한 구조에서는 주역의 반대편에 있는 기업, 기관, 단체의 핵심적인 인물이 모두 이런 배역에 해당한다.

로맨스극에서는 가장 강력한 연적(rival lovers, romantic rival)이 앤태거니스트가 된다. 운동선수들의 스토리에서는 주인공과 1위를 다투는 강력한도전자나 기존 챔피언, 청소년들의 세계에서는 주인공을 자극하거나 화나게 하는 맞수(rival)거나 괴롭힘, 욕설, 갈취 등 학교폭력 등을 일삼는 폭력성향 무리의 두목이 될 수 있다.

이들은 주인공을 특정 방향으로 행동하도록 매우 자극적인 상황을 조성하는 역할이기에 많은 육체적·심리적 에너지가 투입된다. 특히 맞상대인프로태거니스트에 대해, 그와 대등하거나 그 이상의 존재감을 지닌 채, 경우에 따라 다른 빌런들과 함께 프로태거니스트를 괴롭히면서 프로태거니스트의 영웅적 면모를 부각하다가 소멸해야 하므로 그만큼 많은 에너지를발산해야 한다. 단순한 적수에서 하늘에 사무치도록 한이 맺히게 만드는철천지원수에 이르기까지 대항 인물의 악함 정도에 따라 투입하는 에너지와 몰입감이 다를 수 있다. 앤태거니스트의 강함과 악랄함은 극적 긴장감고조에 결정적이므로 프로태거니스트의 면모를 결정한다 해도 과언이 아니다.

실제로 작품에서 이런 역할에 캐스팅되어 몰입할 경우 배우들은 그 몰입의 강도와 깊이만큼이나 배역 이탈이 쉽지 않을 수 있다. 실제로 무대 연기에서 작품이 끝난 후에도 평소 공연 시간과 같은 시간이 되면 일상에서많은 정신적 혼란을 겪으며 고통을 호소하는 경우가 적지 않다.

앤태거니스트는 반드시 악역 중의 악역이라는 대항 인물 역할만 수행하는 것이 아니라, 전체 이야기 구조에서 주인공을 함정에 빠뜨리거나 좌절시키는 등의 특정한 역할만을 수행하기도 한다. 앤태거니스트의 전형적인 사례로는 영화 〈악마를 보았다〉에서 김수현(이병헌)과 대결을 벌이는 장경철(최민식), 〈반지의 제왕〉의 사우론(Sauron, 앨런 매켄지 하워드), 〈스타워즈〉의 팰퍼틴 황제(Emperor Palpatine, 이언 맥더미드)와 다스 베이더(Darth Vader, 데이비드 프로스), 〈캐리비안의 해적〉의 바르보사 선장, 나중에 대체되는 역할인 데이비 존스(Davy Jones, 빌 나이)와 커틀러 베킷 경(Lord Cutler Beckett, 톰 홀랜더)이다.

고전적인 분류 체계와 달리 현대극과 현대 문학에서는 그 전통을 유지하면서도 더 간략하게 배역을 구분한다. '주연 또는 주인공(lead role, main character)', '조연 또는 사이드 캐릭터(supporting cast, side characters)', '엑스트라 또는 배경 캐릭터들(extras, background characters)'이라는 세 가지 항목으로 구분하는 방식이다.

첫째, '주연 또는 주인공'은 작품과 이야기 구조 속의 정신이자 극을 이끌어가는 주도자로서, 서사의 전개를 추진하며 도전과 역경의 극복 과정을 통해 관객 및 시청자에게 정서적 친화력 또 유대감을 형성하고 작품에 몰입하게 만드는 역할을 한다. 이 배역은 작품의 클라이맥스에 도달하면 이야기에서 변화를 촉진하는 데 중요한 역할을 하며 결말로 향할수록 카타르시스를 유발한다.

둘째, '조연 또는 사이드 캐릭터'는 작품에서 조수, 멘토, 연인, 동지, 적 등의 배역으로 등장하며 플롯(plot), 사이드 플롯(side plot),[3] 캐릭터 아크

---

3   플롯은 메인 플롯, 사이드 플롯, 서브 플롯으로 구분한다. 첫째, '메인 플롯'은 극에서 '무엇(대상, what)', 즉 스토리의 최종 목표(또는 대항 목표)에 관한 것으로 극적 갈등 속에 내재·외재하는 가치의 인식과 전개를 통해 극적 관심을 촉발한다. 둘째, '사이드 플롯'은 극에서 '왜(이유, why)', 구원할 가치가 있는 세계, 갈등, 부담감 자체에 관한 것으로 메인 스토리에 필요하기는 하나 종종 선택되지 않으며, 향후의 의사결정과 인식에 영향을 미친다. 사이드 플롯은 어떤 줄거리의 2차적 가닥(side strand)이라는 의미로도 쓰인다. 셋째, '서브 플롯(sub plot)'은 어떻게(방법, how), 즉 극의 배경 정보, 역사, 세계 구축, 등 억측과 개연성(might, could)에 관한 것으로서 등장인물의 지식, 이해가 증가하면서 해결될 불안과 여운을 촉발하는 기능을 한다.

(character arc)[4]에 크고 작은 영향을 미치는 존재들이다. 과거보다 입체적으로 변한 오늘날의 스토리텔링 구조를 감안하면, 영화, 드라마 등에서의 그 범주와 캐스팅 범위는 매우 다양하다. 이들은 극에서의 비중과는 관계없이 그 역할의 중요도와 캐릭터로서의 존재감만으로도 매우 가치가 있다.

셋째, '엑스트라 또는 배경 캐릭터들(extras, background characters)'은 극에서 비중은 미약하지만 작품 세계와 배경에 생명을 불어넣는 역할을 하는 다양한 배역을 지칭한다. 이들은 이름도 없고, 때로는 얼굴도 없으며, 대사도 없을 수 있고, 이야기의 진행에 직접적인 영향을 미치지 않지만, 이들이 없으면 작품은 공허해지고 만다. 이런 경우는 마치 '오케스트라 없는 독주 회장' 같은 느낌일 것이다. 드라마 〈섹스 앤드 더 시티(Sex and the City)〉의 엑스트라들은 미국 뉴욕시의 화려한 풍광, 다양한 직업과 인종, 도시의 활력 등을 상징하기에 드라마를 더욱 활기차게 만들었다.

스토리에서 등장인물의 목적에 따라 배역을 분류한다면 '영웅(hero)', '조연 주인공(supporting protagonist)', '조수(sidekick)', '멘토(mentor)', '사랑의 대상(love interest)', '악당(villain)', '기분 전환용 흥미 제공자(comic reliefer)'의 일곱 가지로 나눌 수 있다. 이들이 연기 전후에 열정을 쏟는 과정, 또 배역에서 벗어나는 과정에 투여하는 에너지 수준은 고전극의 배우 분류 체계처럼 위계별로 다르다고 해석해도 된다.

첫째, '영웅'은 군대를 모아 그리스, 페르시아, 인도에 이르는 세계를 정복해 그리스 문화와 오리엔트 문화를 융합한 마케도니아의 알렉산더 대왕(Alexandros the Great)이나 공주를 구하러 떠난 루크 스카이워커처럼 기념비적인 임무를 표방하고 난관을 극복해 목표를 성취하는 인물이다.

즉, 난세를 평정하거나 세상을 바꿀 정도의 위대한 캐릭터를 말한다. 영

---

4   작품에서 인물이 이야기의 진행 경과에 따라 경험을 통해 변화하는 인물의 변화나 성장 과정을 나타내는 곡선을 의미한다.

웅의 범주에는 캐릭터의 성격 특성에 따라 만인의 영웅(everyman heroes), 슈퍼히어로(superhero), 평범한 영웅(ordinary heroes), 마지못해 생겨난 돌출 영웅(reluctant heroes),[5] 안티 히어로(antiheroes), 비극적 영웅(tragic heroes) 등으로 나눌 수 있다.

둘째, '조연 주인공'은 작품 속에서 주인공 다음으로 극을 이끌어가거나 적극적으로 이야기를 전개하거나 화자가 조금 멀리서, 어깨너머로 관찰하는 듯한 배역이다. 보조 캐릭터 가운데 최고로 부각되는 역할이다. 이들은 극 중 주요 사건에 모두 참석하면서 플롯을 진전시키거나 방향을 바꾸지는 않는다. 주로 관찰자 역할을 하며 제1의 배우인 주인공을 위한 '포일'(foil)[6]을 만들고 주인공에 대한 독자적인 옹호자 역할을 자임한다.

셋째, '조수'는 주인공을 위한 포일 역할을 하고, 무슨 일이 일어나는지 논의하기 위한 관점을 제공하며, 이야기가 너무 단조롭거나 조용하게 되지 않도록 만들면서, 주인공의 개인적 성장을 촉진하는 동료이자 필요한 기술을 완성하는 동료 역할을 한다. 영화 〈반지의 제왕〉에서 프로도를 돕는 샘와이즈 갬지, 〈배트맨(Batman)〉에서 배트맨(애덤 웨스트)에게 꼭 필요한 로빈(Robin, 버트 워드)이 이런 배역에 해당된다. 모든 작품에 조수가 필요한 것은 아니지만 줄거리 자체와 책의 분위기 모두에 엄청난 영향력을 미치는 인물이 될 수 있다. 영어 단어 'sidekick'은 조수, 짝패, 동료, 친구, 공모자라는 뜻을 지닌다.

넷째, '멘토'는 작품 속에서 줄거리를 진전시키며 주인공에게 목표를 달성할 수 있는 수단을 제공하는 데 중요한 역할을 한다. 프로도를 중심으로 해석하면 마법사 간달프(Gandalf, 이언 매켈런)의 역할과 같다. 멘토 배역은

---

5   원래 여러 가지 결점이나 좋지 않은 과거 이력을 지닌 변색되거나 평범한 인물로, 자신의 의지와 무관하게 이야기 속으로 끌려들어가거나 영웅적 행동에 참여하는 배역을 말한다. 이야기가 진행되는 동안 그는 예상과 달리 상황에 절묘하게 대처하고 때로는 강력한 적을 물리치기도 한다.

6   다른 인물과 대비되는 성격이나 가치를 가진 인물을 의미한다.

극 중 자극적이거나 선동적인 사건을 촉발하거나, 혹은 전개의 중간 지점에서 큰 폭로의 촉매제나 후견인이 되는 경우, 서사가 지속할 수 있도록 새로운 문을 열어주기도 한다. 이 배역은 스승, 신령, 마법사, 선생, 할아버지, 황제나 왕의 책사 등 다양한 모습으로 등장한다.

다섯째, '사랑의 대상'은 주인공이 전개하는 서사와 직접 관계된 이성 상대일 수도 있고 부수적인 스토리에 등장하는 이성 상대일 수도 있다. 하물며 주인공과 조연 주인공 또는 주인과 적대적 관계 사이에 있는 인물일 수도 있다. 사랑에 관한 관념과 층위가 보다 개방되고 확대된 오늘날의 현대극에서는 동성 상대일 수도 있다.

이런 역할은 로맨스의 대상별, 상황별로 섬세한 감정을 표현하는 데 많은 에너지가 소모될 수 있다. 조연이라 해도 결코 쉬운 역할이 아니다. 모든 이야기에 사랑의 대상이 필요한 것은 아니지만, 배역이 설정되었다면 흥미와 관심을 유발하기에 제격이다. 사랑의 대상은 극 중 주인공이 어려움을 극복하도록 돕거나 주인공에게 더 많은 도전 거리를 제공하거나, 주인공이 한 사람으로서 크게 성장하도록 '캐릭터 아크'를 촉진하는 것까지 매우 다양한 역할을 한다.

여섯째, '악당'은 주인공에 대항하는 적대자 역할을 하는 악인 캐릭터다. 영웅과 주인공처럼 악당과 적대자도 거의 항상 동일한 배역이다. 악당은 탐욕, 악의, 현실에 대한 잘못된 시각 등을 보여주면서 주인공이 세상을 구하는 것을 방해하거나 저지해야 할 '비열한 계획이나 음모(mean plan or mean plot)'를 가진 것이 특징이다.

그래서 악당은 대부분 '권선징악'을 주제로 표방한 스토리에서 주인공이 마땅히 응징과 척결을 해야 할 대상이 된다. 흥행 신화를 쓴 영화 〈범죄도시〉의 장첸(윤계상), 〈다크 나이트(The Dark Knight)〉의 조커(Joker, 히스 레저), 〈어벤져스(The Avengers)〉의 타노스(Thanos, 조시 브롤린), 〈닥터 스트레인지(Doctor Strange)〉의 도르마무(Dormammu, 조너선 애덤스)가 대표적인 악당 캐릭터다.

작품에서 악당이 없는 서사는 힘이 빠지고 흥미나 긴장감이 없다. 따라서 악당은 작품 대부분에서 2차 주인공과 같은 역할을 하거나, 눈에 띄는 보조 캐릭터가 있는 경우 3차 역할을 한다. '안티 히어로'가 있는 것처럼 '안티빌런(anti-villain)'도 있는데, 안티빌런의 뜻은 마블 시네마틱 유니버스 (Marvel Cinematic Universe)의 타노스의 사례처럼 '캐릭터의 성격은 호감이 가고 그가 행하는 일의 목적은 정의롭지만, 그 방법은 객관적으로 옹졸하고 불쾌한 캐릭터'를 말한다.

일곱째, '기분 전환용 흥미 제공자'는 극의 상황과 분위기를 급전환시키는 돌발적인 흥미 유발 캐릭터를 말한다. 영화 〈건축학 개론〉에서 '납득이 신드롬'을 일으킨 배우 조정석, MBC 일일드라마 〈용감무쌍 용수정〉에서 용장원 역을 맡은 배우 박철민이 이에 해당한다. 과거에는 임현식, 윤문식, 이정섭, 이계인 배우 등이 이런 배역에 단골로 캐스팅되었다.

이들은 어려운 상황의 분위기를 밝게 바꿔주는 용감한 코믹 구호를 외치는 배역, 너무 진지한 극 상황에 단비처럼 흥밋거리를 제공하는 카메오, 모든 것을 쳐부수고 박살 낼 준비가 된 광폭한 야만인, 눈길을 끄는 다재다능한 재기를 선보이는 배역까지 매우 다양하다.

더 복잡한 대화, 더 많은 로맨스, 더 많은 이차적 적대자를 설정한다면 바로 그 대상이 될 것이다. 따라서 이 배역은 순간적인 집중력과 단시간에 쏟아야 할 에너지가 크다. 극작가가 어떻게 작품을 쓰고 연출자가 어떻게 제작을 이끌어가느냐에 따라 그 범위와 층위가 매우 달라질 수 있다.

제2장

케어컬처 시대,
'디롤링'이 왜 중요한가

1. '몰입 의존형' 메소드 연기의 부작용

영화, 드라마 등 우리나라의 극예술 콘텐츠가 세계 문화 시장에서 각광을 받아 배우들의 작품 출연이 활발해지면서 피로감을 호소하는 경우도 많아지고 있다. 그간 이뤄진 많은 연구들을 재분석한 결과, 전문 배우들과 연기자들이 일반인보다 더 많이, 더 자주 우울증, 불안, 기타 다양한 정신건강 문제와 고통을 겪을 가능성이 더 높은 것으로 나타났다(Arias, 2019).

모든 배우에게 해당하는 것은 아니지만, 바야흐로 케이컬처 시대를 맞이해 국제와 국내 수준에서 각각 영화와 드라마 제작이 활발해지면서 어느 정도 스타급 반열에 오른 배우들은 스케줄이 1년 이상 꽉 차 있다. 이런 바쁜 일정 때문에 배우 자신이 '기계'처럼 움직이고 있다고 자조하는 분들도 있다. 배우의 심신 건강은 휴식 기간이나 작품 섭외가 뜸한 기간은 물론이며 작품 출연 중에도 매우 중요하기에 항상 면밀하게 챙겨야 한다.

이런 점을 고려할 때 배우들은 디롤링의 목적과 효과에 대해 먼저 숙지할 필요가 있다. 디롤링이 심신 건강 관리의 출발점이자 요체이기 때문이다. 그간의 연구로 명증된 '배우에게 디롤링이 필요한 이유'는 첫째, 배우의 심신 건강 보호, 둘째, 배우 능력의 항상성[1] 유지, 셋째, 배우의 행복한 생활

---

1   '항상성(homeostasis)'은 연기 예술 활동을 하기에 적합한 최적의 조건을 유지하고 이

┃ **배우의 디롤링 목적과 필요성** ┃

▷ 배우의 심신 건강 보호 ▷ 배우 능력의 항상성 유지

▷ 배우의 행복한 생활 영위 ▷ 메소드 연기술의 단점 극복

출처: Bailey and Dickinson(2016a); Frawley(2023.10.5); 김정섭(2023).

영위, 넷째, 메소드 연기술 자체의 단점 극복에 있다(Bailey and Dickinson, 2016a: 1~18; Frawley, 2023.10.5, 김정섭, 2023).

학문적 배경이나 실용적 목적에서 흔히 사용되는 대본, 배우론 관련 서적, 연기 교육·지도서 등을 살펴보면, 공연이나 촬영 종료 후 무엇을 해야 하는지에 대한 언급이 거의 없거나 전혀 없어 그간 배우의 심신 관리 누락이 큰 문제로 지적되어 왔다.

심지어 일반적으로 배우 지망생들이 변화한 시대 흐름과 연기술의 발달에도 불구하고 여전히 메소도 연기 기법을 연기 학습의 기본 이론으로 삼고, 일부에서는 이를 종교적 교리인 양 맹신하는 경우가 있다. 메소드 연기론은 연기를 할 때 "무엇에 푹 빠진 듯(immersively)" '몰입'해 맡은 캐릭터가 된 것처럼 완전하게 변신하기만을 강조할 뿐, 연기 종료 후 배우의 감정 복원과 컨디션 문제는 도외시한다.

미국 오클라호마대학교 케이트 부셀 교수는 "메소드 연기 계열에서는 각각 배우가 리허설과 공연 후에는 뭘 해야 하는지 전혀 언급하지 않는다"라고 지적했다(Busselle, 2021: 129~135). 연기 경력이 40년에 이른 손병호 배

런 상태에서 벗어나는 변화를 최소화하며 배우 자신은 물론이고 작가, 연출가, 프로듀서, 동료 배우 등의 입장에서 볼 때 연기의 품질이나 생활 상태가 안정되고 일관된 상태를 유지하려는 경향을 뜻한다. 배우와 같이 연기를 하는 예술가에게 항상성은 작품에 임하는 연기의 준비성과 표현 안정성을 위해 매우 중요한 요소다.

우는 필자와 인터뷰에서 "연기를 감정으로 하라는 전통적인 메소드 연기 기법은 배우가 작품 종료 후 감정 몰입과 감정 숙취(emotional hangover)에서 벗어나기 어렵기에 정신질환자로 만들 위험이 커서 더는 적용해서는 안 되고, 이제는 배역 연기에 들어가고 나갈 때 이성적·논리적으로 접근해야 한다"라고 강조했다.

여기에서 지적한 메소드 연기 계열 이론은 러시아 콘스탄틴 스타니슬라프스키가 창안한 정통 메소드 연기론과 그의 맥을 잇는 샌퍼드 메이스너(Sanford Meisner), 윌리엄 에스퍼(William Esper), 앤 보가트(Anne Bogart), 보가트와 란다우(Bogart and Landau), 에스퍼와 디마코(Esper and DiMarco), 메이스너와 롱웰(Meisner and Longwell) 등의 메소드 응용 연기의 이론 체계를 말한다.

메소드 연기에서 유독 강조하는 '몰입'은 미하이 칙센트미하이(Mihaly Csikszentmihalyi) 등의 긍정심리학 체계에서 '무언가에 흠뻑 빠져 심취해 있는 무아지경의 상태' 또는 '주위의 모든 잡념, 상념, 방해물 등을 차단하고 원하는 한곳이나 사안에 자신의 모든 정신을 집중하는 것'을 뜻한다(Csikszentmihalyi, 1997: 2~35; Nakamura and Csikszentmihalyi, 2014: 239~ 263). 연기를 할 때 몰입하게 되면 연기에 대한 집념이 더해지면서 '과몰입(overflow)'과 '과집중(hyperfocus)'으로 이어지기 쉽다.

이를 강조하는 연기론을 토대로 연기를 배우고 수련해 전문 배우가 된 사람들의 상당수는 그간 배역 제거 기법에 대한 어떤 답도 얻지 못한 채 혼자 속앓이를 하면서 내적인 고통이나 시달림을 겪어야 했다. 작품 속 캐릭터와 실존적 자아 사이의 '흐릿한 경계'에서 번민할 경우 다양한 정신적 병증을 앓게 된다.

디롤링이 필요한 첫째 이유인 '배우의 심신 건강 보호'는 배우가 디롤링 기법을 제대로 이해한 뒤 가급적 독자적으로 처치함으로써 이런 병증에 시달리지 않게 하려는 것이다. 배역의 캐릭터가 지워지지 않아 잔흔이 남으면 감정적·신체적 표현이 일관되지 않게 되고, 자아의 동시성(synchronicity)이 이뤄지지 않아 그 틈과 함께 '뒤틀린 자아감'이 남는다(Cuddy, 2015). 그러면 바로 건강 문제에 봉착한다. 배우는 심신이 건강해야 배우 생활을 제대로 할 수 있다. 그렇지 않으면 매번 디롤링 장애나 지체 문제로 스트레스에 시달리면서 결국 염증을 느낄 수도 있다.

둘째 이유인 '배우 능력의 항상성 유지'는 작품을 할 때마다 디롤링을 제대로 해야 디롤링 장애나 지체 문제를 겪지 않은 채 연기에 집중하며 기량을 향상시킬 수 있다는 점이다. 즉 디롤링 장애로 인한 부작용 치유에 소요되는 정신적, 감정적, 행동적, 생리학적 에너지(Landy, 2009: 65~88)를 오직 연기에 쓸 수 있게 하기 때문이다. 배우는 캐릭터로 들어가는 데 엄청난 감성, 에너지, 시간이 필요한 만큼 그것에서 벗어나는 데에도 그만큼의 자원을 소비한다(Arts Wellbeing Collective, 2019.3).

어찌 보면 배역에 들어가고, 다시 나오는 기술은 배우에게 기본적인 능력인데, 그것이 안정되면 표현력과 예술성 신장에 집중하며 필모그래피를 격조 있게 쌓아갈 수 있다. 결국 능숙한 디롤링 테크닉은 배우 능력이자 경쟁력에 속한다.

셋째, '배우의 행복한 생활 영위'는 배우가 디롤링 문제로 심신의 고통을 겪지 않음으로써 예술가로서 매끄럽게 자아실현을 하는 보람을 느끼며 만족과 기쁨을 누리는 것을 말한다. 매끄러운 자아 전환이 행복의 열쇠라는 뜻이다. 필 존스는 "디롤링을 잘하게 되면 배우가 작품의 역할에서 현실로 환원이 수월해 배우와 개인이라는 두 가지 실체에서 정상적 생활을 하는 데 도움이 된다"라고 말했다(Jones, 2007).

넷째, '메소드 연기술 자체의 단점 극복'은 전술한 메소드 연기의 부작용을 잘 해결할 방법을 갖추는 것을 뜻한다. 배우들은 그간 자신이 맡은 배역에 충실한 것이 최고 경지의 예술성 구현이며, 그런 능력을 지닌 자가 '능력 있는 배우'라고 평가받아 왔을 뿐 역할 제거술의 중요성은 잘 알지 못했다. 스타니슬랍스키가 창안한 연기 교육 시스템을 따른 배우들은 드라마에서 자신이 맡은 배역처럼 살도록 권장되었으며, 샌퍼드 메이스너의 방법론을 따르는 배우들은 그들의 정서적 기억과 감정적 회상 작업의 대부분을 '숙제'로 하도록 권장되었다(Bailey and Dickinson, 2016a: 1~18).[2] 그렇다 보니 배역 이탈술을 고려하지 못했고, 많은 배우가 그로 인해 부작용을 겪게 되었다. 독약을 만든다면 '해독약'도 동시에 만들어야 하는 원칙을 메소드 연기론은 도외시했던 것이다.

그렇다면 이제부터 메소드 연기론이 도대체 어떤 구조이기에 이런 결함이 발생했는지 구체적으로 살펴보자. 메소드 연기는 스타니슬라프스키의 연기 기법 체계를 총칭하는 '스타니슬라프스키 시스템(Stanislavsky System)'의 핵심이다.

스타니슬라프스키의 메소드 연기론은 배우가 직감, 상상력, 체험, 감정의 기억 등 자신이 지닌 모든 요소를 동원해 배역과 일체가 되도록 내면 연기를 해야 한다는 연기 기법이다. 이 가운데 '감정의 기억(affective memory)'은 배우들이 지난 과거의 사건들로 겪은 감정을 연기할 때 다시 불러내어 사용하는 것을 뜻했다. 그 세부 방법론으로는 '집중의 원(circle of attention)'을 그리며 순서대로 나, 상대역, 조연들과 차례로 소통·호응을 이루는 '앙상블 연기(ensemble)'가 강조된다.

메이스너 기법은 메이스너가 스타니슬라프스키 시스템, 유명 연기 이론가 리 스트라스버그와 함께 수련한 연기술, 여배우이자 연기 교사였던 스텔라 아들러(Stella Adler)의 상상력 사용을 토대로 '행동의 사실성(the reality of

---

2 러시아 연출 겸 배우인 콘스탄틴 스타니슬라프스키가 개발한 '메소드 연기', 그리고 미국 출신의 배우이자 액터스 스튜디오(The Actors Studio)의 연기 강사였던 샌퍼드 메이스너가 고안한 '메이스너 연기 테크닉(Meisner Acting echnique)'은 한동안 연기 예술계에서 맹위를 떨쳤다. 액터스 스튜디오는 그룹 시어터의 배우였던 엘리아 카잔(Elia Kazan)과 로버트 루이스(Robert Lewis), 셰릴 크로포드(Cheryl Crawford)가 설립한 전문 배우, 연극 감독 및 극작가를 위한 협회(회원 조직)로 Pace University와 함께 'The Actors Studio Drama School'을 운영하고 있다.

doing'에 중점을 두어 개발한 연기 기법이다(Longwell and Meisner, 1987). 이 기법은 크게 보면 스타니슬라프스키의 메소드 연기 계열에 속하지만 메소드 연기의 특징 가운데 '감정의 기억' 사용을 완전히 포기했다는 점에서 차이가 있었다.

이런 메소드 연기 범주의 방법론은 배우나 연기 전공생들은 주어진 역할의 캐릭터를 수행하기 위한 준비 단계로 자신의 특유한 기법을 사용하도록 유도하면서 점차 그 목표한 캐릭터에 개인(배우)의 행동적·정신적·감정적 측면이 스며들도록 한다(Carnicke, 2000: 11~36; Krasner, 2000). 작품 속의 배역에 '완전하게 몰입'해 배우의 정신과 육체 등 모든 면이 작품 속 인물에 이입되어 그 인물 자체가 되도록 지도하는 것이다.

이런 연기법의 경우 연출가나 연기 교사는 배우가 연기 종료 후 캐릭터에서 벗어나 자신의 본질(본래 자아)로 되돌아가게 지도할 엄중한 책임이 존재함에도, 그간 누구도 효과적인 배역 분리 기술을 제시하지 못했다.

메소드 연기 방법론은 배우를 '작품 구현의 수단'으로만 대한 측면이 있었다는 비판에 직면했고, 배우들에게 닥치는 이상 정서나 병증과 같은 어려운 문제를 해결하지 못하는 결함이 있다고 평가받았다. 작품 속 배역을 완벽하게 구현하는 아티스트로서 배우의 역할과 연기 충실도만 강조한 채 '실존하는 자연인'으로서 자신의 정체성을 사실상 포기하도록 만들었다.

배우들은 연기하는 대부분의 시간 동안 다양한 기법으로 캐릭터에 최대한 몰입하지만 캐릭터에서 벗어나는 법은 정교하게 배우지 못해 매우 어려운 문제였으며, 이에 디롤링은 많은 배우가 직면한 도전 과제였다(Buthelezi, 2021.8.15). 배우들은 작품을 마친 후에도 그 캐릭터에서 빠져나올 방법이 딱히 없어 리허설이나 본 공연 또는 촬영을 마치고 버거운 캐릭터를 몸과 마음에 담은 채 귀가하는 경우가 많다(Bailey and Dickinson, 2016a: 1~18).

배우가 연기하는 캐릭터는 극작가 또는 시나리오 작가가 실제 사건을 모티브로 만들어내거나 상상의 나래를 펼쳐 창조해 낸 허구(fiction)의 영역이다. 캐릭터에 투영되었거나 묘사된 갈등, 구축된 격한 성격은 감정적 문제를 촉발해 배우를 어려움에 처하게 한다. 많은 사례에서 배우들은 정신적 혼란과 피폐감(疲弊感)은 물론이고 심각한 트라우마와 우울증에 시달린다. 심지어 증세가 심할 경우 자해·자살과 같은 극단적 선택을 하는 경우도 있다.

연극과 연극치료계의 권위자인 재니스 룰(Janice Rule), 수잰 버고인 딕먼(Suzanne Burgoyne Dieckman), 로버트 바튼(Robert Barton) 등은 메소드 연기가 야기하는 바로 이런 문제를 줄곧 지적해 왔다(Rule, 1973: 51~76; Dieckman, 1991: 1~12; Barton, 1994: 105~118). 배우가 디롤링을 제대로 하지 못하면 캐릭터의 생각과 감정을 자신의 그것과 혼동하기 시작하고 캐릭터의 삶이 의식과 무의식 사이에 있는 자신의 잠재의식에 스며들면서 악몽을 꾼다. 나아가 캐릭터의 자아를 자신의 자아로 착각해 이상행동을 하게 된다.

작품 속 캐릭터에 묘사된 갈등은 일상 전환 후 감정적 현실로 촉발될 수 있기에 롤 제거, 즉 디롤링은 상상의 세계에서 현실 세계로 다시 전환하는 데 중요한 부분이다(Edmiston, 2014). 배우의 역할 전환은 의식적일 수 있지만 일상생활에서 역할 전환은 의식적인 인식 없이도 자주 발생한다(Valente and Fontana, 1994: 3~10).

디롤링 기법은 연극치료에서도 자신이 경험한 일로 생긴 외상후스트레스 장애나 트라우마 등을 해소하는 데 유용하다. 베일리와 디킨슨(Bailey and Dickinson, 2016a: 1~18)은 미국 고등학교와 대학교에서 연기 수업을 통해 작품을 경험한 연기 전공생들의 4분의 1이 트라우마를 경험했을 가능성이 있다고 지적했는데, 장면 연기 후 그 연기를 제거하면 이 문제를 완화하는 데 도움이 될 것이라고 제안했다.

학생들은 해리성 장애(기억, 의식, 정체감, 환경에 대한 지각에 이상이 생기는 여러 정신장애), 정서적 무감각증(또한 즐거움을 느끼거나 경험할 수 없는 우울증의 증상인 '무쾌감증'이라고도 함), 공황 발작, 자살 성향, 수면 장애, 섭식

장애 등을 연기하거나 슬픔과 깊이 연결되어 있거나, 또는 극 중 장면에서 외상을 입은 캐릭터를 묘사할 때 분노하게 됨으로써 트라우마를 경험한다 (Bailey and Dickinson, 2016a: 1~18). 이제 안정적인 예술가 생활을 추구하는 배우라면 누구나 디롤링 기법을 알고 적용해야 할 필요가 있다.

 클로즈업

배우 니콜 키드먼의 과몰입 연기 '번 아웃' 사례

1967년생으로 1983년 데뷔해 2025년 기준으로 연기 경력 43년째인 미국 톱스타 배우 니콜 메리 키드먼은 자신이 맡은 작품 촬영 중 특정 캐릭터에 대한 과몰입으로 촬영 중단은 물론 '번아웃(burnout)'을 겪은 적이 있다. 미국 하와이주 호놀룰루 태생으로 호주에서 유년 시절을 보내고 가수, 배우, 영화 제작자 등 쇼비즈니스 세계를 탄탄하게 경험한 데다 금세기를 대표하는 스타 배우로서 안정적이고 빼어난 연기력으로 그 관록을 자랑하는 키드먼이 롤링을 하다가 번아웃까지 겪었다니 충격이 아닐 수 없다.

이렇듯 캐릭터 인입 과정에서 메소드 연기술이 추구하는 '과몰입'의 여파는 누구에게나 닥칠 수 있는 문제다. 특히 이것은 부적응증이나 쇼크 등 심각한 부작용을 일으켜 배우의 심신은 물론이고 전체 삶을 파괴할 수도 있다. 현지 시각 2024년 10월 24일 대중적 일간지인 영국의 ≪더선(The Sun)≫은 니콜 키드먼의 최근 출연작 영화 〈베이비걸(Babygirl)〉 개봉을 앞두고 그녀와 인터뷰를 했는데, 그 자리에서 키드먼은 연기 과몰입의 과정과 그 충격적 폐해에 대해 진솔하게 고백했다(Ross, 2024.10.23).

키드먼은 ≪더선≫과의 인터뷰에서 "그 영화를 찍을 때 에로틱 심리의 표현 수위가 높고 매우 강렬한 정사 장면에서 내가 지나치게 흥분해 몰입한 탓에 연기를 계속할 수 없어 상대역인 해리슨 디킨슨(Harrison Dickinson)과 촬영 중 중단한 적이 있고, 그 괴로움이 반복되며 번아웃에 가까운 상태가 됐다"라고 말했다.

'번아웃'은 일에 몰두하던 사람이 극도의 스트레스나 과도한 업무와 집중, 목표나 성과 달성에 대한 중압감, 성격의 민감성, 완벽주의적 태도 고수 등으로 인해 정신적, 생리적, 육체적으로 기력이 소진되어 의욕과 에너지를 잃고 부정적인 증상에 빠지는 현상이다.

번아웃이 장기화하면 일상생활에 심각한 영향을 미치며 신체적으로는 만성피로, 두통, 근육통, 불면증 등이, 심리적으로는 무기력증, 우울증, 불안장애, 수면 장애 등으로 진전해 정신·신체적 건강을 해친다. 심한 경우 자아존중감이 낮아지고 대인기피까지 생겨나 정상적 생활이 힘들어질 수 있다.

키드먼은 해당 성애 장면의 연기가 동선과 표현에 대한 세밀한 계산 그리고 높은 집중도를 요구했던 만큼 공동 주연인 해리슨 디킨슨과 깊은 신뢰를 쌓고 연기했지만, 정사 신의 몰입 상황에서 "(나한테) 가까이 오지 마세요. 이런 짓 하는 게 싫어요. (중략) 내 인생에서 다시는 감동을 받지 않아도 상관없어요!"라고 혼자 읊조릴 정도로 망상적 환상에 빠져들었다고 덧붙였다. 키드먼은 "내가 거의 번아웃이 된 이유는 상황에 너무 감화됐고, 강렬한 성적 감정이 계속 존재했기 때문이다. 더는 오르가슴 연기를 하고 싶지 않다"라고 말했다.

"나는 배우 생활을 하면서 늘 '내가 어디에 가보지 않았는가? 그리고 나는 인간으로서 무엇을 탐구할 수 있을까?'를 고민했다. 이 영화의 연기는 그간 내가 한 번도 도전해 보지 않은 영역이었기에 나의 모든 부분에서 전념했다. 친화력 강화 코디네이터를 동원해 지도받았다. 영화의 스토리를 전달하는 데 엄청난 주의를 기울여야 했기에 출연 배우들은 엄청난 공유와 신뢰, 비구속감, 그리고 때로는 좌절감을 느꼈다. 그래서 촬영 기간 배우들은 서로(그녀, 디킨슨, 반데라스)에게 매우 친절했고 서로를 도왔다. 특히 여성 감독(할리나 레인, Halina Reijn)과 함께 작업했기 때문에 섹스 장면을 연기할 때 더 큰 폭의 자유를 느꼈다."

영화 〈베이비걸〉은 남편 제이컵과 두 딸이 있고 전자상거래 업체의 최고경영자(CEO)로 성공적인 인생을 사는 중년 여성 로미가 연하의 남자 사무엘(디킨슨)과 불륜 관계를 맺으면서 벌어지는 끔찍한 이야기를 다룬 에로틱 스릴러다. 남편 역은 안토니오 반데라스(Antonio Banderas)가 맡았다. 로미는 틀에 박힌 지루한 일상에서 탈출하고자 밤마다 남편이 잠들면 다른 방으로 가서 노트북으로 포르노를 보는 등 일탈적 갈망을 표출했다. 그러다가 그는 결국 같은 사무실에서 일하는 28세의 남성 인턴 사무엘에게 매력을 느껴 위험한 사랑을 하고 그 후폭풍을 겪게 된다.

≪더선≫은 당시 영화 〈베이비걸〉의 해당 장면이 키드먼으로서는 "역대 가장 거친 장면"이 될 수 있다고 봤다. 키드먼의 배우 역량에 대해서는 "친화성이 스크린에 표현되는 방식의 경계를 허무는 베테랑 배우"라고 평가했다. 또한 이런 모습은 강력한 성적 환상을 떠올리게 하는 영화 〈아이즈 와이드 셧(Eyes Wide Shut)〉, 남편과 기괴한 성 의식을 벌이는 여성을 연기한 〈킬링 디어(The Killing of a Sacred Deer)〉, 나이든 여성과 젊은 남성 간의 역동적 에너지를 그린 넷플릭스 로맨틱 코미디 〈패밀리 어페어(A Family Affair)〉 등에서 엿보였다고 덧붙였다.

키드먼은 〈베이비걸〉로 2024년 열린 제81회 베네치아국제영화제에서 여우주연상을 받았는데, 비평가들도 "키드먼의 연기 인생에서 가장 야한 연기(Kidman's raunchiest yet)를 했다"라는 찬사를 남겼다.

2. 아티스트들의 고통과 고통 호소 사례

아티스트들이 예술 활동을 하면서 겪는 심신의 고통은 남녀노소 가릴 것 없이 현재까지도 대부분 드러나 있지 않다. 아티스트들은 자기(self)와 별도로 다른 예술적 자아를 표현하는 직업이기에 그들이 겪는 마음의 병은, 일반인들이 겪는 것과 같은 일상적인 것을 빼놓는다면, 대부분 작품 전후 처치나 디롤링이 수월하게 되지 않아 발생하는 것들이다(김정섭, 2019: 93~106).

그런데 여태까지 방송사, 제작사, 극단은 물론이고 교육기관, 예술계 등 그 어디도 디롤링이라는 해법을 가르쳐준 적이 없다. 배우들은 배역 제거를 능숙하고 원활하게 하지 못해 생기는 아픔을 선뜻 고백했다가 이미지가 나빠져 생계가 끊길 수도 있어, 그저 공개적으로는 '말하지 못하는 고통'으로 가슴에 담아두기만 했다. 섣불리 공개했다가 명성이나 스타덤에 걸맞지 않게 자기관리도 제대로 못 하는 사람, 이미지가 나쁜 사람으로 비치거나 팬들의 관심에서 멀어질까 두려웠다.

그러다가 끝내 이런 상황을 견디지 못하면 "이제까지 너무 힘들었어요, 이제 나를 놓아주세요"라는 짧은 말만 남긴 채 크게 존중받아야 할 생명을 포기하고 극단적 선택을 하여 세상과 이별하는 경우가 더러 있었다. 그간에 이와 관련된 많은 사례는 굳이 이름을 나열하지 않아도 잘 알 것이다.

이러한 '자살(suicide)'은 심리학 견지에서 자신의 삶을 의식적으로 끝내려고 노력하는 의도적이고 직접적이며 스스로 끌어들인 죽음으로 규정된다(Shneidman, 2018: 209~217). 사회학적으로 사회구조를 거부한 채 소속한 사회에 통합되려 하지 않고 사회적 고립을 자초한 사람들이 행하는 '이기적 자살', 전우를 살리고 승리를 쟁취하기 위해 무기, 기체(機體)와 함께 몸을 던지는 전쟁터의 군인이나 분신(焚身)으로 저항과 투쟁을 하는 승려·학생·노동자처럼 사회 안녕과 공익을 위해 희생하는 '이타적 자살', 부패·부당·부적절한 사회에 실망해 행하는 '아노미적 자살'로 분류하기도 한다(Durkheim, 1897).

자살의 촉발 요인은 스트레스 사건과 상황, 기분과 사고의 변화, 알코올과 다른 약물의 사용, 정신장애 및 모델링(사례 모방) 등 다양하게 분석된다(Comer, 2016). 원인 가운데 첫째, '스트레스 사건과 상황'은 가정, 교우 관계, 직장, 조직 등에서의 극한의 사회적 고립이나 고통스러운 심각한 질병 보유, 폭력적이거나 억압적인 환경, 직업적 압박과 스트레스 등을 겪는 것을 뜻한다. 둘째, '기분과 사고의 변화'는 당사자가 불안, 긴장, 좌절, 분노, 수

치심, 무망감(hopelessness)을 느끼거나 양자택일의 극단적 사고 등을 하게 되는 경우다(Bellini et al., 2018).

셋째, '알코올과 다른 약물의 사용'은 당사자가 평소 습관상 술이나 약물에 많이 노출되어 중독된 경우와 자살 직전에 공포나 공격적 감정을 줄이고 판단 능력을 스스로 잃게 하려고 흡입하는 경우로 나눠 볼 수 있다. 넷째, '정신장애 및 모델링(사례 모방)'은 사람들 가운데는 우울증, 만성 알코올 중독, 조현병을 지닌 자의 순으로 자살 시도가 흔하며, 가족, 친구, 연예인, 유명인의 자살에 심리적인 영향을 받는 '사회적 전염 효과'에 의해 동반 또는 후속 자살을 하는 경우를 의미한다. 이런 심리 장애를 지닌 사람들은 '자살 고위험군'으로 볼 수 있기에 면밀한 보살핌이 필요하다.

미국에서는 1963년 '세기의 스타'로 불리는 가수 겸 배우 매릴린 먼로(Marilyn Monroe)가 자살했을 때 그 주간의 자살률이 평소보다 12%포인트나 증가했으며(Phillips, 1974: 340~354), 엑스 세대(X-generation)를 상징하는 록 밴드 '너바나(Nirvana)'의 프론트맨인 커트 코베인(Kurt Cobain)이 자살한 1994년에도 모방 자살이 이어졌다.

앞의 분석과 마찬가지로, 배우가 목숨을 던지는 극단적인 상황 또한 여러 가지 이유가 복합적으로 작용해 발생한다. 하지만 일반인들과 조금 다른 점은 개인과 배역의 페르소나를 오가며 대중의 평가와 감시를 받는 직업적 특성이 주요한 원인이거나, 그것이 촉매가 되어 다른 문제를 악화해 생긴 경우도 허다하다는 것이다. 이런 현상은 동질 직업 집단과 아티스트-팬덤 사이에 '베르테르 효과(Werther effect)'라는 심리적 전염을 야기할 수 있어 문제가 심각해질 수 있다. 이 효과는 사회적으로 존경받거나 유명한 사람의 죽음, 자살이라는 비보를 접한 뒤 이를 자신의 일인 양 인식하는 심리적 동조를 일으켜 모방 자살 시도가 잇따르는 사회현상을 지칭한다.

배우는 물론이고 아티스트 범주인 가수, 연주자, 개그맨·개그우먼, 코미디언 등도 마찬가지다. 이 문제에 대해 애써 침묵하거나 논하는 것 자체를 회피하지 말고 우리가 함께 드러내놓고 고민하며, 최적의 케어 시스템과 솔루션을 마련해 보살펴야 한다. 이제 이를 통해 아티스트의 일과 삶 모두를 즐겁고 행복하게 만들자는 차원에서, 대표적으로 아티스트들이 그간 겪은 문제를 살펴보자.

언론에 공개한 사례만 봐도 디롤링 장애나 지체로 인해 배우들이 겪는 문제가 얼마나 심각한지 짐작할 수 있다. 이성재 배우는 MBC 드라마 〈구가의 서〉에 출연 후 "악역 후유증으로 정신과 치료를 받았다"고 털어놓았다. 극 중 이성재가 맡은 조관웅이라는 인물은 무관·문관을 거쳐 은퇴 후 백년 객관까지 차지해 버리는 야심가인데, 입신양명과 출세를 위해서는 물불을 가리지 않고 많은 사람을 짓밟고 죽이는 냉혈한이었다.

흥행한 영화 〈범죄도시〉에 사람들이 소스라칠 정도로 공포심을 자아내는 극악무도한 조폭 두목 '장첸'으로 나온 윤계상은 작품을 마친 뒤 한동안 후유증을 겪었다. 극 중 장첸은 신흥 범죄조직 보스로서 자신의 목적을 위해서라면 살인과 폭력도 마다하지 않는 극악무도한 캐릭터다. 그는 당시에 "정말 내가 (칼로) 찌른 것처럼 잠깐 착각이 들었다. 내가 극중 사용한 것이 가짜 칼인데 너무 깊숙하게 넣었나 싶고, 그런 것들이 집에 가서도 잔상이 순간순간 남았다. 언제나 그날그날 (고통이) 찾아왔던 것 같다. 후유증과 잔상이 오래 남았다. 현장에서 가깝게 본 배우들이 비명을 지르는 모습, 고통받고 있는 여자, 조폭 두목 이수 등 이런 얼굴들이 계속 떠올랐다"라고 말했다(≪fn스타≫, 2017.9.27).

영화 〈7년의 밤〉에서 잔혹한 복수극을 펼치는 아버지로 열연한 배우 장동건, SBS 드라마 〈아내의 유혹〉에서 매우 표독스러운 캐릭터를 선보인 김서형, SBS 드라마 〈리멤버〉에서 대기업 회장 아들로 분노 조절 장애가 있는 망나니 역할을 맡았던 남궁민도 악역 연기 직후 겪은 심각한 디롤링 장애와 그 후유증 문제를 언론에 각각 고백한 적이 있다.

뮤지컬배우 옥주현은 2012년 〈엘리자벳〉 주연 당시 엘리자베스가 되살아난 듯한 열연으로 호평을 받았는데, 당시에 남들이 모르는 심리적인 문제를 겪었다고 훗날 고백한 적이 있다. MBC〈전원일기〉에서 약 20년간이나 '복길이 엄마' 역할을 맡은 배우 김혜정은〈전원일기〉가 끝나고 우울증을 앓았다고 종방 16년만인 2018년 6월 언론 인터뷰를 통해 털어놓았다.

평단으로부터 연기력이 뛰어나다고 인정받는 배우 김해숙도 2018년 개봉한 영화〈허스토리〉에서 일본군 위안부 피해자인 배정길 역을 맡아 촬영한 후 5~6개월간 우울증을 앓았다고 고백했다. 실제로 그는〈허스토리〉촬영 후 곧바로 SBS〈이판사판〉에 출연하면서 다른 캐릭터에 몰두하려 애썼지만 그런 증상에서 쉽게 벗어나지 못했다고 한다.

스타급 뮤지컬배우 정선아도 연구를 위해 진행한 필자와의 인터뷰에서 "본래 자신의 자아와 상반되는 어둡고 부정적인 배역을 소화할 때 큰 어려움을 겪었다"라고 토로했다(김정섭·이은혜, 2016: 504-512). 정선아는 모든 "작품이 다 훌륭하고 좋았지만, 특히 어두운 배경이 주조인 죽음을 소재로 한 일본 원작〈데스 노트〉에 출연할 당시 맡았던 미사 역에 대한 인물 투사와 배역 인입을 할 때 약간의 어려움을 느꼈다"라고 말했다.

이들의 고백은 차례대로 소개하면 다음과 같다.

옥주현: 무대 위의 쟁쟁한 배우들한테 '뒤처지면 어떡하지' 하는 강박관념을 가질 정도로 두려워 공연 전후에 최면 치료를 받았다.

김혜정: 몰입의 단절이 공허함과 상실감으로 이어져 대인 기피증과 우울증을 앓았다. 그림과 산악자전거를 배우며 마음의 평화를 찾으려 애썼다.

김해숙: 내 나이에 그런 배역을 맡을 줄은 몰랐다. 이 때문에 우울증을 겪었고 영화를 보면 다시 그런 증상이 생길까 봐 제대로 보지 못했

다. 이후 다른 작품을 하고도 다시 증상이 계속됐다. 여행으로 극복했지만 아직도 울컥울컥한 마음이 남아 있다. 이유를 알 수 없는 슬픔이었다. 병원까지 가봤다. 너무 무기력했다. 약 복용도 권유받았다.

정선아: 나는 공연 중에는 최대한 분석한대로 몰입하며 연기했지만, 정서적으로 몰입이 어려운 죽음을 소재로 하고 있고, 노래 또한 다소 높은 음역대였으며, 배역도 실제 내 나이에 비해 너무 어린 역할이라 당시 내가 인물을 흉내 내고 있지 않은가 하는 고민을 하기도 했다. 그래서 더 애정을 갖고 열심히 몰입하고자 노력했지만 어려움이 많았다.

익명으로 답한 배우들의 상황을 봐도 배우들에게 적합한 디롤링 처지와 그것을 통한 자아 회복과 안정이 얼마나 중요한지 간파할 수 있다. 다음 내용은 필자가 참여한 연구에서 배우들이 진솔하게 고백한 사례로서 미흡하거나 불완전한 디롤링 등으로 공연 전후 겪는 증상이 심각함을 보여준다 (김정섭·이은혜, 2016).

배우 A: 뮤지컬배우로서 무려 119회의 공연을 하는 동안 같은 감정을 가진 하나의 배역을 소화한 적이 있는데, 공연을 마친 후 공연을 했던 저녁 시간만 되면 슬픔, 우울증이 반복되었다.

배우 B: 공연할 때마다 장기간 과도하게 몰입하다 보니 지금도 5년 전 작품의 캐릭터의 행동, 동작, 성격이 무의식적으로 나온다.

배우 C: 공연 후 바로 다른 공연에 캐스팅되어 어떤 배역을 맡지 않을 경우 강박증으로 완성했던 이전 캐릭터들이 일상에 투영되어 나를 괴롭히는 경우가 많았다.

배우 D: 나는 원래 완벽주의자가 아니었다. 그러나 실수를 용납하지 않는 라이브 무대의 경험이 계속 쌓이면서 '완벽한 연기'에 대한 강박증이 심해졌다. 공연 후 고스란히 투사된 캐릭터의 잔흔이 제거되지 않았고 그와 연관된 후유증에도 시달리게 되었다.

배우 E: 나는 내성적인데, 강한 역할을 맡아 그것을 완전하게 소화하기 위해 노력하다 보니 공연 후 후유증이 더 크게 나타났다.

배우 F: 나의 성격과 정반대의 배역을 하면 투사 후유증이 극심해져 이제는 그런 종류의 배역 들어오면 일부러 기피하고 있다. 그런 유의 캐릭터는 맡지 않는 게 좋다고 판단했다.

배우 G: 앤서니 홉킨스(Anthony Hopkins)는 대본을 1000번 보면 맡은 인물의 영혼까지 연기할 수 있다 했기에 나는 연습량을 최대화 하며 평소 인물과 영적 교감까지 하려고 노력했는데, 그 과정에서 캐릭터와 나라는 존재의 분리, 결합, 좌절을 반복하는 혼란으로 삶의 균형이 깨지고 말았다.

배우 H: 공연할 때는 카타르시스[3]를 느껴 정신적인 어려움이 상쇄되고는 하지만 공연이 끝나면 오랜 준비 과정에서 얻는 초조함과 스트

---

3   카타르시스(katharsis)는 '감정의 정화'를 뜻한다. 즉, 마음에 쌓여 있던 우울함, 불안감, 긴장감 따위가 해소되고 마음이 말끔하게 정화되는 일로, 아리스토텔레스의 『시학』에서 비롯되었다.

레스가 반추되어 후유증이 더 심해지는 것 같았다.

배우 I: 내가 작품에서 실제로 맡았던 배역과 나의 상황이 비슷하다고 여긴 경우 공연 후 그 캐릭터가 계속 투사된 채로 뚜렷이 남아 있어 우울증이 더욱 심화되었다.

배우 J: 처음으로 극 중에서 자살하는 역할을 맡았는데, 실제로는 그 정서를 알지 못해 자살을 부르는 극한의 생각과 몰입을 하다 보니 공연 후에도 한동안 그런 정서에서 벗어나지 못하는 고통을 겪었다.

배우 K: 너무 집중했더니 공연 후 일상생활에서 나도 모르게 극중 몸에 밴 습관들이 나타나서 나도 가족들도 놀랐다. 후유증은 배역에 대한 몰입 정도에 비례하는 것 같았다.

이처럼 TV 탤런트, 연극배우, 영화배우, 뮤지컬배우, 개그맨·개그우먼, 가수, 무용인, 국악인처럼 연기나 퍼포먼스를 선보이는 직업은 장기간의 격한 연습을 통해 역할 몰입과 과몰입이 이뤄지면서 종종 심각한 정신적 피로와 피폐감, 우울증 같은 후유증을 겪는다.

이 경우 맡았던 캐릭터에서 잘 벗어나거나 캐릭터에 이입된 부정적 감정을 잘 제거해 본래의 개인적 자아로 돌아오면 그 후유증에서 벗어날 수 있다. 하지만 아티스트의 감성이 풍부하고 극히 민감할수록 완벽한 처치는 힘들어지고, 그만큼 일상 회복도 수월하지 못하다.

따라서 감각과 성격이 민감한 배우들은 작품을 마친 후 장기간 몸에 밴 배역이 현실 속의 자신과 같다고 착각이 일어, 그 후유증으로 인해 현실을 부정하고 무력감, 편집증적 불안, 우울증 등을 겪는다. 뜨겁고 환상적인 조명과 뚫어질 듯한 관객들의 시선만으로도 긴장감이 최고조에 달하는데,

배우를 둘러싼 디롤링 장애 등의 내적 환경은 전술한 병증 가중에 악영향을 미칠 수 있는 것이다.

배우들에게 생존을 위한 극한 경쟁과 가히 살인적인 일정과 활동 또한 과부하, 체력 소진, 허탈감을 유발해 이런 내적 아픔을 증폭시킨다는 것이다. 데릭 패깃(Derek Paget)은 "배우는 무대 위에서 완벽한 연기를 하는 것만으로도 심리적 부담이 큰데, 일련의 특수한 공연 환경은 더욱 큰 스트레스를 유발해 그것을 심화하게 만든다"라고 지적했다(Paget, 2002: 30~41).

배우 외에 케이팝의 융성기를 이끌어온 가수들도 마찬가지다. 이들은 격한 연습은 물론이고 기분 나쁜 일을 겪어도 늘상 흥한 기분을 유지하며 각지의 무대를 돌며 완벽한 퍼포먼스를 구사해야 한다. 특히 나이가 어린 아이돌 그룹이 겪는 인기 이면의 극한 경쟁과 빼곡한 스케줄, 이로 인한 스트레스와 불안감은 감당키 어려운 경우가 적지 않다.

드라마, 예능 등 방송 프로그램에 출연하는 배우, 개그맨·개그우먼, 방송인들은 조급한 방송 제작 일정에 맞춰 매일 NG나 실수 없이 카메라 앵글에 쏙 빠져들어 가야 한다. 영화배우는 투자수익 확보를 위한 흥행 경쟁의 격화로 더욱 자극적으로 설정된 배역을 소화하는 일이 늘어나고 있다.

무대가 활동 공간인 연극·뮤지컬 배우는 한 배역을 1~2개월은 족히 연습하고 최장 1~2년을 같은 시간, 같은 무대 위에서, 같은 배역만 소화해야 한다. 무용수, 성악가, 국악인 등도 마찬가지다. 이런 환경에서 아픔을 겪는 사람들이 속출하고 있지만, 그 실태는 여전히 가려져 있고 해법이나 대책은 제시되지 않았다.

3. 실증연구로 확인된 배역 제거 장애 심각성

우리나라 뮤지컬배우들은 대부분이 장기간 디롤링 장애에 따른 후유증에 시달리는 것으로 나타났다. 공연 직후 대부분 디롤링 장애와 그로 인한 후유증으로 고통을 받고 있는데, 과학적인 처치보다 자가 진단과 치유에 의존하고 있어 대책 마련이 시급한 것으로 나타났다.

국내 상업 뮤지컬에 출연 중인 정상급 뮤지컬배우로서의 22명(여 11명, 남 11명)을 대상으로 심층 인터뷰한 김정섭·이은혜의 연구(2016)에 따라 이들이 겪는 고통과 무대책의 심각성이 확인되었다. 이 연구에 따르면 대상자 가운데 투사로 인한 고통이 1개월 이상 장기적인 경우가 절반에 이르고, 그 증상은 공연 배역과 똑같이 행동하고 생각하기, 우울증, 정신적 피폐감과 감정 조절의 어려움, 대인 기피증 및 대화 기피증, 극도의 피로감과 무력감, 환청 작용과 어지럼증 등을 수반했다.

이런 현상은 주로 저녁, 온종일, 새벽, 갑자기 돌발의 순으로 잦다고 나타났다. 배우들은 대항 인물(antagonist)보다 주도 인물(protagonist)인 주인공을, 긍정적인 캐릭터보다 부정적인 캐릭터를, 비현실적 캐릭터보다 현실적 캐릭터를 맡았을 때 이런 증상이 더욱 두드러졌다.

첫째, 공연 후에 자신이 맡았던 역할에서 벗어나지 못하거나 일정 기간 캐릭터가 남아 있는 디롤링 지체로 실생활 부적응 현상을 경험했다는 배우가 거의 대부분(95.5%)이었다. '모르겠다'는 경미한 수준(4.5%)에 불과했다. 디롤링 후유증을 경험했다고 밝힌 응답자 가운데 실생활 부적응 현상의 정도는 '보통'(59.1%), '약간'(22.8%), '심함'(13.6%), '매우 심함'(4.5%)의 순으로, 심각한 후유증을 겪는 배우들이 적지 않았다.

디롤링 후유증의 지속 기간은 1개월 이상(45.5%), 3~4주일 (13.7%), 1주일 (13.6%), 상황에 따라 다름(9.1%), 2주일(9.1%), 3~6일(4.5%), 1~2일(4.5%)의 순으로 답해 응답자 절반은 1개월 이상 장기적인 고통에 시달리는 양태를 나타냈다. 하루 중 주로 그런 고통을 겪는 시간은 저녁(34.3%), 종일(18.7%), 새벽(15.6%), 아무 때나 돌발(12.5%), 오후(9.4%), 아침(6.3%), 점심(3.2%), 오전(0.0%)의 순으로 응답해 실제 뮤지컬 공연을 했던 저녁 시간에 가장 극심한 것으로 분석되었다. 공연을 했던 시간과 같은 시간에 가장 많이 부작용 등 후유증이 나타난 것이다.

증상이 구체적으로 어떻게 나타났는지 복수 의견으로 응답하도록 하여 누적빈도를 살펴본 결과, 실생활에서 공연 당시 배역과 똑같이 행동하고 생각하기(19.2%), 우울증(17.3%), 정신적 피폐감과 감정적 조절의 어려움 (13.5%), 대인 기피증 및 대화 기피증(9.6%), 극도의 피로감과 무력감(7.7%), 배역과 연동된 환청 작용과 어지럼증(5.9%), 불면증(5.9%), 거식증(3.8%), 고립감·외로움(3.8%), 사람에 대한 불신과 혐오(3.8%), 자책감(3.8%), 악몽 (1.9%), 구토(1.9%), 심장 박동의 증가와 조급증(1.9%)의 순으로 나타났다.

연기 후 캐릭터 투사와 그 후유증이 유독 심했던 공연 당시 배역 특성에 대해 복수로 응답하도록 하여 누적빈도를 분석한 결과, 캐릭터의 비중에서는 주연(64.3), 조연(28.6%), 앙상블(7.1%)의 순으로, 캐릭터의 극 구조상 역할에서는 '주인공(protagonist)'(48.0%), '우호 인물(deuteragonist)'(28.0%), '대항 인물(antagonist)'(24.0%)의 순으로 각각 나타났다. 극을 주도하는 배역일수록 스트레스가 심해 더 쉽게 디롤링이 안 되는 문제로 이어진다는 것이다.

맡은 캐릭터의 긍정·부정성 여부는 '부정적 느낌을 주는 캐릭터'(54.5%)가 '긍정·부정에 관계없이 어떤 캐릭터를 맡았을 때'(31.8%)나 '긍정적 느낌을 주는 캐릭터'(13.7%)보다 투사에 민감했다. 선역보다 악역을 맡은 경우 디롤링 장애가 더 심하다는 뜻이다. 맡은 배역의 현실성 여부는 '실생활에서 흔한 현실적 인물'(54.5%) 배역이 '의인화된 동물·사물이나 영혼, 공상적 인물 등 비현실적 인물'(45.5%) 배역보다 디롤링에 취약했다.

배역 성격을 인간의 일곱 가지 기본 감정으로 분류해 견해를 표시하도록 한 결과 '분노'(31.1%), '슬픔'(22.2%), '미움·질투'(13.3%), '성적 욕망'(8.8%), '기쁨'(6.6%), '즐거움'(6.6%), '기타'(11.4%)의 순으로 투사에 민감하다고 답했다. 여러 가지 감정 가운데 '부정적 감정'(분노, 슬픔, 미움·질투 등)을 연기할 때 디롤링 장애 문제가 더욱 심각했음을 알 수 있다.

투사가 자주 일어나는 장면의 스토리 주조는 '사랑·열정'(8.7%), '싸움·다툼'(7.7%), '광기'(5.8%), '자살'(5.8%), '복수'(5.8%) 등 격하거나 극한 감정을 표출하는 신에 집중되었다. 배우가 맡은 극의 주조에서 본능적 욕망이 표현되는 사랑·열정이 가장 격하고 그다음은 '대결의 엔진'[4]이 강하게 작동하는 싸움·다툼으로 나타난 것이다.

배신, 탄압, 성공·쟁취, 고립, 살인, 분열은 각각 3.8%, 이별, 매춘, 지배, 성폭력, 저항, 통일, 정복·탈환은 각각 2.9%, 저항, 구타, 패배는 각각 1.9%, 불륜, 패륜, 감금, 승리, 복종, 실현·완성 0.9%로 상대적으로 미약했다.

전체적으로 성별 간의 인식 격차는 없었지만 유독 남자 배우는 '자살'과 '살인' 장면에서, 여자 배우는 '성폭력'과 '매춘' 장면에서 투사에 가장 민감한 반응을 보였다. 분석하건데, 각각의 성별에서 가장 자극적이고 감수성이 민감하게 작동하는 사안이기 때문이다. 이 경우에서 남녀 간의 격차는 '자살'(남 8.9%, 여 4.4%), '살인'(남 6.6%, 여 2.2%), '성폭력 장면'(여 6.6%, 남 0.0%), '매춘 장면'(여 6.6%, 남 2.2%)으로 분석되었다.

공연 후 디롤링 후유증을 겪는 이유를 밝힌 응답자들의 자유 진술문(사유 50건)을 분석한 결과, '실제 공연에서 장기간 일상화된 배역에 대한 과몰입'(26.0%)이 가장 큰 이유라고 자체 진단했다. 장기적으로 루틴(routine), 즉 판에 박힌 듯한 일상적이고 습관적인 틀과 같은 배역을 소화해야 하는 배우들의 중압감과 고통이 디롤링이 잘 안 되는 주요 원인이라는 뜻이다.

배우들은 이어 '프로 무대에서 일하고 있는 배우로서 공연 성공에 대한 막중한 책임감과 연기를 잘해야 한다는 지나친 강박관념'(20.0%), '본래 타고난 감성·성격적인 특징'(16.0%), '자연인 상태와 극 중 배역의 정체성과

---

4   서구의 문화예술계나 관련 학계에서 '엔진(engine)'이라는 용어는 극의 포맷 구조의 근간, 스토리나 서사를 이끌어가거나 작동시키는 동력의 의미(이를테면 '대결의 엔진', '추첨·경품의 엔진' 등)로 많이 사용한다.

주변 상황 차이에 따른 혼란'(12.0%), '장기간 준비·연습과 이로 인한 스트레스'(12.0%), '맡은 역할과 내 처지의 동일시'(8.0%), '작품에서 맡은 역할의 특수성'(6.0%)의 순으로 답했다.

"디롤링이 안 되는 문제와 그 후유증을 어떻게 치유했나요?"라는 질문에 배우들은 "배우의 처지를 가장 잘 이해하는 동료 배우나 주변인과 소통하며 극복하려 했다"라고 가장 많이 답했다. 반면 "정신과 의사나 심리상담사 등 전문가들을 통해 해결하려 했다"라는 대답은 극히 미미했다.

구체적인 응답 결과(전체 49건)는 '동료 배우들과의 대화와 수다'(20.4%), '주변인과의 활발한 대화와 소통'(16.3%), '휴식·여행·등산·운동·독서 등을 통한 힐링'(14.3%), '재빨리 다른 작품 돌입하기'(12.3%), '오랜 시간 혼자 조용히 보내기'(8.2%), '술·담배·놀이·인터넷 게임 기호품 활용과 엔터테인먼트 즐기기'(6.1%), '기도 등 신앙생활'(6.1%), '특별한 노력을 하지 않음'(6.1%), 전문가의 상담과 치료'(4.1%)', '영화 관람과 TV 시청 몰입'(4.1%), '심리 서적의 도움(2.0)'의 순으로 나타났다.

전문가의 도움을 받은 사례는 응답자 22명 중 2명(9.1%)에 불과했다. 그 외 20명은 정신과 상담을 받는 것에 대한 편견과 함께 정신과 의사나 심리상담사가 투사 후유증 또는 디롤링 장애를 겪는 배우를 단지 직업적 특수성에 따른 증상을 해결하려는 '배우'로 대하지 않고, 고질적 병증을 지닌 '환자'나 일반적인 '내담자'로 인식하는 점에 거부감이 있어 전문가를 활용하지 않았다고 밝혔다.

공연 후 즉시 후속 작품 섭외에 돌입해 빨리 다른 배역을 연기하고자 하는 배우들이 많아, 투사의 유효한 처치법 가운데 하나인 '역투사(back-projection)'가 가장 잘 활용되는 것으로 나타났다. 감정이 개입되지 않는 인터넷 게임 등이 망각에 도움이 되었다고 답한 배우도 있었다. 밝은 생각을 갖기 위해 코미디 영화나 예능 프로그램을 많이 봤다거나 기도를 하면서 교회 목사님의 도움을 받았다는 배우도 더러 있었다. 이들이 고백한 각자의 처치 방법을 소개한다.

배우 A: 작품 속에서 맡은 역할의 캐릭터가 작품이 끝났는데도 투사된 채로 분리가 안 되는 문제를 겪었다. 이것은 오직 배우만이 이해할 수 있는 현상이라서 이를 치유하고 극복하는 데 선배와 동료 배우들의 조언과 도움이 가장 컸다.

배우 B: 작품을 마치고 친구는 물론 가족들과 격의 없는 대화를 했다. 그랬더니 작품 속 캐릭터의 잔상을 잊는 데 큰 도움이 되었다.

배우 C: 작품 종료 후 겪는 후유증은 투사된 캐릭터에서 결국 배우가 스스로 껍질을 깨고 나와야 해결되는 문제로 보았다. 그래서 가족에게 얘기하면 부담이 될까 봐 도움을 요청하지 않았다. 시간을 보내며 해결했다.

배우 D: 작품을 마치고 캐릭터 투사 상태에서 벗어나 현실의 나로 돌아오는 데 많은 시간이 필요했다. 비교적 차분히 대응하며 치유했다. 결국 나의 극복 의지가 가장 중요하다고 느꼈다.

배우 E: 심리학자가 쓴 책을 읽고 큰 도움을 받았다. 책 내용대로 내 안에 남아 있는 캐릭터마다 각각의 '방(room)'을 만들고 연상하며, 필요할 때마다 하나씩 그 방문을 열고 들어갔다가 연기하지 않을 때 나와서 나로 돌아오는 훈련을 했더니 아주 효과적이었다.

배우 F: 나는 결국 정신과 의사를 찾아 상담했다. 의사로부터 무대와 배역에 대해 함구하고 그것에서 떨어져 생각하도록 훈련을 받았다. 그런데 의사가 기분 전환 장치와 관조하는 법을 제시해 준 것이 인상적이었다.

이상의 답변 사례를 보면 배우들이 디롤링 장애 등에 대해 전문가의 상담을 받으면 치료 효과는 있지만, 상담 사실이 알려져 배우 생명에 타격을 받을까 우려하여 전문가 활용을 기피하고, 대신 앞서 설명한 다양한 자가 치유 방법에 의존하고 있다는 점을 알 수 있다. 또한 정신과 의사나 심리치료사들은 배우도 일반 환자 가운데 하나로 대하는 경향이 있어 배우들만이 겪는 특수한 직업적, 예술적 문제를 전문적으로 해결해 주는 곳을 찾기 어렵다는 고충도 드러난다.

응답한 배우들은 대다수(71.4%)가 투사 후유증을 예방 및 치유하는 '사회적 케어 시스템이 필요하다'고 답했다. 사회적 케어 시스템이 '불필요하다'(14.3%)와 '답하기 어렵다'(14.3%)는 둘 다 미미했다.

특히 응답자의 66.7%는 일차적으로 정부 주무 부처인 문화체육관광부가 나서 모든 배우가 출연 전후 전문가의 상담·치료를 받을 수 있도록 근거 법률을 마련하고, 2차적으로 정부의 지원하에서 민간인 배우 단체나 한국 뮤지컬협회 등이 합동으로 심리 전문가들의 노하우를 반영해 '아티스트케어센터'(Artist Care Centre, 가칭)를 구축해야 한다고 요구했다.

아티스트케어센터에 '치료'라는 말 대신 '보살핌'을 의미하는 '케어(care)'를 사용한 것은, 배우의 관련 증상이 유전력이나 병적인 것이라기보다 직업적 환경과 특성에서 발생하는 것이기 때문이다. 실제로 배우들이 겪는 문제는 정신 병증과 달리 캐릭터 몰입에 의한 특수한 증상이기에 배우 활동을 하지 않아야 사라지며 또한 재발하지 않는다.

아티스트케어센터를 설립하는 준비 과정에서 공연 수익금 일부를 관련 센터의 재원으로 확보하는 것이 필요하다는 의견도 제시되었다. 그에 반해 '사회적 케어 시스템의 구축이 불필요하다'는 의견은 소수(33.3%)로 집

계되었다.

배우들은 향후 아티스트케어센터가 만들어진다면 여기에 참여하는 전문가들은 정신의학이나 상담심리학 본래의 영역만이 아닌, 배우 특유의 삶과 직업적 특성을 입체적으로 이해하고 관련 지식이 풍부하며 이들과 친근하게 접근해 소통할 수 있는 사람이어야 한다고 제언했다. 특히 배우들은 혼자 고통을 극복하지 못하는 사례가 많아 이야기를 충분히 들어주고 점차 제자리로 복귀·환원하도록 도와주는 체계적·과학적인 설계가 필요하다고 덧붙였다.

응답자들은 이를 위해 아티스트케어센터를 설립하되, 여기에는 어려움에 처한 배우를 '환자'로 대하기 쉬운 정신과 의사나 심리치료사 대신 새로운 제도(이를테면 '예술인 심리 케어 전문가')를 도입해 별도로 육성한 전문가가 상주하며 배우에게 특화된 친숙한 서비스를 제공해야 한다고 강조했다.

아울러 배우 지망생들이 입문 과정에서부터 심리치료의 필요성을 알고, 배역에 대한 접근 또는 디롤링 테크닉과 같은 배역 탈피 기법 등에 익숙해져야 하는 만큼 고등학교, 대학교, 대학원을 아울러 연기 관련 커리큘럼을 개편하고 관련 과목도 신설해 '맞춤형 지도'가 이루어져야 한다고 지적했다.

뮤지컬배우 정선아에 대한 연구에서, 그는 데뷔 이후 20년간 자신이 출연한 작품(32편) 가운데 무려 75%(24편)에서 공연 직후 디롤링이 잘 안되는 문제로 정서적 후유증을 겪었음을 밝혔다(김정섭·이은혜, 2021: 45~54). 다른 스타급 배우들도 마찬가지일 수 있다는 것이다. 그가 겪은 후유증의 주된 양태는 우울증·비애(6건), 들뜸·자기애(5건), 히스테리 증상(2건), 불면증(2건), 극도의 피로감(1건), 인지부조화(1건), 사회적 고립감(1건), 허탈감(1건)의 순으로 나타났다.

겪은 증세의 정도는 '심각' 70.8%(17편), '약간 심각' 20.9%(5편), '미약한 증세' 8.3%(2편), '증세 없음' 0%로 각각 나타났다. 공연 후 이런 특수한 정서 상태를 경험했던 기간은 작품당 평균 3.3개월로 나타났다. 한 작품을 끝낸 여파로 무려 100일 남짓이나 정서적 후유증을 느꼈다는 것이다. 그 고통이 몇 주가 아닌 무려 석 달 이상 지속되었다.

이런 이슈를 일찍 간파한 미국의 경우 배우에 대한 선진화된 배우 케어 및 지원 체계를 가동하고 있다. 1913년 설립된 미국 배우조합(AEA: Actor's Equity Association)에서는 회원에게 심리 치료를 비롯한 다양한 헬스 케어 서비스를 제공한다(Equity League, "My Health"). 배우 스스로나 소속사가 나서서 적극적으로 심리 케어를 받는 관행도 정착했다.

1882년 출범한 비영리 단체인 배우기금(The actors fund, 2022년 5월 'Entertainment Community Fund'로 개칭)은 모든 직종의 연예 분야 종사자에게 건강보험 서비스와 의약품을 제공한다(Entertainment Community, "Artists Health Insurance Resource Center"). 여기에는 정신과 의사들 외에 다수의 배우 케어 전문 심리 치료사와 같은 전문가들이 활동 중이다.

영국 출신의 할리우드 배우 어맨다 사이프리드(Amanda Seyfried)는 영국 판 ≪글래머(Glamour)≫(2011년 11월호)와 인터뷰에서 "나는 대중의 시선 탓에 자주 패닉에 빠지고는 했는데, 이를 벗어나기 위해 정기적으로 심리치료사를 만나 상담하며 마음의 안식을 얻고 있다"라고 밝혔다.

미성년(minor) 연기자들의 경우 규제가 엄격하다. 미국의 사례만 봐도 청소년 이하 연기자들은 출연 전후 심리 관리를 받도록 의무화되어 있다. '엔터테인먼트의 도시'이자 '쇼 비즈니스의 도시'인 할리우드가 있는 캘리포니아 주에서는 미성년자 보호를 규정한 '노동법' 외에도 '아역 배우법(California Child Actor's Bill)'을 제정해 어린이의 심신 건강까지 돌보도록 한다(Kriegt, 2004: 429~449; 김정섭, 2014).

그러나 국내 예술계에서는 예술가의 정신과 내원과 치료에 대한 선입견, 공연 업체나 매니지먼트사의 배우 심리 관리 및 보호 인식 부족 등으로 아직 정착되지 못했다(김정섭·이은혜, 2016). 대중문화계의 유행을 이끄는 스타들이 소속된 대형 엔터테인먼트 기업도 이에 대한 관리 시스템은 매우 취약한 실정이다. BTS 소속사인 하이브가 사옥 내부에 정신과 의사를 상주시키며 주기적으로 아티스트를 상담 및 케어를 하고 있을 정도다. 영화계에서는 아역 배우들의 성폭행 피해 연기 감행으로 논란이 된 영화 〈도가니〉 개봉 이후 2012년 2월 영화진흥위원회와 대한소아청소년정신의학회가 업무협약(MOU)을 맺고 아역 배우들의 심리 관리 연구(≪더 팩트≫, 2013; 반건호 외, 2013: 57~64)를 한 정도에 머물러 있다.

 클로즈업

예술인의 자살은 방치해서는 안 될 '전염성 대참사'

연예인을 포함한 예술인의 자살경향성(suicidality)은 개인적 특성 외에도 직업적, 예술적, 사회적 원인 등 다양한 요소가 작용하기 때문에 보다 깊게 들여다봐야 예방책을 마련할 때 보다 실효적으로 접근할 수 있다. 그간의 연구에서는 예술가를 포함한 준공인과 공인의 자살에서도 '베르테르 효과'가 발생하며 대중의 자살률을 높이는 데 영향을 미친다고 제시되었기에(Choi, 2015: 63), 이 주제는 매우 민감하고 중요할 수밖에 없다.

자살은 질병은 아니지만 복잡한 병인(病因)의 비극적인 종착점이며 전 세계적으로 전 연령대에서 나타나는 주요 사망 원인인 만큼(Knox et al., 2004: 37~45), 배우, 가수, 개그맨·개그우먼, 연주가, 극작가, 연출가의 무대인 예술 세계에서도 그 심각성이 예외일 수 없다. 일례로 유명 코미디언이자 오스카상에서 4회 수상 후보에 오른 배우 로빈 윌리엄스(Robin Williams)는 2014년 8월 11일 자살했는데, 이 비극을 이끈 원인은 관계 문제, 재정 문제, 약물 중독, 주요 우울증 등 복합 요인이었다(Tohid, 2016: 178~182).

한 연구에서는 1800년대와 1900년대에 사망한 예술가 3093명(표본) 가운데 자살자 59명(표본의 1.90%)을 건축가, 화가, 조각가, 작가, 시인, 극작가의 여섯 범주로 나눠 분석한 결과, 조울증 같은 정신 질환과 창의성 사이의 연관성 외에도 불리한 재정 상황 및 개인 작품에 대한 거부로 인한 스트레스가 원인으로 제시되었다(Preti and Miotto, 1999: 291~301). 이 연구에서 자살률은 남성 51명(표본의 1.75%), 여성 8명(4.30%) 등으로 여성보다 남성이, 청장년층보다 노인층이, 화가·건축가 그룹보다 시인·작가 그룹이 각각 더 높았다(Preti and Miotto, 1999: 291~301).

효과적인 자살 예방 수단과 대책은 앞선 로빈 윌리엄스 배우 연구 사례와 예술가 직업군 연구에서도 제시되었듯 임상적·심리적인 위험 요인을 동시에 고려해야 한다(Yip et al., 2012: 2393~2399). 이를 반영해 그간 자살 예방의 주요 전략으로서 제시되어 효과가 오랫동안 입증되어 온 ① 자살 수단에 대한 접근 제한, ② 가족과 주변인의 대인 접촉 강화와 존재감 부양 노력, ③ 소셜미디어 등을 통한 이상 징후의 파악, ④ 우울증 해소와 회복탄력성(resilience) 강화, ⑤ 의료진의 심리·약물 치료 등을 강구해야 한다.

첫째, 자살 수단의 접근 제한은 살충제와 약물 복용, 연탄가스나 가정용 가스 또는 자동차 배기가스 흡입, 총기, 투신, 익사, 진통제의 일종인 파라세타몰(paracetamol) 과다 복용, 그 외 교도소에서 흔히 사용되는 방법(Nandini et al., 2018: 280~285; Florentine and Crane, 2010: 1626~1632)과 같은 수단에 접근하지 못하게 하는 것을 말한다. 이와 관련된 책임 있는 언론 보도, 일반 공교육을 비롯한 선별 능력 강화, 안내 교육, 일차진료, 의사 교육 등도 필요하다(Schwartz-Lifshitz et al., 2012: 624~633).

그간 임상의들의 진료 데이터 분석 결과, 자살을 예방하는 가장 강력하고 효과적인 대책은 자살 수단에 대한 접근을 줄이는 것(Yip et al., 2012: 2393~2399; Paris, 2021)으로 나타났기 때문에, 이 방법이 논란은 있지만 흔히 권장된다. 이러한 조치는 특히 자살할 징조가 보이고 그럴 의도가 있거나, 자살 시도 경험자, 자살 재시도자에 대해 매우 효과적이다.

둘째, 가족과 주변인의 대인 접촉 강화와 존재감 부양 노력은 실의를 했거나 우울증이 심해 혹여 자살이 염려되는 당사자와 접촉하여 삶의 의미를 찾는데 도움이 되는, 대인관계의 밀착도를 높이는 것이다. 자살은 본질적으로 대인관계적 현상이니, 당사자가 보유한 특정한 핵심 관계의 유무는 자살 예방에 매우 중요하다는(Jobes, 2000) 시각이 반영된 해법이다. 나아가 자살은 개인만의 문제가 아니기에 지역적·사회적·정책적 개입도 필요하다. 현대 임상 자살학(clinical suicidology)에서는 개인이 처한 관계에 중점을 두어 자살 원인을 파악하고 대책을 마련하고 있다(Jobes, 2000: 8~17).

셋째, 소셜미디어를 통한 이상 징후 파악은 SNS의 탐색과 내용분석을 통해 이상행동의 조짐과 징후를 선제적으로 파악하고, 극단적 사태를 예방하는 것이다. 현재 대부분 소셜미디어 게시물의 언어 탐색에서 자살 위험이 있는 사람을 인식하는 알고리즘 구축이 가능하기에 모바일 애플리케이션을 통한 예방도 가능하다(Forte et al., 2021: 109). 직접 우울 증상 및 자살 생각을 선별하거나 문자 메시지 모니터링도 가능해졌고 위치와 같은 웨어러블 기기(wearable device)도 활용할 수 있다.

그러나 모바일, 웨어러블 기기는 행동 예측의 정확성 문제 때문에 아직은 더욱 더 개선해야 숙제가 많다(Kleiman et al., 2023: 347~359). 몇 년 전 자살 관련 용어의 구글 검색 성향 그리고 자살자 수 간의 통계적 관계를 연구한 결과, 2006년에서 2014년 사이에 유의미한 증가세를 보여 자살 관련 정보에 대한 인터넷 의존도가 높아졌음을 나타냈다(Chandler, 2018: 144~150). 이 결과는 위험에 처한 사람들이 온라인에서 자살 관련 정보를 찾는 경향이 더 높기에, 자살 예방 웹사이트를 잘 설계해야 한다는 것을 암시한다.

넷째, 우울증 해소와 회복탄력성 강화는 평소의 환경과 시스템을 개선해 개인의 심리적 상태를 전환 및 호전시키는 활동이다. 개인이 자살하는 데 영향을 미치는 요인은 가족의 자살 역사, 스트레스를 받는 삶의 사건 등과 같은 사회적 요인과 정신 질환, 이전의 자살 시도 경험 등 심리적 요인이 있다(Nandini et al., 2018: 280~285). 이 두 가지 요소는 서로 악순환 작용을 하여 우울증을 더욱 유발하거나 강화하기도 한다.

통계적으로 다운된 기분, 느린 사고, 흥미 저하, 의욕 상실 등이 특징인 우울증 환자의 경우 자살 확률이 일반인의 33배이며, 자살로 사망한 사람의 90%는 우울증을 앓았고, 우울증 환자의 자살 시도율, 자살율, 자살 재발율이 모두 높기 때문에 자살 예방을 위해서는 심리적 회복탄력성을 높여야 한다(Ding, 2022: 708). 잦은 야외 활동 등을 통해 신체의 활력 지수를 높이고 우울한 환경을 유발하는 요소의 제거에 집중해야 한다.

음악의 활용과 생활화도 하나의 대안이 될 수 있다. 다른 한 연구에서는 19세기와 20세기에 사망한 4564명의 저명한 예술가 표본(2259명은 시인·작가 등 언어 예술가, 834명은 화가·조각가 등 시각 예술가, 1471명은 작곡가·연주자 등 음악가)에서 자살자 63명(전체 표본의 1.3%)을 분석한 결과, 음악가는 언어·시각 예술가보다 자살률이 낮아 음악 이용에 자살 예방 효과가 있는 것으로 파악했다(Preti et al., 2001: 719~727).

'회복탄력성(resilience)'은 '회복·반등하는 능력'(Sisto et al., 2019: 745), '스트레칭을 하여 어떤 수준으로 회복하는 능력'(Boss, 2006: 52~57), '정신을 깊이 쉬게 하는 정신적 근육(mental muscles)'(Sarma, 2008) 등으로 정의된다. 여러 가지 역경, 아픔, 고초, 시련, 실패에 대한 인식을 딛고 이를 도약대로 삼아 다시 더 높이 솟아오를 수 있는 단단한 마음의 근력이라는 뜻이다. 'resilience'라는 용어는 라틴어로 '솟아오르다'를 뜻하는 'salire'와 '되튀어 나오다'라는 뜻의 'resilire'에서 유래했다(Resnick, 2018: 221~244).

다섯째, 의료진의 심리·약물 치료는 자살 위험군에 적용하는 중요한 자살 예방 수단이다. 관련 환자를 관리해 온 정신의학 분야 전문 의료진이 그간 체계적으로 실시해 온 기법이다. 이 경우 의사는 정신과와 응급실(ED) 치료를 마치고 퇴원한 뒤에도 '자살 행동'(자살, 시도 및 생각)을 하는 환자들에게 반복적으로 접촉하는 등 후속 개입을 하는데, 치료 직후와 장기적으로 자살 행동 감소 효과가 있다(Luxton et al., 2013; Meerwijk et al., 2016: 544~554).

효과의 경중에 대한 평가가 일관되지는 않지만, 1980년대부터 편지, 간단한 안부를 묻는 그린카드, 전화, 엽서와 같은 간단한 방식의 접촉 중재를 대체적으로 자살 재시도 예방에 효과적이라고 보았기에 활용이 권장된다(Plancke et al., 2021: 570~581). 심리 연구자인 윌리엄 H. 레이드(William H. Reid)는 자살은 어떤 임상적 사례에서도 "자발적"인 경우가 거의 없기에 임상의가 관여하면 예방이 가능하다는 견해를 밝혔다(Reid, 2010: 120~124).

이상의 다섯 가지 방법 외에도 예술인의 자살은 일반인의 그것과 함께 원인과 대책에서 조금 더 깊게 들여다봐야 할 필요가 있다. 사회와 공동체의 관심 또는 무관심의 정도, 압력이나 규제의 정도, 통제 또는 방치의 정도 등 사회적 관계의 양과 질의 수준이 이들의 자살을 유발하거나 촉진하는 부분이 있지 않은가에 대한 근본적 물음이다. 자살은 지역사회, 사회, 정부(정책) 개입이 필요하다는 주장과 상통한다.

이와 관련 프랑스 사회학자 다비드 에밀 뒤르켐(David Emile Durkheim)은 자살의 진정한 원인은 사회적 환경이며, 자살이란 '사회적 원인의 개인화' 현상이라고 규정했다(Durkheim, 1897; 2009; Lester, 1995: 79~84). 20세기가 되기도 전인 이른 시기에, 자살을 개인적·심리적 원인으로 발생한 현상에 국한하지 않고 도덕적 현실, 집단적 현실과 같은 '사회적 조건'에 의해 발생하는 측면이 있다고 실증 분석해 제시한 것이다.

뒤르켐은 당시 프랑스 법무부의 기록 문서를 이용해서 자살 관련 자료 2만 6000건을 통계 분석해 합리주의적·실증주의적 방법론으로 연구한 결과, 인간이 태어나 성장하고 사회의 일원이 되어 살아가는 동안 결혼, 이혼, 가족, 직장, 동아리, 종교, 군대 등의 여러 사회적 관계가 자살에 영향을 미친다고 결론지었다. 뒤르켐은 구체적으로 자살은 '사회적 통합'과 '사회적 규제'로 이뤄진 사회적 연대의 미흡이나 붕괴가 원인이라고 지적했다(Durkheim, 1897; 2009).

특정 개인이 자신을 사회에 결속하고 사회에 유대감을 품는 것을 뜻하는 사회적 통합이 원활하지 않거나, 사회가 개인의 존재, 사고, 행위 등을 규율하고 통제하는 사회적 규제가 적절한 수준에서 이뤄지지 않을 경우에 자살이 일어난다는 의미다. 뒤르켐에 따르면 첫 번째 요소인 사회적 통합 정도에 따라 특정 개인이 과도한 개인화로 사회에 너무 미약하게 통합되어 소외·고립이 되면 '이기적 자살'이 일어나고, 반대로 너무 강하게 통합되어 연대감, 책임감, 도덕적·종교적 책무감이 극히 높아지면 '이타적 자살'이 일어난다(Durkheim, 2009; Berthelot,

1995; Berthelot, 1995).

두 번째 요소인 사회적 규제의 정도에 따라 사회나 직업 집단 및 동료 간 연대 의식 부족처럼 사회가 개인을 너무 느슨하거나 약하게 규제하면 '아노미적 자살'이, 독재, 압제, 고문, 탄압과 같이 무자비한 규율로 희망과 미래가 봉쇄되는 등 사회가 개인을 너무 강하게 규제하면 '숙명적 자살'이 각각 발생한다.

뒤르켐의 연구와 견해를 따를 시 자살의 원인이 되는 요소를 억제 또는 제거하면 극단적 선택이라는 불행을 막을 수 있다. 사회적 통합의 측면에서 특정 개인은 지나친 개인화를 경계하고 적절한 수준에서 자신이 속한 여러 공동체나 단체에 통합되어 있어야 하고, 사회적 연대 감도 맹신, 복종, 종속의 단계에 이르지 않게 적절한 수준을 유지해야 한다. 사회적 규제의 측면에서는 동료와 친구, 직장에서 적절한 규제가 작동하는 가운데 정과 신뢰를 바탕으로 한 보살핌이 필요하다.

뒤르켐의 진단과 해법 제시에도 불구하고 자살자는 지금도 세계적으로 점증하고 있고 실효적인 대책은 부족하거나 미흡한 상황이다. 따라서 이제부터라도 자살을 빠르고 실질적으로 줄이기 위한 새로운 기법과 조치가 필요하다(Pringle et al., 2013: 71~75). 우리나라도 지난 30년간 일반인의 자살률이 계속 늘면서 가장 심각한 사회문제로 부상했다.

통계청에 따르면 2023년 연간 자살사망자 수는 1만 3978명으로, 2022년보다 8.3%포인트(1072명), 자살사망률(인구 10만 명당)은 27.3명으로 8.5%포인트(2.1명) 각각 증가했다. 특히 자살사망률은 2018년(26.6명) 이후 가장 높은 수치이며, OECD 회원국 평균치(10.7명)의 2.5배를 웃도는 실정이다(통계청, 2024. 10.4).

미국에서도 매년 3만 6000명 이상의 사람들이 자살로 사망하고 있으니(Pringle et al., 2013: 71~75), 이것은 이제 여간 심각한 문제가 아닐 수 없다. 자살 문제를 전체적인 사회문제로 바라보면서도 특수한 직업적 환경에 있는 예술인의 자살을 방치하지 말고 특별히 관리할 필요가 있다.

4. 알코올·담배·약물·도박·게임 의존의 위험성

배우 필립 시모어 호프먼(Philip Seymour Hoffman, 2014)과 배우 겸 가수 코리 몬티스(Cory Monteith, 2013), 배우 히스 레저(Heath Ledger, 2008), 가수 마이클 잭슨(Michael Jackson, 2009), 모델 겸 배우 애나 니콜 스미스(Anna Nicole Smith, 2007)는 모두 약사가 처방한 복합 약물로, 가수 겸 배우 휘트니 휴스턴(Whitney Houston, 2012)은 코카인과 심장병으로, 가수 릭 제임스(James Johnson, 2004)는 코카인으로, 뮤지션 디 디 레이먼(Douglas Colvin, 2002)은 헤로인으로 각각 세상을 떠났다.

이상의 사례에서 보듯이 배우, 가수를 포함한 예술인들은 디롤링 등 그들이 처한 직업적인 문제를 해소하기 위해 알코올, 담배, 약물, 도박, 인터넷 게임에 의존할 경우 심각한 중독 장애는 물론 죽음을 초래한다. 이 가운데 범법 사항에 해당하면 예술인의 생명이 끝나는 경우가 많아 매우 조심하고 경계해야 한다. 단지 식품이나 기호품으로 술이나 담배를 하는 경우, 일시적인 병증에 의해 병원에서 처방을 받은 약품이나 약물, 소일거리 정도의 게임 수준을 벗어나 심취나 몰입 단계가 되면 바로 빨간불, 즉 '위험신호'가 켜졌다고 볼 수 있다.

앞의 김정섭·이은혜의 연구(2016)에서 배우들이 공연 전후 겪는 정서적 문제를 해결할 해법으로 '술·담배·놀이·인터넷 게임, 기호품 활용과 엔터테인먼트'를 제시한 비율이 응답자의 6.1%에 이르렀다는 것은 주의 깊게 살펴볼 대목이다. 이들이 이런 대상에 대한 심취나 몰입 단계가 되면 문제가 심각해지기 때문이다. 많은 언론 보도를 통해 그 여파가 어떠한지 잘 보았을 것이다. 항목별로 무엇을 어떻게 주의해야 하는지 살펴본다.

1) 알코올

기분 전환, 긴장 억제, 진정 등의 용도로 흔히 섭취하는 주류는 에틸알코올(ethyl alcohol)이 들어간 모든 음료를 뜻한다. 알코올은 흡입하면 흥분과 마취 작용은 물론 판단과 억제 기능을 통제하는 뇌의 영역을 진정시킨다. 그래서 술을 조금 마시면(알코올 농도가 전체 혈액에서 0.06% 정도인 경우) 긴장이 풀려 기분과 정서가 더욱 편안한 상태가 되고, 짐짓 자신감도 생기고 행복한 느낌이 든다.

상대와의 관계나 소통에서도 평소와 달리 말이 많아지고 더 친숙해진 것처럼 느끼게 된다. 그러나 술을 많이 마시게 되면(알코올 농도가 전체 혈액에서 0.09% 이상인 경우) 다른 중추신경계까지 영향을 미쳐 판단력 상실, 기억력 감퇴, 부주의한 행동, 일관성 없는 언행, 공격적인 행동을 유발하게 된다. 몸이 휘청거리고 시야가 흐려지며 청력에도 문제가 생겨 여러 가지 면에서 분별과 판단을 흐리게 한다.

심리학자 로널드 커머(Ronald Comer)에 따르면 같은 양의 술을 마셔도 체중이 적게 나가는 사람, 알코올을 분해하는 효소[5]가 남성보다 적은 여성들이, 알코올을 분해 효소가 서양인보다 적은 아시아인들이 더 술에 쉽게 취한다(Comer, 2016). 혈중 알코올 농도는 간의 분해작용과 신장 등이 행하는 배설인 신진대사를 통해서만 저하되므로 술에서 깨어나는 데는 개인 간의 격차가 있지만 상당한 시간이 걸린다. 콩나물국이나 해장국 먹기, 블랙커피 마시기, 냉수욕 등은 도움은 되지만 본질적으로 숙취 해소 효과를 발휘하지 못한다.

폭음이 과도한 수준에 이르러 알코올 농도가 전체 혈액에서 0.55% 정도가 되면 술을 마신 사람은 결국 정신을 잃고 사망하게 된다. 소주든 맥주든 한 번에 다섯 잔 이상의 술을 마시면 '폭음' 또는 '과음' 상태라고 규정하

---

5   이를 '알코올 탈수소 효소(alcohol dehydrogenase)'라 한다.

는데, 이런 경우에는 정서, 기억, 뇌와 심장 기능에 길게 영향을 미친다 (Comer, 2016).

나아가 음주나 폭음이 지속해서 반복되면 '알코올 중독'(알코올 사용 장애)에 이르게 된다. 알코올 중독자는 평소에 초조하고 불안해야 할 만한 일들을 술의 힘을 빌려 해결하거나 해내려 하고, 사고력, 판단력, 기억력, 주의력, 균형감각, 업무 능력의 저하나 방해를 겪게 된다. 한편으로 알코올에 대한 내성이 생겨 갈수록 더욱 많은 양의 술을 마셔야 하며, 다른 한편으로는 금단 증상이 생겨 음주 후 입술, 손, 눈꺼풀이 떨리고 힘이 빠지며 메스꺼움, 짜증, 우울, 환시, 간 경화, 간질 발작, 뇌졸중 등이 나타나기도 한다.

알코올 중독은 목숨을 앗아가는 음주운전 사고를 비롯한 심각한 교통사고, 자살, 살인, 폭력, 성범죄 등을 유발하기도 한다. 특히 술을 마시거나 상습적으로 술을 마시는 사람은 운전대를 잡아서는 안 된다. 더욱이 가정에서도 알코올 중독자는 일반 가정보다 갈등, 학대, 성폭력 문제를 일으키는 사례가 많고, 알코올 중독자의 자녀들은 낮은 자존감, 의사소통 빈곤, 결혼생활의 어려움 등을 겪게 된다.

장기간 이뤄지는 음주는 소화기관에 크게 작용함으로써 항상 포만감에 찬 느낌을 유발해 영양분이 있는 식사를 빠뜨리게 하여 비타민B(티아민)가 결핍됨으로써 극심한 혼동과 과거에 대한 기억장애, 허구의 사건 작화증 등을 나타내는 '코르사코프증후군(Kosakoff's syndrome)'을 유발한다. 아울러 여성이 임신 중에 과음하면 유산을 하기 쉽고, '태아 알코올 증후군(Fatal alcohol syndrome)'에 걸린 2세를 낳아, 그 아이는 얼굴과 내장 기형, 지적 장애, 성장 지연 등의 문제를 겪을 수 있다.

2) 담배와 대마초

담배를 피우게 되면 거의 모든 신체 기관에 부정적인 영향을 미친다. 주성분인 니코틴(nicotine)은 강한 중독성을 가진 알칼로이드로서 기관지와 폐를 경로로 흡수되며 뇌로 빠르게 전달되어 중추신경계에 영향을 준다. 담배를 배우고 그 맛을 알면 계속 생각나게 되고 쉽게 끊지 못하는 것은 바로 니코틴이 지닌 의존성과 중독성 때문이다.

세계보건기구(WHO)에 따르면 전 세계 80억 명 인구 가운데 흡연이 원인인 질병으로 매년 약 800만 명이 사망했다. 그중 700만 명이 흡연자로, 나머지는 간접흡연에 노출되어 각각 사망했다. 특히 WHO의 2014년 조사에서는 세계인구의 22%인 11억 명이 흡연하고, 흡연자의 50~75%는 니코틴에 중독되어서 계속 담배를 피운 것으로 나타났다. 담배 연기에서 나오는 검은 물질인 타르(tar)와 사이안화물, 아세톤, 암모니아와 같은 유해 화합물은 기관지를 비롯한 호흡기계 염증과 암을 유발한다.

폐암의 주된 발병 원인이 흡연이라는 것은 주지의 사실이다. 흡연은 천식의 악화는 물론이고 만성기관지염, 만성 폐쇄성 질환을 유발한다. 아울러 천식 심장마비, 고혈압, 뇌졸중과 같은 심뇌혈관 질환, 당뇨병, 자가 면역 질환으로 인한 사망률을 높이고, 임신과 출산, 안과 질환 등에도 크게 영향을 미친다. 위궤양, 위산 역류, 위장관 암은 물론 식도, 췌장, 간, 결장에 영향을 미치는 각종 암의 발생 위험과 사망률을 증가시킨다. 특히 청소년기의 흡연은 신체 성장 저해, 발육부진, 기관지염, 폐렴, 천식, 중이 질환 등 다양한 장해와 질병을 발생시킨다.

일반 담배의 니코틴 함량은 10mg, 전자담배는 0.34mg이다. 이렇듯 전자담배는 실제 연기를 내뿜거나 태우지 않고, 니코틴 함량과 중독성이 일반 담배보다 상대적으로 약하지만, 장기간 흡연(vaping)을 하면 건강에 해롭기는 마찬가지다. 흡연자가 금연을 하고자 하면 탈중독이 어렵기 때문에 그만큼 굳게 마음을 먹어야 한다. 상담과 자가 진단, 니코틴 껌, 니코틴 패치, 니코틴 사탕, 액상 스프레이, 항우울제(부프로피온), 신경안정제(노르트립틸린) 등의 금연 보조 기법·기구·약물을 이용할 수 있다.

〈그림 2-1〉 마리화나 흡연 시 2주 정도 지속되는 증상들

우울증
(Depression)

불안장애
(Anxiety)

과민증
(Irritability)

독감유사증후군
(Flu-like symptoms)

불면증
(Insomnia)

체중 변화
(Weight changes)

자료: Hartney(2019).

대마초(cannabis)는 대마(삼)로 만들며, 약물, 환각, 억제, 흥분 효과를 복합적으로 나타낸다. 대마초 가운데 약리작용이 상대적으로 약한 것은 대마의 싹, 으깬 잎사귀, 꽃이 핀 봉우리를 혼합해 만드는 '마리화나(Marijuana)', 약리작용이 강한 것은 대마 수지를 말려 여러 형태로 제조한 '해시시(hashish)'가 있다(Comer, 2016).

과거 중국 등에서는 대마초를 외과 수술 시의 마취제와 콜레라, 말라리아, 감기, 천식, 불면증, 류머티즘에 대한 치료제 등 의료 용도로 사용한 적이 있다. 미국에서도 23개 주 이상이 의료 목적의 마리화나 사용을 허가한다. 마찬가지로 캐나다에서도 의료 용도로는 사용을 허가하고 있다.

그러나 대마초에 함유된 테트라하이드로칸나비놀(tetrahydrocannabinol, THC)은 강력한 환각작용을 일으킨다. 상용할 경우 중독과 의존증을 유발하기 때문에 이 약물 성분을 흡연하지 말아야 한다. 적은 양을 흡입하면 즐겁고 몸이 완화되면서 말이 많아지나, 많은 양을 마시면 초조함이 깊어지고 심장박동과 혈압 상승, 충혈, 어지럼증, 침과 입술의 마름, 식욕 과다에 이어 환시·환각, 신경과민, 정신 혼미 증상이 나타난다. '대마초 중독 증상(cannabis intoxication)'이 나타나는 것이다.

　해시시보다 약한 마리화나도 장기간 흡연하거나 흡연량을 늘리면 집중력 상실, 환각, 공황장애, 정자 수의 감소, 배란 장애 등의 심각한 증상이 나타난다(Hehemann et al., 2021; Hartney, 2019.7.3). 국내에서는 대마초에 대한 일부의 합법화 주장에도 불구하고 「마약류 관리에 관한 법률」에 의해 통제되는 '금지 약물(마약)'이라는 것을 주지해야 한다.

3) 진정·각성·마취제와 클럽 약물

　아편유사제(opioid)는 양귀비의 수액에서 추출해 만든 아편(opium)과 그 화합물인 모르핀(morphine), 헤로인(heroin), 메타돈(methadone), 코데인(codeine), 옥시코돈(oxycodone) 등을 말한다. 이 약물은 하나같이 엔도르핀[6]을 받아들이는 뇌 수용체 자리에 부착한다. 이 때문에 뇌 수용체에 위치한 뉴런이 아편유사제를 받아들이면 엔도르핀이 분비되었을 때와 같은 극치감, 황홀감, 안정감을 느끼게 한다(Comer, 2016). 더불어 고통의 감소, 구토, 홍채 축소 같은 증상도 나타난다.

　이 약물들은 강력한 의존증과 중독증을 유발한다. 따라서 의료용(마취제, 강력 진통제)이 아닌 경우 모두 불법이기에 현재 '마약류 관리에 관한 법률'에 의거 제조·소지·사용을 금지하고 있다. 의료용의 경우에도 보건 당국과 의료전문가의 정기적인 관리, 감독하에 사용하도록 규제된다.

　아편유사제 가운데 첫째, '아편'은 덜 익은 양귀비 열매에 상처를 내어 흘러나온 진(津)을 굳혀 말린 고무 모양의 흑갈색 물질을 말한다. 의료 분야에서는 진통·진경·마취·지사제 등으로 쓰이지만 극치감이 강해 습관성

6　엔도르핀(endorphin)은 고통을 경감시키고 감정적 긴장을 덜어주는 신경전달 물질이다.

과 중독성을 일으킨다. 모르핀 등 30가지 이상의 알칼로이드가 들어 있다.

둘째, '모르핀'은 아편의 주성분이 되는 알칼로이드로 냄새가 없고 맛이 쓰며 물에 잘 녹지 않는 무색의 결정체다. 아편보다 고통 경감 효과가 뛰어나 마취제나 진통제로 널리 쓰였는데, 많이 사용하면 중독 증상이 일어난다. 셋째, '헤로인'은 모르핀의 대체품으로, 모르핀을 아세틸화해 만든 흰색의 결정성 가루다. 감기약으로도 사용되었으며, 진통과 마취 작용은 모르핀보다 몇 배 강하나 의존성과 중독성도 크다.

넷째, '메타돈'은 모르핀이나 헤로인에 의존하는 환자의 금단 증상을 치료하는 데에 쓰는 합성 진통제로서 장기간 복용해야 효과가 나타난다. 제2차 세계대전 당시 히틀러 치하의 나치 독일에서 당시 구하기 힘들었던 아편류의 진통제를 대체하기 위해 개발한 합성 아편제로 1946년부터 사용되었다. 메타돈은 의료용으로 쓰이지만, 의존적인 2차 중독의 위험이 크다. 따라서 이 약물은 모르핀·헤로인 의존자를 다시 '통제된 중독자'로 만들어 평생 중독자로 살아가게 한다는 비판을 받았다.

다섯째, '코데인'은 통각(痛覺, 통증 감각)이 말초에서 중추로 전달되는 것을 차단해 통증을 감소시키며, 뇌의 기침 중추를 억제하여 기침 발생을 감소시킨다. 여섯째, '옥시코돈'은 중추신경계에서 통증 자극을 전달하는 신경전달 물질의 분비를 억제해 진통 효과를 내는 마약성 진통제다. 모두 중독, 오용, 남용의 우려가 있는 마약이다.

이제 아편유사제가 아닌 약물들의 폐해를 살펴보자. 먼저 '프로포폴(propofol)'은 아편유사제, 벤조다이아제핀계(benzodiazepine) 등 다른 정맥 투여 마취제들과는 다른 작용 원리를 지닌 전신 마취제다. 과거 많은 연예인과 재벌 총수 등이 병원과 짜고 몰래 이 약물을 불법적으로 주사했다가 수사기관에 적발되었다. 하얀색 액체 형태로 되어 있어서 '우유 주사'라고도 불리는 이 약물은 수술이나 검사 시 마취용도, 인공호흡기를 사용하는 환자의 진정 용도로 사용된다.

다른 마취제들과 달리 빠르게 회복되고 부작용이 적다. 정맥으로 주사 후 평균 30초 정도 후에 마취 작용이 나타나기 시작하며 용량에 따라 3~10분 정도로 짧게 작용이 지속한다. 오남용 시 중독될 수 있다. 드물지만 과민반응, 아나필락시스(anaphylaxis, 특정 물질에 과민반응을 가진 사람이 그 물질에 노출되었을 때 발생하는 민감한 알레르기 반응), 혈관 부종, 기관지 경련, 홍반과 같은 반응이 나타날 수 있다.

'클럽 약물'로는 엑스터시(ecstasy, MDMA), 코카인(cocaine, methylenedioxy methamphetamine), LSD(Lysergic acid diethylamide, LSD는 독일어 Lysergsäure diethylamid의 약어) 등이 있다. 이 약물을 흡입해 적발될 경우 사회적 비난과 손가락질의 대상이 된다. 클럽 약물은 문란한 댄스 클럽, 밤샘 댄스파티, 난장판이 되는 파티 등에서 몰래 유통되는 환각 약물로서 중독, 오용, 남용, 성착취 활용의 우려가 있어 현행법상 금지된 마약이다.

이 가운데 '엑스터시'는 암페타민 계열의 유기 화합물로 환각 작용을 일으키는 향정신성 의약품이다. '아담', '도리도리'로 불리기도 한다. 이 약물은 1914년 메틸렌 데옥시 메스암페타민(methylenedioxy methamphetamine, MDMA)이라는 이름의 식욕 감퇴제로 개발되었는데, 1980년대 초부터 클럽에서 사용되기 시작했다. 성욕 증진, 황홀감, 속박이 없는 느낌 등의 효과가 알려지면서 불법 유통되었다.

메스암페타민의 경우 '심술쟁이'라는 뜻의 '크랭크(crank)', 결정체가 얇은 얼음처럼 생겼다 하여 '아이스(ice)', 크리스털 결정체와 같다고 하여 '크리스털 메스(crystal meth)'로 각각 불리기도 한다.

엑스터시의 원류인 '암페타민(amphetamine)'은 실험실에서 제조되는 각성제로서 체중 감량, 밤색 작업을 하는 직업군의 각성제로 널리 쓰이다가 소용량 복용할 때 에너지와 경각심을 높이고 식욕을 감퇴시키며, 고용량 복용 때 황홀감, 중독, 정신병을 일으키는 것으로 규명되어 세계적으로 규제가 시작되었다. 최근에는 여성들의 고강도 다이어트 약물로 몰래 이용되어 사회적인 문제로 대두되기도 했다.

'코카인'은 코카나무과의 코카나무(erythroxylum coca)의 잎에 들어 있는 알칼로이드 분말로 병원에서 국소 마취제로 쓰인다. 쓴맛이 나고, 혀를 강하게 마비시킨다. 복용이나 투여 시 뇌의 중추신경에 영향을 미쳐 신경에 활성 작용을 하는 도파민(dopamine)의 공급을 증진해(Haile, 2012) 자극적인 효과를 유발한다. 그 효과가 사라지면 현기증, 구토, 졸도, 혼수상태, 정신착란, 환각, 환청이 발생한다.

독성이 강하고 의존성이 짙게 나타나 어떤 마약보다 치료 비용이 많이 든다고 알려져 있다. 과다 복용 시 호흡 곤란, 심장 부정맥, 심장 정지, 뇌발작을 초래한다. 중독량은 0.1g, 치사량 1.0g이다. '크랙(crack)'은 순도를 높인 공 모양의 결정체 형태로 파이프로 흡입하는 농축 코카인을 지칭하며, '프로카인(procaine)'은 국소 마취제로서 인체에 해가 적은 코카인의 대용 약을 말한다.

'리세르그산 디에틸아미드(LSD)'는 맥각균(麥角菌, 잡초와 호밀에 기생하여 생장하는 실 모양의 곰팡이)을 합성한 강력한 환각제다. 세로토닌과 화학구조가 유사하며 백색 분말로 맛이나 냄새가 없다. 환각 증상을 발견하기 전까지는 출산 후 산모의 출혈을 막아 주는 처치제로 사용되었다.

소량의 경구 투여로도 시각, 촉각, 청각 등의 감각을 왜곡하는 강력한 환각증(hallucinosis)이 나타날 만큼 약리작용이 매우 강력한데, 코카인의 100배, 메스암페타민의 300배에 달한다. 아울러 극심한 공포, 불안, 우울, 두려움, 수전증, 정신이상을 경험할 수도 있다. 증세는 복용 후 30분 정도 지나서 나타나며 6~8시간 정도 지속한다. 복용 시 내성이 생긴다거나 복용 중단에 따른 금단현상은 없지만, 단 1회만 사용하더라도 인지·감정·행동에서 이상 반응이 초래되어 매우 위험하다.

4) 도박·게임 장애

'도박 장애(gambling disorder)'와 '인터넷 게임 장애(internet gambling disorder)'는 보상과 흥분에 대한 결핍, 사회적 압박, 성격의 특성, 유전적 요인 등이 복합적으로 작용해 나타나는 중독 장애다. 둘 다 특정한 행동을 반복적으로 함으로써 의존성이 생기고, 이에 따른 내성과 금단 증상을 동반하는 행동 중독(behavior addiction)의 한 형태이기에 배우 등 예술인이라면 특히 이런 문제에 빠지지 않도록 경계하고 철저히 신변 관리를 해야 한다.

우리는 '도박 장애'와 '인터넷 게임 장애'로 인해 기품 있고 고상한 예업(藝業)이자 절박한 생업(生業)인 예술 활동을 일찍 마감한 예술인을 적잖이 보았다. 특히 '원정 도박' 문제로 신문 지면을 크게 장식한 뒤 급기야 얼굴도 제대로 들지 못하는 굴욕적인 사과를 하고 방송계나 연예계를 떠난 배우, 가수, 개그맨을 포탈에 검색만 해도 쉽게 찾을 수 있다.

'도박 장애'는 걸기(베팅)의 유혹과 일확천금 또는 신세 역전의 기대감에서 벗어나지 못하는 현상으로서 원하는 흥분에 도달하기 위해 엄청난 양의 돈을 쏟아붓고, 도박을 줄이거나 중단할 경우 안절부절못하거나 짜증을 내는 증상을 뜻한다. 도박에 몰입하는 사람들은 다음의 네 가지 요인 가운데 적어도 하나 이상 때문에 도박에서 벗어나지 못한다.

첫째, 도박 중독 증상을 발전시키는 유전적 요인을 부모로부터 물려받았거나, 둘째, 뇌의 보상 중추에서 특유한 도파민 활동성과 작용의 고조를 경험했거나, 셋째, 태생적으로 충동적이며 차별성을 추구하는 성격이거나, 넷째, 판단력과 인지능력이 부족해 부정확한 기대와 자신의 감정 및 신체 상태에 대한 잘못된 해석체를 지니고서 인지적인 실수를 거듭하는 경우라 할 수 있다(Vitaro et al., 2014: 347~355; Jabr, 2013; Leeman et al., 2014: 460~466; Spada et al., 2015: 614~622).

미국심리학회(APA, 2013)에 따르면 다음의 9개 항목 가운데 네 가지 이상이 12개월 동안 나타나면서 도박으로 심각한 고통이나 손상을 입은 경우에 '도박 장애'로 진단할 수 있다. 그럴 때 도박 장애라 진단받은 사람들은 도박 재발 방지 훈련과 같은 인지 행동적 접근, 중독 억제제(narcotic antagonist) 투여, 도박 중독자들의 집단적인 회복 프로그램 참여 등으로 치유할 수 있다(Comer, 2016).

APA가 제시한 '도박 장애' 진단 9개 항목은 다음과 같다. 그것은 첫째, 만족스러운 흥분감을 얻기 위해 더 많은 돈을 도박에 쓰려는 욕구가 샘솟았는가? 둘째, 도박을 줄이거나 멈추고자 할 때 불안감이나 짜증을 경험했는가? 셋째, 도박을 조절·감소·중단하려는 노력이 반복적으로 실패했는가? 넷째, 도박에 빈번히 몰두하는가? 다섯째, 스트레스를 받을 경우 빈번하게 도박을 감행하는가? 여섯째, 손해를 보상받기 위해 도박 장면으로 빈번히 회귀하는가? 일곱째, 도박의 양을 숨기기 위해 거짓말을 반복하는가? 여덟째, 도박으로 인해 중요한 관계, 직업, 교육·경력에서 위기를 겪었거나 기회를 상실했는가? 아홉째, 도박으로 야기된 경제(돈) 문제를 해결하고자 타인에게 부탁해 의존했는가 등이다.

'인터넷 게임 장애'는 통제 불능의 욕구가 표출된 중독 장애로 인터넷 사용 장애, 인터넷 중독 등이 포함된다. 과거에 경험했던 의사소통과 인맥 관리, 쇼핑, 게임, 지역사회 참여와 같이 현실 세계에서 일어났던 활동을 인터넷에 의존해 연장하고자 하는 욕구가 반영되어 있다.

이런 장애를 겪는 사람들은 인터넷 게임 사용과 관련된 금단 증상과 내성을 보이면서 정신적, 육체적, 사회적인 어려움을 경험한다. 특히 청소년들은 게임 시간을 조절하지 못해 점차 게임 접속과 사용 시간이 늘어나고, 방해나 규제를 받아 게임을 하지 못하게 되면 불안하고 초조한 증상을 보인다.

정부의 예술인 '마음건강' 관리 대책

배우·가수·예능인·연출가·작가·연주가 등 대중문화예술인의 심리 관리가 체계적이지 못하다는 것은 어제오늘의 우려나 비판이 아니다. 세계 문화 시장에 우뚝 선 케이컬처의 성장세와 위상에 어울리지 않는 후진적인 아티스트 케어 시스템이 잔존하고 있기에 우리는 이것을 흔쾌히 인정하고 더는 미룸이 없이 획기적으로 개선해야 한다.

이는 문화강국을 운위하는 우리 정부의 중요한 과제이자 문화예술계가 처한 중차대한 현실이다. 아티스트의 마음 건강 문제는 팬들의 주시 대상으로 뉴스 가치가 높은 만큼 연일 언론에 보도된다. 우리는 종종 연예인의 극단적 선택과 같은 매우 충격적인 뉴스를 접하면서도 그간 뚜렷한 대책을 마련하지 못했다.

아티스트들의 경우 작품 전후 연기 몰입과 디롤링이 잘 안 되는 문제를 비롯해 무대 공포증, 성격 이상, 캐스팅 난항, 생계 문제, 대인관계 문제, 애정사, 가정사 등 여러 가지 복합 요인으로 심리 건강이 무너진다. 그 정도가 심해지면 우울증을 거쳐 극단적인 선택을 한다. 우리나라의 자살 사망자는 2023년 약 1만 4000명, 자살률은 인구 10만 명당 27.3명 수준으로 여전히 세계 최고 수준인 가운데 대중문화예술인의 자살은 더욱 심각한 문제로 부각되고 있다.

질병관리본부의 국민건강영양조사에 따르면 일반 성인의 경우 우울감 경험률은 전체의 11.2%이며, 연예계 종사자들의 경우 이보다 3배 이상 높은 37%로 나타났다. 그러나 연예계 종사자들은 마음 건강에 문제가 생긴 경우 전문병원(정신과)을 이용하겠다는 비율은 외부 노출, 이미지 저하 등의 이유로 전체의 48.4%에 불과했다(보건복지부 질병관리본부, 2017).

유명 예술인 자살은 예술인 자체의 문제를 넘어 사회 전반에 집단적인 우울감, 자살 생각 등에 영향을 주는 등 부정적인 파급효과가 크다. 앞에서 논의한 것처럼 실제로 그에 따른 '모방 자살 효과'(베르테르 효과)의 영향이 큰 것으로 분석되

〈그림 2-2〉 '문화예술인 마음안심클리닉' 이용 체계

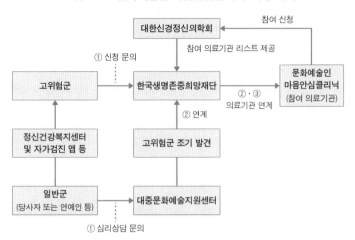

기관명	기관 역할
대한신경정신의학회	참여 개원의 리스트 관리 등 안심클리닉 운영 지원
한국생명존중희망재단	고위험군, 일반군과 참여 의료기관 간 연계 등 운영 지원
문화체육관광부	대중문화예술센터 심리상담 고위험군 조기 발견, 연계 등
보건복지부	사업 내용 전파·확산 등 기타 지원

자료: 사회관계 부처통합(2021.9.29).

고 있다.

정부는 2004년부터 자살 예방 대책을 마련했지만 이런 여파와 대중문화예술인
이 처한 특수한 문제를 깊게 고려한 세밀한 각론을 마련하지 못했다. 그래서 이
런 문제점을 인식하고 2021~2022년에 걸쳐 대중문화 영역에 종사하는 예술인들
의 우울증과 자살 예방을 위한 프로그램을 마련했다. 정부의 대책은 ① 현장에
서 실시하는 심리검사를 통한 고위험군 조기 발견, ② 내담자 및 치료자에 대한
노출 최소화, 치료비·생계비 지원 등 대중문화예술인 대상 맞춤형 서비스 지원,
③ 주변인·당사자 대상 자살예방교육 강화 및 사후대응 서비스 지원과 같은 자
살 예방 인프라 구축, ④ TV·신문 외에도 SNS와 유튜브 등 새로운 대중매체 내
자율 규제 점검, 생명 존중 문화 확산을 통한 모방 자살 최소화 추진 등이 골자다.

이를 위해 먼저 문화체육관광부에서는 2022년부터 한국콘텐츠진흥원의 대중문화예술센터를 통해 심리상담 서비스를 확대했다. 이를 통해 내적인 어려움을 겪고 있는 예술인들을 조기에 발견하고 그들의 정신건강 사각지대를 해소하는 한편 이를 효율적으로 처치·관리할 프로그램 수준을 높이고자 했다.

일례로 심리상담 대상자와 심리상담사 간의 1:1 심리상담, 그룹 멤버 간 갈등과 소통 문제로 발생하는 스트레스 해소를 위한 집단상담, 청소년 대중문화예술인과 데뷔 이전 단계에 있는 연습생의 효과적 상담을 위한 매니저와의 사전 상담 등을 실시하고 있다. 이를 위해 2022년부터 소속 대중문화예술센터에 자살 예방 및 정신건강 교육 지원 업무를 추가했다.

보건복지부도 산하 국립정신건강센터에서 '정신건강 자가검진 앱'(모바일 앱)을 내놓아 아티스트가 앱을 통해 자가 검진을 하고 전문기관과 연계해 상담을 받도록 하고 있다. 지역 정신건강복지센터에서는 30여 대에 이르는 '마음안심버스'를 운영 중이며, 트라우마 우려가 있거나 그런 배역과 촬영 장면이 존재하는 촬영 현장으로 보내 출연자에 대한 심리 지원을 한다.

보건복지부는 '고위험군'에 속한 예술인 대상으로 2021년 10월부터 '문화예술인 마음안심클리닉'에서 언론 노출을 최소화하는 장치를 마련해 별도의 상담을 실시하고 전문적 치료를 연계하고 있다. 문화예술인 마음안심클리닉은 개인정보 노출 등에 부담이 있는 문화예술인과 심리상담 전문 의료기관을 연계해 정신건강 의학과 검진, 상담 및 치료 서비스를 지원하는 프로그램으로, 한국신경정신의학회가 주도한다.

보건복지부와 협업하는 한국생명존중희망재단에서는 의료기관(안심클리닉), 연예계 단체 등과 연계해 위험군 발견 시 즉시 지원이 가능하도록 핫라인을 구축했다. 행정 입원과 응급 입원의 경우에는 소득 요건에 관계없이 본인 부담금을 전액 지원한다. 소득이 불안정한 연예계 종사자들이 이용할 수 있는 저소득층 대상 정신건강의학과 치료비 지원 기준(발병 5년 이내)도 중위소득 80% 이하에서 120% 이하 가구로 확대했다.

한국생명존중희망재단은 생활고가 우울증, 극단 선택 등을 유발하는 요인 가운

〈그림 2-3〉 사후대응 서비스 운영 절차

자료: 사회관계 부처통합(2021.9.29).

데 하나인 점을 감안해 예술인복지재단의 예술 활동을 증명한 예술인 기준 중 위소득 75% 이하(약 3000명)를 대상으로 생활안정자금(최대 700만 원) 및 전월세자금(최대 1억 원)을 금리 2% 내외에서 융자해 주도록 했다. 한부모 수급자 부양 의무자, 장애인 수급자 부양 의무자 등 저소득 대중문화예술인이 지원받을 수 있는 생계급여 부양 의무자 기준도 폐지했다.

아울러 한국생명존중희망재단은 '자살예방법' '제2조의2(정의)'에서 규정한 '생명지킴이'를 500만 명 이상 교육·배출해 자살 위험군 발견과 자살예방교육 등 관리에 활용하고 있다. '생명지킴이'는 자살을 할 위험성이 높은 사람을 찾아 자살예방센터 등 전문기관에 연계·의뢰하는, 보건복지부 장관이 인정하는 소정의 교육을 수료한 사람이다.

자살예방교육은 한국생명존중희망재단의 온라인 학습 관리시스템을 통해서도 이수가 가능하다. '대중문화산업법' 제17조는 대중문화예술인 상담 및 교육 지원, 대중문화예술 기획업 등록제도를 운영 중인 한국콘텐츠진흥원과 같은 중앙 단위의 센터를 통해 대중문화예술인에 대한 자살예방교육을 하도록 규정한다. 자살예방법 제17조에 따라 2024년 7월부터 자살예방교육이 의무화되어 공공 및 민간 기관 등에서 개발한 자살예방교육 프로그램이 있을 경우 승인심사를 받아 교육에 활용할 수 있다. 자살 사건이 발생하면 2022년부터 유족에게 법률 상담, 임시 거처, 치료비를 지원한다. 한국생명존중희망재단이 주도하는 '사후 대응 서비스'도 가동되기에 관련 서비스를 받을 수 있다. 사후대응 서비스는 자살 시도자, 자살 사망자 소속 연예기획사를 대상으로 상담한 후 정신건강 스크리닝 및 1:1 상담 맞춤형 지원을 하는 것이다.

언론 보도 역시 자살에 크고 작은 영향을 줘서는 안 된다. 따라서 문화체육관광부와 보건복지부는 한국기자협회 등 언론단체와 협업해 '자살보도 권고기준 3.0'에 맞는 취재 보도가 이뤄지도록 하고 온라인 모니터링 등으로 모방 자살 위험을 최소화하는 노력을 한다. 개별 언론사 단위로도 그런 노력이 지속되고 있다. 잇따른 연예인 자살과 댓글 폐해의 문제가 지적되면서 언론단체와 개별 언론사의 자성, 그리고 위와 같은 관련 기관의 협력 노력에 따라 현재 포털 사이트 내 연예인 관련 댓글은 작성과 게시가 원천 차단되었다. 그러나 SNS, 유튜브 등 새롭게 등장하는 매체를 대상으로 하는 악성 게시물과 연예인 대상의 성착취 영상물의 차단 방안은 여전히 틈이 많은 실정이다.

보건복지부는 2018년부터 사회적 참여를 통한 '자살예방국가행동계획'을 추진, 자살 예방과 자살률 감소를 위해 자살예방상담전화(국번 없이 1393)를 개통, 운영 중이다. 2018년 12월 27일 오전 9시부터 전국 언제 어디서나 365일 24시간 전화요금 부담 없이 이용이 가능하다. 이 서비스는 상담 관련 자격 취득과 관련 교육 훈련을 마친 자살 예방 상담의 전문지식을 보유한 상담사들이 자살 위험자가 처한 상황을 확인해 자살 사고를 낮추고 위험 상황에 대한 노출에서 신속하고 안전하게 벗어나도록 돕는 비접촉식 상담이다.

이와 별도로 민간기관의 노력도 이어지고 있다. 2012년 출범한 '한국자살예방센터'에서는 전문 상담사를 양성해 자살 예방을 위한 전문 상담(02-439-2384, 010-6381-2998)과 교육을 진행한다. 정부는 2023년 4월에는 코로나-19 이후의 상황에 맞춰 '제5차 자살예방기본계획'(2023~2027)을 내놓았다.

심리학계에서 정립된 자살 예방 프로그램과 보건복지부의 자살예방상담전화는 자살을 시도하려는 사람이 심각한 스트레스와 딜레마 등의 위협과 위기에 처해 있어 이를 도무지 스스로 통제하거나 대처할 수 없다고 보고, 전문가들이 상담자로 나서 상황의 변화를 유도하는 위기 중재(crisis intervention) 모델이다. 전문 상담사들은 이들이 상황을 더 정확하게 보고, 더 좋은 결정을 하도록, 더 건설적으로 행동하도록 이끌며, 위기를 극복하도록 돕는다(Lester, 2011:

〈그림 2-4〉 보건복지부 '자살예방상담전화'(왼쪽)와
한국자살예방센터 상담 번호(오른쪽)

전국 어디서나
1393

365일 24시간 전국 어디서나
1393으로 전화하시면 전문
상담사와 전화상담을 하실
수 있습니다

고객센터 customer center
02-439-2384
010-6381-2998
서울 광진구 긴고랑로 14길 5,402호 | 자살예방

233~242).

이 경우 일반적으로 허심탄회한 상담을 통해 상담자와 내담자(전화를 걸어온 사람)의 긍정적인 관계 확립, 내담자가 처한 문제의 정확한 이해와 명료화, 내담자의 스트레스·성격 및 자살 징후·계획 파악을 통한 자살 잠재성 평가, 친구·가족·지인 등 내담자가 지닌 강점으로서의 자원 가치 평가와 그들의 동원, 비로소 자살에서 벗어나는 행동 계획 공식화 등의 절차가 적용된다(Bellini et al., 2018; Lester, 2012: 373~399).

이때 정부는 개인이 흔히 자살에 이용하는 접근 수단을 최대한 통제하거나 줄이는 조치를 취해야 한다. 앞서 강조했듯 이 수단은 역대 연구에서 효과가 큰 것으로 검증되었기에 실효성이 크다. 자살이 빈번한 다리(교각)에서의 난간 통제와 장벽 설치, 평소 고층 아파트 옥상의 잠금장치 의무화, 엄격한 권총·엽총 등 총기 및 도검 통제, 자살에 이용되는 가스와 약물에 대한 유통관리 강화 등이 이에 해당한다.

---

7 한국기자협회가 관련 기관과 협의해 마련한 '자살보도 권고기준 3.0'의 다섯 가지 원칙은 다음과 같다. "① 기사 제목에 '자살'이나 자살을 의미하는 표현 대신 '사망', '숨지다' 등의 표현을 사용합니다. ② 구체적인 자살 방법, 도구, 장소, 동기 등을 보도하지 않습니다. ③ 자살과 관련된 사진이나 동영상은 모방 자살을 부추길 수 있으므로 유의해서 사용합니다. ④ 자살을 미화하거나 합리화하지 말고, 자살로 발생하는 부정적인 결과와 자살 예방 정보를 제공합니다. ⑤ 자살 사건을 보도할 때에는 고인의 인격과 유가족의 사생활을 존중합니다."

제3장

아티스트의 자아와
페르소나 구조

1. 배우의 자아 특성과 다중 정체성

인간의 성격(personality)은 원초아[原初我, id(이드)], 자아[自我, ego(에고)], 초자아[超自我, superego(슈퍼에고)]라는 세 요소로 구성된다(Freud, 1989: 5~22)[1]. 이는 심리학자인 지그문트 프로이트(Sigmund Freud) 정신분석 이론의 핵심이다.

그의 이론에 따르면 첫째, '원초아'는 인간 정신의 무의식적인 부분이고 생물학적인 과정과 밀접하게 연결되며, 쾌락의 원칙에 따라 작동하기 때문에 본능을 만족시키는 기능을 한다(Lapsley and Stey, 2012). 원초아는 신생아 시절부터 존재하는 정신 에너지의 저장고로서 나중에 자아와 초자아를 분화시키는 근원이다.

둘째, '자아'는 원초아로부터 발전한 자기 자신에 대한 의식이나 관념을 의미하는 것으로 현실 원리에 따라 원초아의 원초적 욕망과 초자아의 양심을 조절한다. 셋째, '초자아'는 성격의 도덕적, 사회적, 판단적 측면으로서 개인이 성장하는 동안 부모에게 영향을 받은 전통적 가치관, 사회 규범과 이상(理想), 도덕·양심이 자리 잡고 있는 부분이다(Rennison, 2015). 초자아는 도덕이나 가치에 어긋나는 원초아의 본능적 충동을 억제하면서 자아가

---

1   이 모델을 '성격의 삼원구조론(tripartite theory of personality)'이라 한다.

〈표 3-1〉 **프로이트의 인간 성격의 구성 요소**

인간의 성격	특징
원초아(id)	· 자아와 초자아를 분화시키는 근원 · 쾌락의 원칙에 따라 작동하는 생물학적 본능
자아(ego)	· 자기 자신에 대한 의식이나 관념 · 원초적 욕망과 도덕적 양심을 조절
초자아(superego)	· 개인에게 자리 잡는 전통적 가치관, 사회 규범, 도덕·양심 등 · 본능적 충동을 억제하며 이상적 목표를 추구하게끔 선도

현실적인 목표를 넘어 도덕적이고 이상적인 목표를 추구하도록 이끈다.

이 가운데 '자아(自我, self)'는 '주아'(主我, I)와 '객아'(客我, Me)로 구성된다 (James, 1890: 94; 1982). 1890년 심리학자 윌리엄 제임스(William James)는 그의 저서 『심리학의 원리(The Principles of Psychology)』에서 자아와 자아 인식의 두 가지 측면으로 '주아'와 '객아'라는 개념을 소개했다. 첫째, 주아는 '내재적 자아(intrinsic self)'[2]와 흡사한 개념으로서 자아의 주관적 측면, 자아에 있는 활동적으로 행동하고 인식하며 경험하는 주체로서의 측면을 말한다. 자아의 연속성과 개인의 정체성을 유지하는 역할을 하며, 자아 가운데 경험을 직접적으로 감지하고 통제하는 중심적 존재다.

둘째, 객아는 '외재적 자아(extrinsic self)'와 유사한 개념으로서 개인이 자신에 대해 인식하는 방식, 다시 말해 자아를 관찰, 가치 부여, 평가의 대상으로 인식하는 것을 말한다. 객아는 자아의 외부적인 속성이나 정체성으로서 개인의 성격, 외모, 사회적 역할, 타인에 의해 인식되는 자아의 부분을 포함한다. 즉 주아는 스스로에 대해 주체적으로 감지하는 자기이며, 객아는 의식의 대상이 되는 자기이다(신행우, 2001: 137~152). 제임스에 따르

---

2   1902년 사회학자 찰스 호턴 쿨리(Charles Horton Cooley)는 『인간 본성과 사회질서(Human Nature and the Social Order)』에서 자아를 내재적 자아(intrinsic self)와 외재적 자아(extrinsic self)로 규정했다.

면 주아와 객아는 서로 상호작용하며 개인의 전체적인 자아 경험을 형성한다.

인간은 살면서 누구나 '주체'와 '관찰자'의 역할을 거듭하면서 자기 객관화(self-objectification)를 통해 자신을 냉철하게 진단한다. 그 결과를 토대로 성찰하며 교육적으로 자기 발전의 모티브를 찾아 지향하는 바를 실천하고자 한다. 인간의 자아가 지닌 '이중 정체성(dual identity)'이라 할 수 있다(김정섭, 2016: 235~252).

평생 직업적으로 연기를 하면서 살아가는 배우는 이중 정체성을 지니며 살아가는 일반인보다 더욱 복잡한 정체성을 갖게 된다. 바로 깊은 몰입과 환원을 반복하는 '예술가'와 '생활인'의 정체성을 넘나들어야 하기 때문이다. 직업적 예술인으로서는 저마다 예술적 정체성을 구축하고 아름다움을 새롭게 창조하는 예술 활동을 통해 자아실현(self-realization)을 하며(Bain, 2005: 25~46), 생활인으로서는 경제·사회 활동을 하면서 삶의 목표를 실천하고 그 속에서 행복을 추구한다.

'예술가'와 '생활인'은 각각 주아와 객아를 지니기에 배우들은 이론상 네 개의 자아를 안고 살게 된다. 이런 관점에서 접근할 경우 배우는 '이중 정체성'이 두 개나 되는 '다중 정체성(multiple identity)'을 지닌 직군이라 할 수 있다. 만약 배우가 한 작품에서 생애주기(life cycle)를 포괄하는 여러 역할을 소화한다면 예술가 영역에서는 다중의 정체성을 갖게 된다.

일례로 박범신 작가의 원작 소설을 극화한 KBS HDTV 문학관 〈외등〉에서 주인공 혜주 역으로 출연한 배우 홍수현(출연 당시 24세)은 극 중 '모진 과거를 겪은 여고생' → '진보 인사의 아들인 영우의 애인' → '친일파 후손인 상규의 부인' → '다시 영우에게 다가서는 여인' → '병실의 환자'로 극의 전개 추이(세월의 흐름)에 따라 얼굴색을 바꾸는 연기 변신을 했다(≪경향신문≫, 2005.6.2). 홍수현 배우는 이렇게 난해한 '다중 정체성'(다섯 가지 페르소나)을 잘 소화해 당시 뛰어난 연기력을 선보였다는 평가를 받았다.

〈표 3-2〉 **한 작품에서 멀티 페르소나를 연기한 홍수현 배우의 사례**

	① 모진 과거를 가진 여고생
	② 진보 인사의 아들인 영우의 애인
	③ 친일파 후손인 상규의 부인
	④ 다시 영우에게 다가서는 여인
〈외등〉(2005)	⑤ 병실의 환자

이 작품에서 여자 주인공 혜주는 일본군에 강제로 끌려간 위안부 출신의 친모가 물려준 병(매독)이 악화해 점차 시력을 잃어가는 인물이다. 훗날 사형을 당하는 진보 인사의 아들 영우를 뜨겁게 사랑하지만, 어찌할 수 없는 시류적 현실을 좇아 태도를 급전환하여 부와 권력을 쥔 친일파 후손 상규와 혼인한다.

어린 시절 친구였던 이들은 이렇듯 그 누구도 한국 현대사에 깃든 '역사적 상처'에서 자유롭지 못하며, 어떤 이도 선뜻 선택하기 어려운 사랑을 하다가 결국 불행한 종말을 맞이한다. 영우는 첫사랑을 위해 자신의 눈에서 각막을 떼 내 기증하고 희미한 '회중전등(懷中電燈, 외등)'을 손에 든 채 숨을 거둔다. 정말 비극이 아닐 수 없다(김정섭, 2005).

배우는 연극, 영화, 드라마, 뮤지컬 등과 같은 작품 세계 속에 연기자 개인이자 작품의 캐릭터라는 '이중 행위자(double agents)'의 성격으로 존재한다(Hastrup, 1998: 29). 이들은 예술 활동에 몰입하는 '배우(실연자)'다. 그러나 동시에 다른 배우들의 연기를 보면서 배우로서의 역량과 품격을 강화하며 간접 경험을 넓혀가므로, 작품 제작 현장에서 '관객'이라는 오묘한 정체성을 부가적으로 지니게 된다.

자신이 작품에 출연할 때는 철저히 연기자로서 자신을 바라보지만 다른 작품을 볼 때, 또는 작품을 보면서 예술적 영감과 직관력을 기를 때는 철저히 감상자·관찰자·평론가·연출자의 시각이 투영된 제3자, 즉 일반 관객보

〈표 3-3〉 자기 개념 구조에 따른 배우의 복잡한 정체성

자아 개념	직업적 구분 측면(네 개 자아)		예술의 주·객체 측면(네 개 자아)	
주아(I)	예술가 I (연기의 주체)	생활인 I (경제활동 주체)	연기자 I (화면·무대의 주체)	관객(감상자) I (감상·평가의 주체)
객아(me)	예술가 me (연기의 객체)	생활인 me (경제활동 객체)	연기자 me (화면·무대의 객체)	관객(감상자) me (감상·평가의 객체)

자료: James(1982); 김정섭(2016).

다 더욱 명민한 시선을 지닌 '제1의 관객'으로 변하기 때문이다.

결론적으로 직업적 측면에서는 생활인과 예술인, 예술의 주아와 객아 측면에서는 연기자(실연자)와 관객(감상자)의 정체성과 역할을 시시각각 넘나든다. 이들은 이런 다중 정체성을 넘나들며 각 정체성(각 캐릭터의 페르소나)마다 그에 부합하는 역할을 해야 하기 때문에 성정이 더욱 정교하고 예민할 수밖에 없다.

배우는 〈표 3-3〉처럼 가수, 연주자 등 다른 예술인과 마찬가지로 끊임없이 주아와 객아를 넘나들며 자기평가와 피드백을 한다. 이를 통해 자신을 평가하고 내적 갈등과 괴리를 극복하며 긍정적 측면에서 자아실현과 지속가능한 발전을 도모한다. 배우에게 연기자라는 정체성은 배우로서 스스로 깨달아 '자각한 본 모습'이며, 관객이라는 정체성은 '거울에 비친 자신의 연기자로서의 또다른 모습'일 수 있다.

이런 원리가 작용하듯 배우들은 촬영장에서도 여러 테이크[3]를 거치면서 촬영 중간중간에 수시로 감독과 촬영감독 곁으로 다가가 녹화한 모니터를 보며 배우와 관객의 정체성을 넘나드는 '관점'과 '기준'을 엄격하게 자평하고 제시하며 자신의 연기적 완성도를 점검한다.

---

3   테이크(take)는 영화나 프로그램을 제작할 때 카메라를 작동하여 여러 개의 샷이나 장면을 멈추지 않고 촬영하는 일련의 동작을 말한다.

작품을 할 때마다 새로 만나는 연출자와 작가, 특정 직업어와 사투리를 숙련시키는 대사 연출가, 연기 분야 과외수업을 위해 소속사가 특별히 모신 연기 교수나 연기 지도자는 배우의 예술적 완성도를 보다 더 향상하거나 충족하는 데 도움을 주는 고마운 조력자다.

배우는 출연한 작품이 완성되면 제3자가 되어 자신이 공을 들여 만든 작품을 냉철하게 분석하고 관객, 네티즌, 팬클럽, 평단, 언론 등의 반응을 주시하다가 관객 수, 시청점유율 같은 성과를 냉정하게 받아들여 피드백한후 차기 작품 등 후일의 업무와 전문성 개선 및 발전을 도모한다.

배우가 갖는 예술가와 생활인, 연기자와 관객의 정체성은 필요에 따라서로 '분리'되는 것이 마땅할 때도 있고, 반대로 '합일'해야 하는 경우도 있다. 리허설을 하거나 작품에 출연한 후 역할에서 벗어나 정상 생활로 회귀하는 디롤링 과정에서는 양자의 정체성 분리가 반드시 필요하다. 하지만역할의 창조와 구현을 할 때는 양자의 융합을 통한 시너지 효과를 꾀하는것이 좋다. 배우들에게 이런 '딜레마'는 숙명이기에, 상황에 따라 예술가와생활·일이라는 두 개의 자아와 정체성을 절묘하게 조절하는 능력이 시시각각 원활하게 작동해야 한다.

배우는 자신(자연인인 개인)에 대한 이해를 선행한 뒤 그것을 기초로 인물(배역의 캐릭터)을 창조한다는 점에서 배우 개인의 삶과 작품에서의 역할이 유리되어 있지 않다(김수기, 2007). 일제강점기부터 활동한 걸출한 연극연출가인 홍해성은 배우나 관객에게 "연기란 인생 경험에서 연유한 상상력과 실현력이 하나로 통합되어 경계가 없어진 전유기체(全有機體, whole organism)"라고 강조한 바 있다(홍재범, 2005: 689~712).

'연기자-관객' 프레임에서 배우는 자신의 연기는 물론이고 다른 배우의연기도 이중적 정체성의 관점으로 살펴봄으로써 직접·간접 경험을 넓힌다. 작품을 많이 할수록 이런 경험이 축적된다. 이러한 긍정적 피드백은 끈기와 인내, 그리고 내재적 동기를 촉진하고 자기결정감을 증가시킨다

(Kelley et al., 2000: 1061~1071). 시야가 확대되면서 직관과 감각도 월등하게 발달할 수 있다.

이 관점에서 배우가 개인과 배역을 넘나드는 이중적 정체성을 갖게 되면 궁극적으로 이를 통합하려는 동기가 일어나고 그것이 하나로 일치될 때 보다 긍정적인 성과가 나타난다(Scheepers et al., 2014: 324~341). 두 가지 정체성 간에 상호 피드백을 하면 더욱 발전하거나 완성도를 높이려는 욕구가 촉진되기 때문이다. 조앤 무어(Joan Moore)는 극은 항상 우리 인간의 현실 세계를 투사하고 확장시키며, 현실 세계를 토대로 만들어진 스토리는 배우를 통해 무대에서 구체화한다고 강조했다(Moore, 2006: 64~73).

 클로즈업

배우의 근원적 불안, 처방은 '정체성 확립'

세상의 배우는 모두 겉으로는 기분이 좋고 웰빙을 유지하는 듯하지만, 속으로는 항상 불안해서 고통을 겪는다(Chen and Jagtiani, 2021: 55~63). 배우는 근원적으로 '캐스팅'이라는 과정을 통해 선택받는 직업이기에 일반인들보다 삶이 원천적으로 불안정한 것이다. 배우가 선택을 '기다리는 직업'임을 절감하게 됐고, 그 기다리는 시간이 초조하고 고통스러웠다고 고백한 배우도 있다(최현경, 2022: 108~109).

심리학자 제임스 마샤(James Marcia)가 제시한 것처럼, 배우는 자신의 정체성을 개인적인 탐색 없이 가족이나 문화적 기대와 같은 외부 요인에 의해 조기에 결정한 '정체성 유예(identity foreclosure)'의 상태에 있을 경우에도 불안증을 겪을 수 있다(Marcia, 1996: 551~558). 내적 자아와 외적 자아 간의 구속, 충돌, 갈등 등이 생기기 때문이다.

섭외가 줄을 잇는 톱스타나 상시 출연하는 조연은 자신의 위상과 욕망 수준에서 늘 불안하고, 단역과 엑스트라는 출연 기회의 포착이라는 절체절명의 수준에서 원초적으로 불안하다. 배우가 처한 불안 문제는 대체로 캐스팅이나 부름을 기다리는 직업으로서 일거리가 없거나 간헐적으로 생기는 불안정한 고용, 불리하고 취약한 근무 조건, 경제적 불안정, 연기력의 안정성과 완벽성과 관련된 것이다. 이런 문제들은 배우들에게 심각한 사회적 장벽을 느끼게 하는 것은 물론이며 정체성 갈등을 일으켜 자아를 고통스럽게 한다. 그중에서도 가장 큰 스트레스 요인은 일감 부족과 고용의 불확실성이다.

그렇다면 배우가 이런 근원적인 불안을 극복하려면 어떻게 해야 할까? 많은 학술 연구와 실무 경험에서 비롯된 결론은 "직업에 대한 정체성을 분명하고 확고하게 갖추는 것"이다. 여기에서 필자는 '분명', '확고'라는 어휘를 특히 강조하고자 한다. 배우들은 "나는 배우로서 준비와 과정에 최선을 다해 반드시 나의 예술적인 꿈을 실현하겠다"라는 굳은 의지를 갖고 실천을 해야 한다는 것이다. 배우로서 '직업 정체성'을 뚜렷하게 갖추는 방법은 크게 세 가지가 있다.

그것은 첫째, 배우로 연기나 연기 변신에 최적화한 몸만들기와 연기 수련을 제대로 하는 것, 둘째, 연기 예술로 일가를 이룬 배우들을 존숭·흠모하며 시대의 요구에 부응하는 자신만의 고유한 배우상을 구축해 가는 것, 셋째, 캐스팅에서 떨어지거나 정서적 혼란이 오는 등 좌절할 때마다, 배우 입문 초기 수많은 오디션 탈락 끝에 자신을 가다듬고 혁신해 마침내 좋은 출연 기회를 잡아 스타로 뜬 메릴 스트리프, 브래드 피트(Brad Pitt), 이병헌, 김혜수와 같은 전형이 되는 선배 배우를 떠올리며 다시 일어서는 것이다.

이런 노력을 해서도 안정과 웰빙이 회복되지 않았거나 답을 찾지 못한 경우에는 통찰력 있는 배우 전문 상담가에게 상담을 받아야 한다. 기관과 기업 가운데 미국의 The Actors' Mind(theactorsmind.com), Mental Health for Actors (mentalhealthforactors.org), 영국의 The Actors' Wellbeing(theactorswell being.co.uk), Equilibrium(equilibrium.org.uk), 캐나다의 Performing Arts Wellness(performingartswellness.com), Mindful Performing Arts(mindful performingarts.com), 프랑스의 Bien-Être Artistes(Artists' Well-Being, bienet reartistes.fr), Société des Artistes de Scène(Society of Stage Artists, société-des-artistes-de-scène.fr)가 배우의 심리상담과 관리, 정신건강 지원을 전문으로 수행한다.

아울러 호주의 The Actors' Wellbeing Service(AWBS, actorswellbeing.com. au)와 Performing Arts Welfare Foundation(pawf.org.au), 이탈리아의 Asso ciazione per il Benessere degli Artisti(ABA, Association for the Well-Being of Artists)(benessereartisti.it), Centro di Psicologia per Artisti(Center for Psy chology for Artists, psicologiartisti.it), 일본의 Actor's Mental Health Japan (俳優のメンタルヘルス日本, actorsmentalhealthjapan.com), Performing Arts Support Japan(パフォーミングアーツ支援日本, performingartssupportjapan. jp), 중국의 Performing Arts Mental Health Center[演艺心理健康中心, Performing Arts Mental Health Center(pamhc.cn)], China Actor's Support Network[中国 演员支持网络(actorssupport.cn)] 등도 앞서 소개한 다른 나라의 기업·기관들 과 같거나 유사한 역할을 한다.

우리나라의 경우 예술인복지재단(artswelfare.or.kr), 한국공연예술인복지회 (kapa.or.kr), 한국심리상담센터(psychologycounseling.co.kr) 등에서 이런 문 제를 지원하고 있지만, 배우 상담 사례 축적을 통한 체계성·전문성 확보 부족 은 물론이고 관리·지원 역량이 충분하지는 않다. 대부분의 국내 배우들도 아직 은 이런 기관을 활용하는 것에 대해서 선뜻 내켜 하는 분위기가 아닌 만큼, 보 다 배우들에게 편안하고 안정적이며 '문제 해결이 가능한 전문기관'으로 체질 을 크게 개선하거나 관련 노하우를 모은 기관을 별도로 개설할 필요가 있다.

배우의 불안, 정체성 문제 등에 대해 상담할 때는 배우마다 주변 상황과 정서 상 태가 다르므로 개인 맞춤형 상담이 권장된다. 상담에 적용할 이론은 흔히 존 L. 홀랜드(John L. Holland)의 '유형 이론(Theory of Types)'(Holland, 1997), 래리 코크란(Larry Cochran)의 '내러티브 진로상담 이론(Narrative Career Counselling Theory)'(Cochran, 1997), 존 크럼볼츠(John Krumboltz)의 '사회적 학습 이론 (Social Learning Theory)'(Krumboltz, 1996: 55~80)이 권장된다.

이 세 이론은 배우가 정체성을 더 명확히 설정하고, 개인적 웰빙과 직업적 웰빙 사이에 숨을 쉬고 휴식을 취하는 공간인 '여백(餘白, blank)'을 만들고, 직업 내에서 변화를 탐색해 빠른 회복력(resilience)을 얻도록 하는 데 유용하기 때문이다(Chen and Jagtiani, 2021: 55~63).

첫째, 홀랜드의 '유형 이론'은 사람은 자신의 성격 유형이 일치하는 일터와 직업 환경에서 꿈을 더 잘 펼치고 성취를 잘한다는 원리다. 사람의 성격을 실제형(realistic, 신체적 활동과 기술에 관심), 탐구형(investigative, 분석과 문제 해결에 관심), 예술형(artistic, 창작과 표현 선호), 사회형(social, 인간의 상호작용 중시), 기업형(enterprising, 목표지향, 선도·설득에 관심), 관습형(conventional, 체계적·규칙적인 활동 선호)으로 나눠 일치성, 차별화, 일관성, 정체성이라는 구성 요소로 평가해 그 결과를 갖고 상담하며 직업 선택을 돕는 상담 체계다(Holland, 1997). 배우 상담에 이 이론을 적용하면 내담자의 성격과 연기적 직업 환경을 입체적으로 파악해 성격의 확장 여부, 목표 실현 가능성과 경제적 안정성을 진단해 직업적 정체성 구축과 함께 목표의 지속적 추구 여부를 결정할 수 있다.

둘째, 코크란이 주장한 '내러티브 진로상담 이론'은 자신의 인생 스토리인 서사(narrative)를 통해 경험과 진로에 대한 의미를 재구성한다는 원리다. 개인의 과거 경험, 현재의 선택, 미래의 목표를 서사로 구성하기, 삶과 경험에서 의미 찾기, 서사의 재구성으로 행동 유도, 자신에 최적화한 이야기로 재설정하는 순으로 전개해 직업적 정체성과 더 나은 미래의 목표를 확립하도록 인도하며 돕는 상담 방식이다(Cochran, 1997).

배우들은 작품에서 '캐릭터'를 통해 이야기를 만들고, 연기하고, 표현하기 때문에 상담사가 이 이론을 적용해, 배우를 주인공이나 화자로 설정한 다음 스토리텔링과 함께 협력적으로 소통하면 스트레스와 두려움, 걱정, 불안의 감정을 해결하고 정체성을 확립하는 데 보탬이 된다. 이 경우 상담사는 구체적으로 배우의 경력 문제에 대한 상세한 설명, 배우의 인생 역사 재구성, 미래의 서사를 만든 후 배우의 관심사, 가치관, 인격 강화라는 세 단계의 절차를 이행해 마인드의 혁신을 꾀한다.

셋째, 크럼볼츠의 '사회적 학습 이론'은 진로 선택을 인지와 행동만이 아니라 개인의 학습 경험, 환경 요인, 유전 요인 등이 상호작용해 나타난 결과라고 보는 이론이다. 이 이론을 적용하면 배우 지망생이나 배우가 배우라는 직업을 결정하거나 그것의 지속 여부를 판단할 때 유전적 영향과 특별한 능력, 환경적 조건과 사건, 학습 경험, 과제와 과제 접근 기술(목표 설정, 가치 명확화, 대안 생성, 직업 정보 수집)까지 종합적으로 검토해야 한다(Krumboltz, 1996: 55~80).

이때 상담자는 가장 먼저 내담자인 배우에 대한 관련 정보를 파악하고 질문한 뒤, 배우가 불안과 정체성 문제를 극복하고 긍정적 지향성을 갖도록 솔루션(문제 해결 기술)을 제공하는 방식으로 안정을 도울 수 있다. 여기에서 말하는 상담자의 '솔루션'은 목표 설정, 정보 탐색, 자원 활용과 같은 기법을 적용해 배우가 더 나은 최적의 결정을 내리도록 하는 모든 것을 포함한다.

2. 사회생활 하는 일반인의 다중 자아

사람들의 일상은 종종 '사적 공간'과 '무대'에 비유된다. 가정, 사택, 숙소와 같은 사적 공간은 개인적 존재로서의 정체성이 작동하는 공간이며, 무대나 공연장은 사무실과 일터처럼 사회적 존재로서의 정체성이 작동하는 공간이다. 사회 활동을 하는 사람들도 배우들처럼 자신의 역할에 따라 '개인적 자아'와 '공적 자아'라는, 적어도 두 개 이상의 자아를 갖고 상호 간 롤링과 디롤링을 하면서 살고 있다.

일반인들도 배우와 마찬가지로 일터에서의 정체성 그리고 개인의 정체성을 나타내는 두 개의 자아를 갖고 일한다. 이들은 이 두 개의 자아를 교번(交番, alternation)하면서 자아 이미지를 형성할 때 의례적으로 다듬어 그 표현을 하고, 상대와의 거리감은 적절하게 유지하면서 '자기 신비화'를 전략적으로 채택해 적용한다(임정미·오현옥, 2019: 54~61).

개인의 이중 자아를 극화한 캐릭터
〈마징가 Z〉의 '아수라 남작'

국내에서도 수입 방영된 바 있는 일본 후지TV의 애니메이션 영화 〈마징가 Z(マジンガーZ)〉와 미국 할리우드 액션 영화 〈페이스 오프(Face/Off)〉에서도 이중적 자아를 지닌 캐릭터가 등장해 일상의 정체성 변화와 비교하며 흥미로운 극적 상상을 하게 한다.

〈마징가 Z〉의 악역 캐릭터인 아수라 남작은 닥터 헬의 부하로, 닥터 헬이 봄베이 화산에서 발견한 남녀의 시체를 합쳐서 만들어낸 미라형 양성(兩性) 인간이다. 외관이 다소 험상궂은데, 인간이 조종하는 로봇인 마징가 Z의 적수로서 반반인 몸은 오른쪽이 여자이고 왼쪽이 남자다. 이 기괴한 캐릭터는 종종 여자로 변신해 사람들에게 혼란을 끼치면서 마징가 Z와 대적한다.

〈페이스 오프(Face/Off)〉는 존 트래볼타(John Travolta)가 연기한 FBI(Federal Bureau of Investigation) 요원 숀 아처(Sean Archer)의 이중 페르소나 연기를 살펴봐야 한다. 그는 아들 살해범이자 대정부 테러범인 캐스터 트로이(Castor Troy, 니컬러스 케이지)가 검거된 직후 의식불명에 빠지자 은닉된 엄청난 양의 생화학 폭탄 정보를 캐내기 위해 FBI의 최첨단 의료진의 도움을 받아 성형 수술을 통해 캐스터의 얼굴로 변한다. 아들을 죽인, 자신이 가장 미워하는 적의 얼굴을 달고 느끼는 정체성의 기묘함이 압권으로 개봉 당시 신선한 흥미를 선사했다.

인관관계론과 상징적 상호작용론으로 대표되는 캐나다 태생의 사회·심리학자 어빙 고프먼(Erving Goffman)은 연극학적 접근법(dramaturgical approach)을 적용해 개인의 일상을 무대 위 연극에 비유하면서, 개인이 다른 사람과 여러 형태로 사회적 상호작용을 하면서 다양한 모습의 자아를 표현하며 산다는 관점을 제시했다(Goffman, 1959; 1963; 1967; 1971). 사람의

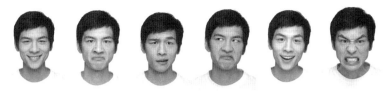

사람은 하루에도 여러 가지 정체성을 갖고 변화무쌍한 일상을 보낸다.

경우 가정, 자가용 승용차, 숙소 등 개인적 공간에서는 개인의 자아로, 직장, 학교, 동호회, 커뮤니티 등에서는 공적인 자아로 살게 된다.

일반인의 일상을 무대나 화면(또는 카메라)이라는 매개체를 통해 자아를 교번하는 배우에 비유해 보자. 그럴 경우 그들이 표출하는 '사적 자아'(private self)는 특정한 작품의 역할에 들어가기 전 남들이 잘 알 수 없는 본래적 자아와 같고, '공적 자아(public self)'는 특정한 작품에서 맡은 작품 홍보를 통해 공개되고 알려진 배역의 캐릭터에 해당한다.

고프먼에 따르면 이 같은 공적 자아공적 자아는 '공연자로서의 자아'와 '배역으로서의 자아'로 다시 세분화할 수 있다. 공연자로서의 자아는 개인적 자아가 사회적 상호작용을 통해 경험한 여러 감정들의 내면을 보여주는 자아이며, 배역으로서의 자아는 사회적 상호작용에서 다른 사람이 원하는 자아 이미지를 표현할 때 나타나는 자아를 말한다.

공연자로서의 자아인 '자아추구적 자아'는 여러 감정들을 경험한 자신의 내면 상태를 있는 그대로 보여주는 자아이고, 배역으로서 자아인 '인상관리적 자아'는 타인에게 자신이 추구하는 방향으로 자신의 이상적인 이미지가 형성되도록 노력하는 자아를 의미한다(장현미, 2014: 325~370).

'사회적 얼굴'이라 할 수 있는 인상관리적 자아는 '상호작용 의례적 자아'(타인을 존중하거나 예의를 지켜 상호작용 의례를 행하여 도덕적인 이미지를 드러내는 자아)와 '자기관리적 자아'(자신의 돋보이는 점을 표현하여 자기과시나 자기보호를 통해 자신의 긍정적 이미지를 관리하는 자아)로 세부적으로 분류할 수 있다.

여기서 상호작용 의례적 자아는 다시 두 자아로 구분된다. 먼저 '반성적 자아'는 사회적 질서와 규칙에 부합하는 도덕적인 자아를 추구한다. 가상의 자아와 현실의 자아가 만나면서 형성된 새로운 자아로, 반성적 성찰을 통해 관계를 확장하고 상호 간의 욕구를 충족시킬 수 있다. 다른 하나는 '도덕적 자아'다. 나와 타인의 관계에 연관된 도덕적 규범을 바탕으로, 이에 적합한 자신의 정체성을 표현하며 자아를 실현하려는 자아다.(임정미·오현옥, 2019: 54~61).

 클로즈업

메소드 연기술의 기만·범죄 악용 우려

배우는 늘 참됨과 선함을 지향해야 한다. 그것이 배우의 진정성 발현이자 아름다운 예술가의 모습이다. 그러나 배우가 이런 당연한 사회적·예술적 기대를 배반하고 고도의 연기력을 무기로 거짓, 위선, 기만, 질시, 음모로 가득 찬 행동을 한다면 사회에 큰 해악을 끼칠 수 있다.

매우 드물겠지만 배우가 최고조로 수련된 메소드 연기력을 갖춘 상태로 범죄를 저지르거나 범죄의 수사 과정에서 행동연기로 교활하고 잔인한 속임수를 선보인다면, 나아가 그것이 반복된다면 끔찍한 '범죄 기계(crime machine)'가 될 수 있다. 이는 배우가 자신의 악행과 범죄를 인지하는 소시오패스(sociopath)로 변모한 것으로서 매우 충격적인 상황이다.

연기 능력이 출중한 배우가 선함을 이탈할 경우 여기에 그치지 않고 자신에 대한 존경심이나 호의적 감정, 또는 자신의 우월적 지위나 권위를 이용해 심리적으로 능숙하지 못한 타인을 끌어들여 그루밍(grooming)이나 가스라이팅(gaslighting)을 누구보다도 하기 쉽다. 이 두 가지 모두 다른 사람의 인격과 정신세계를 파괴하는 중대한 악행이다.

'그루밍'은 사육사가 동물의 가죽·털 등을 손질하거나 다듬는 행위에서 비롯된

말로 평소의 친분을 활용해 심리적으로 지배한 후 성적 학대와 착취 등의 범죄를 저지르는 것을 뜻한다. 주로 나이가 어리거나 미성숙한 청소년 이성을 상대로 벌어진다. 성적 착취가 목적인 경우 '성적 그루밍(sexual grooming)'라고도 부르며(Craven et al., 2006: 287~299), 온라인에서 상호작용을 강화해 같은 목적을 이루려 하는 경우에는 '온라인 그루밍(online grooming)'이라 칭한다(Carmody and Grant, 2017: 103~141).

'가스라이팅'은 연극 〈가스등(Gas Light)〉에서 유래한 용어로 심각한 심리 조작(psychological manipulation)을 뜻한다(Rietdijk, 2024: 229~245). 즉 다른 사람(대상자)의 심리나 상황(거부, 반박, 전환, 경시, 부인, 망각 등)을 교묘하게 조작하여 대상자가 자기 판단을 의심하게 함으로써 대상자에 대한 통제력과 지배력을 강화하는 행위를 말한다.

가스라이팅은 2007년 미국 심리학자 로빈 스턴(Robin Stern)이 제안한 개념이다. 가스라이팅의 가해자는 신체적 강압, 감정적 협박, 재정적 통제 등을 통해 상대를 지배할 수도 있다(Manne, 2023: 122~145). 이런 행위는 가족, 학교, 연인, 친구, 동아리와 같이 주로 친밀한 관계에서 이뤄지는 경우가 흔하다.

거짓말을 하는 것은 힘든 연기를 수반하지만(Vrij and Mann, 2001: 187~203), 연기력이 뛰어난 배우가 악행을 하기로 작정한다면 일상의 작은 거짓말부터 인간관계를 파괴하는 사기·허위 행위, 사건 진실의 실체를 뒤바꿔놓는 허위 목격담, 법정의 허위 증언 연기, 방송 인터뷰에서의 눈물 쇼처럼 범죄와 연루된 큰 거짓말까지 구체적 행동으로 아주 자연스럽게 감행할 수 있다. 교육과 훈련을 통해 그렇게 할 수 있는 잠재적인 능력을 갖추었기 때문이다. 초보 배우라 해도 이런 행위는 마음만 먹으면 장난처럼 매우 쉽게 시도될 수 있다.

배우가 메소드 연기를 최고조로 수련해 고도화하면 원하는 인물로 쉽고 정확하게 투사할 수 있고, 이 때 매우 높은 수준을 넘어 완벽한 수준의 신체 조절 능력을 발휘할 수 있다. 행동 통제, 불안 심리 조절, 뇌 활동 조절과 억제, 죄책감 감추기, 설득력 있고 신뢰감을 주는 인상을 주려는 시도하기 등을 능숙하게 할 수 있다는 뜻이다.

이 경우 보통 사람들은 그 배우가 행하는 언행의 진실성 여부를 쉽게 분별·감지하기 어렵고, 그것이 범죄와 연루되었을 때는 수사관과 거짓말 탐지기까지 속일 수 있다. 실제 최근 유튜브에서 '40년 차 배우는 거짓말 탐지기를 속일 수 있을까?'라는 주제로 실제 실험을 한 결과 그것이 확인되었다. 배우 1인의 사례라서 학술 가치는 미약하지만 상당히 흥미로운 접근이었다.

거짓말 탐지기 전문가들은 거짓말 탐지기의 정확도가 90% 이상이라고 주장하지만 실제 무죄인 사람의 경우에도 거짓말 양성 반응이 나오는 경우가 종종 있기에(Iacono, 2024), 고도로 메소드 연기를 수련한 배우는 이를 피해갈 개연성이 있다. 거짓말 탐지기를 통해 언행의 진실성 여부를 판별하는 방법은 대상자의 생리적 반응을 측정하거나, 행동을 관찰하거나, 말을 분석하거나, 뇌 활동을 측정하는 것이다(Vrij and Ganis, 2014: 301~374).

이 가운데 거짓말 탐지기로 속임수를 감지하는 핵심 단서는 곡선 그래프(호흡, 혈압, 맥박, 땀 등의 신체 반응을 측정한 데이터의 변화를 선으로 나타낸 것), 눈 깜빡임 및 일시 중지 정도, 말하기 속도, 모호한 설명, 반복되는 세부 사항, 맥락 삽입, 대화 재연, 얼굴의 감정 누출 등인데(Porter and ten Brinke, 2010: 57~75), 메소드 연기를 고도로 숙련한 배우는 이를 정교하게 조율하고 통제함으로써 거짓말 탐지기 검사를 무력화할 수도 있기 때문이다.

재차 강조하건데, 배우는 지명도나 팬덤의 크기와 무관하게 연기 능력을 활용해 쉽사리 거짓 행동을 하거나 범죄를 감행해서는 안 된다. 음모, 모사, 계략의 장본인이 되는 것도 상상조차 금물이다. 배우 지망생, 연기 지도자, 배우 모두 해당한다. 주변에 그런 사람이 있다면 바른길로 가도록 지대한 선한 영향력을 미쳐야 한다. 학원이나 개인 교습, 그리고 대학의 연기학과 등을 통해 배운 연기술은 오직 예술 활동에 쓰는 게 배우의 소명이기 때문이다. 진정한 배우는 절대 훌륭한 거짓말쟁이가 되지 못한다.

배우들은 작품을 선보일 때 작가가 창출한 픽션(fiction)인 대본을 따르는 것일 뿐인지 그것을 실생활로 가져와 일상의 언행에서 거짓을 행하지 않는다. 아울러 그것이 마땅한 처사다. 그러니 배우들은 그 분명한 원칙을 함부로 스스로 흔들리게 하거나 착각해서는 안 된다.

연극 및 스크린학 박사인 로스 브래니건(Ross Brannigan) 배우는 연기와 관람 행위에 대해 "배우와 관객이 암묵적으로 '당분간 자발적으로 불신을 중단'하는 상호계약을 맺은 상상 공간에서의 협력"이라고 지식공유 사이트 Quora(www.quora.com)의 연기 문답 코너에서 말했다. 영국의 낭만주의 시인, 비평가, 철학자인 새뮤얼 테일러 콜리지(Samuel Taylor Coleridge)가 작품 창작을 할 때는 구상한 사건 등의 현실성, 확률, 개연성 논쟁은 일단 제쳐둬야 한다는 의미로 쓴 '불신의 자발적 중단(willing suspension of disbelief)'라는 표현을 원용한 것이다.[4] 작품 속 연기와 일상생활의 거짓말, 나아가 연기술을 이용한 범죄 행위는 각기 전혀 다른 차원이다. 배우는 매일 주시하며 사랑을 쏟아내는 관객과 팬에 의해 존재 가치가 성립되므로 스스로 선한 행동을 하는 것은 물론이며 타인과 사회에 대해 선한 영향력을 행사해야 한다. 같은 사람인데 전혀 다른 삶을 사는 '대체 자아(alternate self)'를 지닌 듯 거짓과 범죄를 쉽게 저지르면 안 된다. 이런 일은 꿈도 꾸지 말아야 한다.

3. 페르소나와 배우의 연기 행위

배우의 이미지는 주로 거듭된 작품 및 광고 출연 등을 통해 형성된다. 그런 이미지의 기반은 바로 '페르소나'다. '페르소나'는 사전적으로 '사회적

---

4 "내 (창작) 노력은 초자연적이거나 적어도 낭만적인 인물과 캐릭터에게 집중되어야 한다. 하지만 그것은 우리 내면의 본성에서 인간적 관심과 상상의 그림자에 대한 순간적 '불신의 자발적 중단'을 하기에 충분한 진실한 모습을 전달해야 한다는 데 동의했다. 이것은 나의 시적 믿음의 바탕이다(It was agreed, that my endeavours should be directed to persons and characters supernatural, or at least romantic, yet so as to transfer from our inward nature a human interest and a semblance of truth sufficient to procure for these shadows of imagination that willing suspension of disbelief for the moment, which constitutes poetic faith)"(Coleridge, 1817).

자아' 또는 '사회적 인격'을 의미한다. 복수형은 'personas'다. 'persona'라는 단어는 원래 고대 그리스의 극장에서 연극배우들이 희극과 비극에서 다르게 썼던 '가면'을 지칭하는 말로, 같은 뜻인 라틴어 'phersu'에서 유래했다 (Bishop, 2007: 157~158; Kostera, 2012: 104~122; 김정섭, 2019: 93~106). 앨프리드 히치콕(Katherine Hitchcock)과 브라이언 베이츠(Brian Bates)는 공연예술과 심리의 관계를 설명하면서 페르소나를 자주 언급했다(Hitchcock and Bates, 1991).

고대 그리스 연극에서 배우들은 가면을 씀으로써 '드라마티스 페르소네 (Dramatis Persone, 연극 속의 캐릭터)'가 되었다. 배우 본래의 성격을 위장하면서 역할을 '가장(假裝)한 인물'로 전환한 것이다. 이때 사용한 가면의 기능은 무대로부터 멀리 떨어진 곳에 앉아 있는 관객들에게까지도 그 배역의 주요 특징을 전달하고 배우를 의식과 무의식, 실존의 공간과 상상의 공간을 넘나드는 다원적 존재로 인식하게 하는 것이었다. 가면은 음파를 증폭하는 작용도 하기에 대사의 전달력을 높이는 데도 기여했다.

연극의 가면은 기원전 6~5세기에 아테네에서 개발되었다(Kostera, 2012: 104~122). B.C 400년 프로노모스 분화구(Pronomos crater)에서 발견된 꽃병 몇 점(이탈리아 '나폴리 국립 고고학 박물관' 소장)에는 나무에 매달린 신의 가면이 그림으로 등장하는데, 사티로스 연극(Satyr play)을 하는 배우가 흰 수염이 달린 가면을 손에 든 모습들이 그려져 있다(Greek Theatre group, "Costume and Masks").

연극에서 가면은 주신(酒神)이자 대지의 신인 '디오니소스(Dionysus)'를 숭배하는 핵심 도구였던 데다, 연극 작품이나 배우에게는 작품마다 새로운 극적 정체성을 갖도록 함으로써 단순히 극적 도구 이상의 역할을 했다. 장례식 등에서 조상을 상징했던 의식용 가면이 훗날 연극의 가면으로 이어졌다는 해석도 있다(Kak, 2004: 29~44).

5세기 말까지 연극 가면은 눈 구멍을 작게 하고 머리에 바짝 밀착해 시야를 최소화하도록 만들어졌다. 이는 배우들에게는 의식과 무의식을 넘나드는 이

차원적 행동을 이끌고, 관객들에게
는 극의 시청 의존 탈피, 청취 대역
의 최대화를 유도했다. 이에 따라
마스크는 배우의 공간 인식과 이동
성에 영향을 주고 캐릭터를 표현하
는 수단으로서 움직임과 제스처를
합리화한다는 주장(Kostera, 2012:
104~ 122)이 설득력을 얻게 되었다.

당시 아테네의 가면 제작자들
은 '소품 만드는 사람'이라는 뜻의
'스키오포이오스(skeuopoios)'라고
불렸다. 그리스의 가면 제작자인
타노스 보볼리스(Thanos Vovolis)는

〈그림 3-1〉 **프로노모스의 꽃병 그림**

주: 디오니소스와 아리아네(Ariane)의 풍자극
을 준비하는 헤라클레스(Hercules)에 대
한 그림으로, 극장용 가면을 들고 있다.

"가면을 머리에 붙이면 공명기(共鳴器, resonator) 역할을 하기에 배우들의 주
요 자질인 음성(voice)과 음역(voice range, tessitura)을 향상시켜 그들의 존재감,
에너지, 캐릭터 소화력과 변신 능력을 증진시킬 수 있다"고 보았다(Greek
Theatre group, "Costume and Masks").

당시의 마스크는 사람이나 동물의 털로 만든 가발과 함께 보강된 아마
섬유인 린넨(linen), 가죽, 나무 또는 코르크(cork)와 같은 가벼운 유기 물질
로 만들어졌을 것으로 추정한다.

'페르소나'는 로마 시대 말기에는 연극 공연 속 '등장인물'의 의미로 쓰였
다. 이 시기 로마 사회는 더욱 진전되어 인간의 권리, 의무가 법제화되었기
에 페르소나는 등장인물은 물론이며 이색적으로 법원의 법정(court)에서
출정(comparution)하는 주체를 나타내는 법적 용어로도 사용되었다. 즉 피
고, 원고, 변호사처럼 법정에 나오는 '출두 인물' 또는 '출정(出廷) 인물'을 뜻
하는 말로 페르소나가 통용된 것이다.

카를 구스타프 융(Carl Gustav Jung)의 심리학에서 페르소나는 '인격의 가면(mask of character)'을 지칭한다(Jung, 1990). 대인관계에 적응하는 데 필요한 기능적 복합체로서의 '개인이 사회에서 하는 역할' 또는 '사회적 얼굴'이다. 페르소나는 우리가 세상과 우리 자신에게 보여주는 이미지인 '파사드(facade, 정면 또는 전면)'로서 우리가 입는 옷이나 외양과 같다(Kostera, 2012: 104~122). 다른 사람들에게 사회적 역할을 보여주기 위한 일종의 쇼(show)다. 그것은 우리가 되고자 하는 것과 주변 세계가 우리에게 허락하는 것 사이의 쌍방향적인 상호작용 요구와 타협의 산물이다.

융은 인간의 정신(영혼, pyche) 구조를 자기(self)를 중심으로 외면 세계의 자아(ego)와 페르소나(persona), 내면세계의 그림자(shadow), 아니마/아니무스(anima/animus)로 각각 구분했다(Stead, 2019.10.2).

융의 정신 구조에서 '자아'는 성격을 통할하고 집행하는 의식적인 마음으로 기억, 사고, 자각, 감정 등으로 구성되며, 자기의 원형에서 분화되었다가 생애 중반기 이후 자기로 통합된다. '페르소나'는 외부로 표출되거나 밖으로 보이는 개인의 이미지이자 사회적 요구에 대한 반응이다. 즉 표출하는 공적 얼굴로서 자신을 외부세계와 연결해 주는 기능을 한다.

'자기'는 전체 성격의 중심부로서 자신의 성격을 일관되게 유지하며 통합·조화하려는 균형추(balanced weight) 역할을 하는데, 이것은 투사를 통해 간접적으로 인식되기에 객체처럼 느껴진다.

'그림자'는 자신이 의식하기 싫어하는 자기상과 반대되는 부정적 측면으로 자발성, 활기, 창조성, 지혜의 원천이다. '아니마(anima)'는 무의식 속에 있는 남성의 여성적 측면이며 '아니무스(animus)'는 무의식 속에 있는 여성의 남성적 측면으로 둘 다 모두 자아의 심층과 연결해 준다.

고대 그리스 시대 이후에 persona는 서구 사회에서 근대어인 'person(인격)', 'personality(성격, 캐릭터)', 'person(사람, 개인)'이라는 세 가지 갈래로 각각 파생되었다. 가면은 본래의 얼굴을 숨기고 또 다른 자아를 표현하는 것

〈그림 3-2〉 융의 '정신 모델(Model of Pyche)'

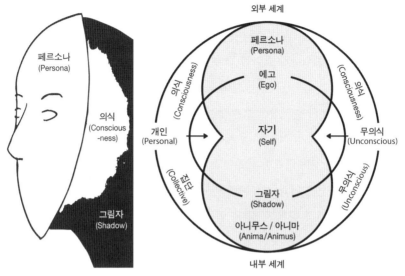

자료: Maloney(2020.10.25); Stead(2019.10.2).

이기에 가면, 즉 페르소나는 배우가 연기하는 역할(character)을 뜻한다(오윤홍, 2018: 65~73).

배우가 연기 경험을 넓히면 자연스레 여러 가지 페르소나가 형성되기 마련인데, 그것은 소구력 및 팬덤과 연계할 때 수용자들이 가장 주목하는 '핵심적 페르소나(core persona)'와 그 주변에 있는 '주변적 페르소나(peripheral persona)'으로 나뉜다(김정섭, 2019: 93~106).

아울러 개인의 인격(character)을 구성하는 페르소나 가운데 가장 핵심적이고 지배적이며 두드러진 것을 '코어 페르소나(core persona)', 그 밖에 있으면서 부차적이거나 부수적인 위치에 있는 것은 '서브 페르소나(core persona)'라 규정할 수 있다(김정섭, 2019: 93~106). 따라서 우리가 통상적으로 이름을 부르거나 떠올리면 바로 생각나는 것처럼 특정 배우의 캐릭터를 대표하고 상징하는 핵심적인 페르소나는 '코어 페르소나'라 할 수 있다.

페르소나는 개인적인 모습의 얼굴이나 인격인 '사적 페르소나(private persona)'와 대중 앞에 선보이는 '공적 페르소나(public persona)'로도 구분된다. 미국 영화배우 리브 슈라이버(Liev Schreiber)는 "사람에게 사적 페르소나와 공적 페르소나가 있다면 그 둘은 영원히 부합하지 못할 것(There's the private persona and the public persona and the two shall never meet)"[5]이라고 말했다. 각기 전혀 다른 모습으로 존재하기 때문이다.

페르소나라는 용어는 그 주체가 과거 고대 그리스 시대에 가면을 사용하던 '배우'인 것이 명확한데도 이와 직접적으로 관련이 있는 배우 연구, 극예술 분야에서는 비교적 사용과 연구가 미진하고 심리학, 교육학, 마케팅 연구에서 오히려 훨씬 더 많은 탐구와 사용이 이뤄진다(김정섭, 2019: 93~106). 그러나 최근 들어 연기가 심리 전환 과정이라는 인식이 확산하면서 연극·연기 분야에서도 많이 사용되며 원래 자리를 점점 찾아가고 있다.

앞에서 설명했듯이 페르소나는 연기 분야에서 배우가 작품 속에서 구현하는 인물(character)의 성격이나 인격, 또는 등장인물 그 자체를 나타낸다. 배우는 오직 그가 속한 연극 세계와 현실 세계 사이에 존재하면서 그 안에 내재한 이중 이미지를 서로 교체한다. 이를 통해 끊임없이 새로운 이미지를 창조하는 숙명적인 존재(Cho, 1999: 393~405)라는 점에서 페르소나는 배우와 불가분의 관계에 있다고 평가할 수 있다.

관객들이 당신을 특정한 페르소나로만 생각하기 시작하면, 당신이 다른 영역으로 나아가는 것을 꺼리게 된다. 가끔은 그들이 틀릴 때도 있다. 가끔 그들은 당신이 무엇을 할지에 대해 고정관념을 지니거나 편협하게 생각하기도 한다(When people start thinking of you more as a persona, they are less inclined to allow you to move into different areas. Sometimes they're

---

wrong. Sometimes they're just very stereotypical or restricted in their own thinking of what they'll allow you to do). _로버트 레드퍼드(Robert Redford).

사람들이 알아보는 페르소나를 지녔다면 큰돈을 벌겠지만, 그것은 사실상 세상의 모든 배우들이 원치 않는 일이기도 하다(Having a persona people recognize, it's the thing that probably gets you paid the most - but it's also the thing that virtually every actor in the world doesn't want). _로버트 패틴슨(Robert Pattinson).

나의 내면에는 다양한 면이 있다. 내 생각에 이상적인 역할이란 페르소나와 개인적 관심사라는 여러 다른 측면의 표현 복합체다(I have a lot of variety within me, and the dream role, I think, is actually a compilation of parts that express different aspects of my persona and personal interests). _애슐리 저드(Ashley Judd).

(자신보다) 다른 사람, 다른 배우를 보면 그들이 어떻게 사라지고 또 다른 페르소나가 나타나는지 더 쉽게 알 수 있다. 훌륭한 배우는 미스터리 자체다(It's easier to see in someone else, another actor, how they kind of disappear and then this other persona appears. A great actor is a thing of mystery). _아네트 베닝(Annette Bening).[6]

앞서 언급한 배우들의 다양한 견해에 드러났듯 페르소나는 배우에게 한 인간으로서의 본래적 자아가 아닌, 자신이 부여받은 배역의 역할을 통해

---

6   BrainyQuote에서 인용(검색일: 2024.12.1).

창출하는 다양한 성격의 실체나 유형이다. 본래적 자아와 작품 속의 자아를 오가며 예술 활동과 삶을 병행하는 배우에게 페르소나는 정교하게 구현해야 할 예술적 목표다. 동시에 예술적으로 중요한 파트너인 수용자들에게 자신을 알리고 각인시키는 수단이기도 하다. 따라서 배우에게 페르소나는 자신의 연기 세계를 구현할 도구이며, 수용자를 비롯한 타자의 반응을 관찰하고 감지할 수 있는 소통 접점이다(윤지용, 2012).

이러한 정의와 관점을 고려할 때 페르소나는 역할 연기를 통해 표출하는 캐릭터 심리, 이미지, 느낌, 정서, 평판, 연기 능력 등 배우를 평가하는 유무형의 요소들이 모두 응축된 개념이라고 집약할 수 있다. 각각의 페르소나는 전체 인격의 일부분으로서 심리, 정서, 행동에 관한 특징을 나타낸다는 점에서 더욱 그러하다(박순환·심혜숙, 2006: 231~257).

그 가운데 핵심 요소로 간추려진 코어 페르소나는 배우를 대표하고 상징하는 핵심 정체성으로 통용된다. 배우가 갖고 있는 지배적인 얼굴이자 이미지다. 그것은 배우와 팬(수용자)을 매개하는 다양한 미디어 활동을 통해 점차 축적됨으로써 배우의 팬덤, 명성, 흡인력, 매력, 영향력 등의 근원이 된다.

페르소나 연구자인 앤디 베넷(Andy Bennett)과 스티브 왁스먼(Steve Waksman)은 위대한 페르소나가 아티스트 스타덤의 필수 요소로 기능하려면 개인적 성격 차원을 뛰어넘는 차별성과 일관성을 갖춰야 한다고 말했다(Bennett and Waksman, 2015).

페르소나가 어떤 요소로 구성되었는지 필자는 이미지(image), 가시성(visuality), 성품(personality), 일관성(consistency) 네 가지로 구분한 다음, 톱스타 배우 손예진의 페르소나를 분석했다(김정섭, 2019: 93~106).

이 연구에서 페르소나의 각 구성 요소 개념은 기존 연구를 반영해 '이미지'는 "배역 연기를 통해 외적으로 드러난 배우의 심상, 느낌, 평판"으로, '가시성'은 "시각적으로 어필하는 배우의 매력"으로, '성품'은 "연기를 통해 드러난 배우의 인격과 인간적 풍모"로, '일관성'은 축적된 배우로서 변함이 없는 자세와 능력"으로 각각 규정했다.

페르소나를 우리가 세상과 자신에게 보여주는 이미지인 '파사드'라고 규정한 모니카 코스테라(Monika Kostera)는 페르소나의 구성 요소로 우리의 태도, 매너리즘, 얼굴 표정, 우리가 따르고 공동 창작하는 대본, 외모, 의상, 화장 등을 제시했다(Kostera, 2012: 104~122). 데릭 암스트롱(Derek Armstrong)과 유캄와이(Yu Kam-wai)는 페르소나의 구성 요소를 이미지, 사실성, 맞춤성, 신뢰, 원칙 준수, 성장, 조사, 독자성으로 제시했다(Armstrong and Yu, 1997).

예민희·임은혁(2015: 446~456)은 베넷·왁스먼 등의 연구를 발전시켜 이미지(image), 가시성(visuality), 일관성(consistency), 독특한 개성(distinctive personality)으로 페르소나 구성 요소를 도출해 새롭게 모델링했다. 마크 톰프슨(Mark Thompson)과 브라이언 트레이시(Brian Tracy)는 전문성, 리더십, 가시성, 차별성, 일관성, 개성, 끈기라고 분석해 제시했다(Thomson and Tracy, 2011).

영화 이론과 표현 연구자인 리처드 다이어는 "사회의 고정관념에 따라 정교하게 창조되는 페르소나는 가상 캐릭터에서처럼 특색, 관심, 자율성, 원만함, 발전성, 상호 텍스트성(intertextuality: 하나의 텍스트가 다른 텍스트와 맺고 있는 상호 관련성), 동기, 개별적 정체성, 일관성이라는 질적 요소를 포함한다"라고 주장했다(Dyer, 1979).

 클로즈업

다른 분야에서 통용되는 '페르소나'의 의미

페르소나는 연극학과 배우 연구 분야에서는 배우가 배역 연기를 통해 표현하는 외적 자아나 외적 인격의 의미로 사용되지만, 다른 분야에서 쓰일 때는 뜻이 사뭇 다르다. 먼저 심리학·철학 분야에서는 사람의 본래적 자아가 아닌 외적인 자아 또는 외관적 모습과 태도를 의미한다. 교육학·사회학 분야에서는 사회적 역할을 하는 신분과 지위, 또는 직업이나 역할에 따라 요구되는 규범이자 행동 양식과 같은 의미로 각각 쓰인다.

심리학자인 칼 구스타프 융은 페르소나를 심리 연구에 적용해 진정한 자아와 차별화되는 '가장된 개인의 외적 인격체이자 공적 얼굴'이라고 규정했다(Jung, 1943: 9~130; Fawkes, 2015: 675~680). 지그문트 프로이트는 주체의 얼굴을 가리는 '표면(layer) 역할을 하는 존재', 자크 라캉(Jacques Lacan)은 주체와 타자 사이에 별도로 존재하며 양자 간의 접점이나 경계면 역할을 하는 '인터페이스(interface)와 같은 존재'라고 각각 정의했다(예민희·임은혁, 2015: 446~456).

특히 개인 심리와 집단 심리(집단무의식)를 연계한 융의 관점에서 페르소나는 개인이 사회에 적응하고 처신하기 위해 창출하거나 적용해 낸 '타협의 산물'이다. 따라서 융은 개인이 지닌 취약한 자아 구조로 인해 인간은 그 페르소나에 함몰되어 두려움을 겪을 우려가 농후하다고 보았다.

페르소나는 개인마다 그 정체성이 다르며 각각의 페르소나에는 다양한 요소가 포함된다. 개별적인 페르소나들은 전체 인격의 일부분이거나 하위 인격으로서 그 나름의 고유한 에너지 패턴과 신념, 행동 양식이나 심리적, 정서적, 행동적 특징을 지닌다(Stone and Stone, 1998).

미국의 시인 에즈라 파운드(Ezra Pound)는 시선집 『페르소나(Personae)』(1909)에서 시를 연극에 빗대, 시 또한 제목(title)과 시 자체라는 '가면'을 통해 타인에게 말하고 싶은 것을 전하는 '극적 독백(dramatic monologue)'이며, 이런 점에서 인격, 즉 '페르소나'의 기능을 한다고 문학적 관점에서의 페르소나 해석을 풀이했다(Petter, 1982, 111~132).

경영, 마케팅 분야에서는 이미지 강화·전환 등 성장 전략 마련에 필요한 핵심적인 요소라는 뜻으로 사용된다. 페르소나를 활용할 경우 지식 유지, 동기 촉진, 소통 강화에 큰 도움을 줄 수 있고, 페르소나의 독특성, 일관성, 타당성(바람직함)이 있다면 성공적 브랜딩이 되어 사람의 마음을 지배할 수 있기 때문이다

(Hisanabe, 2009: 210~218; Wright, 2012).

교육학, 광고학 등의 분야에서 두루 활용되는 '페르소나 이펙트(persona effect)'는 한마디로 의인화(anthropomorphism, personification) 효과를 말한다. 실제로 사람이 아닌 대상에게 사람과 똑같은 특성, 동기, 의도, 감정, 인격을 부여하는 것으로 그 대상이 인간과 같이 상상되도록 유도해 사회적 상호작용을 촉진하도록 기능하는 것이다(Blackstone, 1993: 113~124).

페르소나 이펙트의 유무나 강도는 의인화 대상이 얼마나 인간적 특징과 단서를 지니고 인간적인 유사성을 발휘하는가에 달려 있다. 이 효과에서 '페르소나'는 상호작용, 소통, 교육 등 사회적 기능을 수행하기 위해 개발된 외부적인 성격이라는 의미를 지니는데, 사회에서 타인과 지속적인 관계를 구축하고 유대를 강화하기 위해 특정 역할을 하는 사회적 행동을 포함한다(주혜진, 2014: 181~208). 컴퓨터를 이용한 교육, 감성 교육 등의 분야에서는 페르소나 이펙트가 증진될수록 학습자는 에이전트에 대한 인격적 지각이 증진되고, 학습에 긍정적인 요인이 더 늘어난다고 보고되고 있다. 이런 교육 방식에서 페르소나 이펙트에 대한 인식의 핵심 역할을 하는 것은 '학습자의 전문성'이라는 연구도 제시되었다(류지헌, 2012: 47~56).

광고학에서 '페르소나 이펙트'는 특정 캐릭터가 어떤 인물이 되게 하거나 사물, 무형의 이미지 등을 부여함으로써 소비자들의 심리적 반응을 이끌어내는 것을 의미한다(구승회, 2005: 276~319). '브랜드 의인화'도 이런 범주에 속한다. 브랜드 의인화는 의인화의 특성, 의인화 이미지의 일치성, 그리고 브랜드에 대한 동질성으로 구분된다. 브랜드 의인화는 광고 마케팅 분야에서 브랜드 캐릭터 형성, 광고 효과, 소비자 — 브랜드 관계, 브랜드 충성도, 소비자 갈등, 충동적 구매 의도에 각각 영향을 미치는 것으로 보고되고 있다(구승회·이진석, 2017: 192~217).

'페르소나 돌(persona doll)'이라는 용어는 교육 분야에서 많이 쓰인다. 보통 '사연 있는 인형'으로 불리는데, 성, 인종, 민족, 능력, 장애 유무 등에 상관없이 모든 사람을 존중하도록 지도하는 '편견 없는 교육(반편견 교육)'에 사용되는 도구를 말한다(윤혜원, 2000: 149~169).

페르소나 돌은 유아원, 유치원, 학교, 가정 등에서 그 인형을 단순한 놀이도구가 아닌 다양한 스토리와 아픔, 결함, 문제 등을 지닌 친구로 아이들이 인식도록 하여 정서적 공유와 감정을 다루는 기술, 타인에 대한 배려와 이해를 증진시키는 교육 방법이다.

4. 롤링과 디롤링: 투사와 역투사 메커니즘

배역 연기를 오가는 롤링과 디롤링은 심리학적 관점에서 투사(投射, projection)와 역투사(逆投射, back-projection) 현상으로도 풀이할 수 있다. 연기는 배우가 자신이 맡은 인물의 자아에 완전하게 인입했다가 벗어나는 심리적 과정이기 때문이다(김정섭·이은혜, 2021: 45~54). 투사는 '무언가에 흠뻑 빠진 심리적 상태'를 뜻하는데(Nakamura and Csikszentmihalyi, 2014: 239~263), 이것은 '몰입'이라는 내적 과정을 전제로 한다. 심리학에서 몰입은 어떤 행위에 깊게 빠지거나 집중해 시간의 흐름, 공간은 물론이고 자신에 대한 생각까지도 잊어버리게 되는 상태나 경지를 의미한다.

빅토르 게카스(Viktor Gecas)에 따르면 '투사'는 자신이 경험한 특정 상황이나 인물이 현실에 실존하거나 현실인 것처럼 무의식적으로 믿는 현상이다(Gecas, 1982: 1~33). 즉 자신이 맡은 작품의 캐릭터를 자신의 자아에 투영하는 작업이다. 게카스는 보통 개인의 정체성은 자신의 성격, 타인, 소속 그룹의 영향을 받는데, 배우의 정체성은 맡은 배역에 충실하여 나타나는 투사를 통해 형성된다는 점이 독특하다고 설명했다.

투사는 흔히 '빙의(憑依, possession)'라 잘못 일컬어진다. 빙의는 캐릭터가 몸에 붙듯이 제대로 구현되는 것이 아니라 '귀신(영혼)이 몸에 붙은 것'을 뜻한다. 즉, 빙의는 초자연적 신앙이나 무속과 관련된 용어다. 투사와

배우는 본래 자아와 배역 사이 전환을 아주 매끄럽게 잘해야 한다.

빙의는 몰입을 전제로 하는 심리 현상으로 평소 내재된 다른 인격이나 자아가 표출되는 다중 성격적인 증상이라는 점에서는 공통점이 있다(김정섭·이은혜, 2016).

그러나 빙의는 보다 종교적인 관점에서 '영혼이 옮겨 붙음'이라는 의미로 쓰이기 때문에 명확하게 쓰임새를 구별해야 한다. 야노 다카요시(矢野尊義)는 "빙의는 망아(忘我)의 상태를 거친 뒤 자신이 아닌 다른 영혼이 붙는 신들림(enthousia)"이라고 규정했다(야노, 2010: 217~234). 배우의 몰입에 의한 연기적인 투사를 빙의라고 칭하는 실수를 더는 범하면 안 된다.

클레인에 따르면, 배우들은 연기 과정에서 스스로에게 투사한 부분과 외부 대상을 똑같이 인식하는 '투사적 동일시(projective identification)'를 잇달아 경험하며, 이로써 연기를 통해 캐릭터가 제대로 구현된다(Klein, 1975, 1~24). 투사(projection)와 동일시(identification)가 동시에 일어나는 현상, 즉 자기의 투사된 부분과 외부 대상을 똑같이 보는 현상이 연달아 나타나는 것이다. 배역에서 원래의 자아로 돌아오는 작업은 역투사를 통해 이뤄진다. 따라서 역투사는 디롤링의 부분적 기제가 될 수 있다.

이처럼 투사와 역투사 이론은 원래 심리학에서 죄의식, 열등감, 공격성과 같은 병리 증상을 효과적으로 타파할 방어기제나 관련 병증의 치료 기법으로서 많이 활용되었다. 그러나 이렇게 적용을 확장하면 연기 원리를 설명하는 기제로도 적합하게 활용할 수 있다.

배역에 몰입해 연기하는 과정(롤링)이 투사에 의한 것이라면, 그 캐릭터의 페르소나에서 벗어나 본래 자신의 페르소나로 환원해 일상을 회복하는 과정(디롤링)은 역투사를 통해 자연스레 이뤄지기 때문이다.

즉 투사−역투사 체계는 배우의 롤링과 인롤링의 과정을 심리학적인 견지에서 체계적으로 명확하게 설명해 준다. 배우의 능력은 충분한 경험과 면밀한 감각을 토대로, 캐릭터의 자아(ego)를 대상으로 정교하고 유연하게 투사와 역투사를 반복하는 기술 발휘에 달려 있다.

작품 제작 당시 누구도 예측하지 못했던 배우들의 '극단적인 역할 변화' 사례는 배우가 지닌 연기력의 다양성과 폭을 잘 드러낸다. 아울러 배우의 페르소나 전환 능력 그리고 배우가 작품을 대하는 자세의 표출로서, 영화계는 물론이고 관객들에게도 지금까지 화제가 되고 있다.

이성민 배우는 영화 〈공작〉에서 분장, 의상, 사투리, 제스처, 눈빛 연기를 제대로 살려 베이징 주재 북한 대외경제위원회 처장으로서 외화벌이를 총괄하는 북한 최고위층 인사 '리명운' 역할을 실감 나게 연기했다. 김혜수 배우는 영화 〈미옥〉에서 삭발에 가깝게 자른 옆머리와 은발 헤어스타일을 선보이며, 어둠의 범죄 조직을 재계 유력 기업으로 키워낸 2인자 '나현정' 역을 느와르 캐릭터답게 실연했다.

김명민 배우는 영화 〈내 사랑 내 곁에〉에서 루게릭병(myotrophic lateral sclerosis)으로 사투하는 환자 '백종우'를 연기하기 위해 평소 운동으로 다져진 72kg의 근육질 몸매를 포기하고 18일 만에 무려 10kg을 감량하여 피폐한 모습으로 변신해 연기했다.

표 3-4 **배우들의 파격적인 캐릭터 변신 사례**

역할 변신 모습				
배우	이성민(남)	김혜수(여)	김명민(남)	내털리 포트먼(여)
역할 변신 모습				
배우	크리스천 베일(남)	샬리즈 세런(여)	글렌 클로스(여)	데미 무어(여)

　　미국 하버드대학교 심리학과 출신의 배우 내털리 포트먼(Natalie Portman)은 평소 마른 몸인데도 불구하고 9kg을 더 감량하며 하루 5~8시간 발레 훈련을 한 뒤 영화 〈블랙 스완(Black Swan)〉에 출연했다. 그는 이 작품에서 속절없는 지리한 불안감 속에 미쳐가는 발레단의 주역 무용수인 프리마 발레리나(prima ballerina) '니나 세이어스(Nina Sayers)'로 변신했다. 크리스천 베일(Christian Bale)은 영화 〈머시니스트(The Machinist)〉(2004)에서 4개월간 무려 30kg을 감량한 뒤 극심한 불면증과 체중 감소에 시달리는 '트레버 레즈닉(Trevor Reznik)' 역으로 변신했다.

　　남아프리카공화국 태생의 배우 샬리즈 세런(Charlize Theron)은 영화 〈매드맥스: 분노의 도로(Mad Max: Fury Road)〉에서 임모탄(Immortan)의 철권통치와 폭정에 반발해 그곳의 부인들을 데리고 탈주하는 사령관 '퓨리오사(Furiosa)'를 굵은 선과 강렬한 톤으로 연기했다. 그는 이에 앞서 영화 〈몬스터(Monster)〉에서도 체중을 13.6kg 늘려 실존 연쇄살인범 '에일린 워노스(Aileen Wuornos)'를 사실적으로 선보여 눈길을 끌었다.

　　배우 글렌 클로스(Glenn Close)는 영국-아일랜드 드라마 〈앨버트 놉스(Albert Nobbs)〉에서 집사로 취직하기 위해 남자로 가장하는 여성 역을 잘 소화해 당시 영화계의 주목을 받았다. 배우 데미 무어(Demi Moore)는 영화 〈G.I. 제인(G.I. Jane)〉에서 삭발을 하고 고강도 웨이트 트레이닝을 받은 뒤, 미 해군 특수전단에서 훈련을 마친 최초의 여성 특수 요원 '조던 오닐(Jordan O'Neill)' 중위 역을 매끄럽게 소화했다.

스타니슬라프스키가 창안해 발전시킨 '메소드 연기'도 앞의 사례처럼 배우가 맡은 배역에 완전하게 몰입함으로써 그 인물 자체가 되도록 하는, 매우 사실적으로 연기하는 방법이다. 이렇게 그간 배우들은 '몰입 연기'를 최고조의 숙달 연기로 평가해 왔다. '몰입 연기'는 투사된 극 중 캐릭터의 정체성을 사람들이 지닌 그 캐릭터에 대한 인식과 일치하게끔 만드는 페르소나 전환 기술로서, 투사와 동일시가 연속 발현되는 과정이다. 따라서 이를 '투사적 동일시'라 칭하기도 한다.

정신의학자 프로이트는 투사 이론을 심리학적으로 체계화한 주역이다. 프로이트에 따르면 투사는 자신이 처한 부정적 감정을 해소하기 위해 이를 남의 탓으로 돌리는 방어기제다(Freud, 1973). 프로이트는 투사 주체가 투사로 형성된 것들을 실존하는 것처럼 믿는다는 점에서 투사를 망상증에 속하는 하나의 병리 증상이라 진단했다. 이 관점에서 투사는 심리적 현실을 부정하고 전능감과 편집증적인 불안의 토대를 제공한다(김진숙, 2009: 765~790).

배우에 대한 심리 연구는 미국의 여성 사회심리학자 앨리 러셀 혹실드(Arlie Russell Hochschild)가 스타니슬라프스키가 도입한 배우 감정 훈련을 토대로 감정 관리 연구를 본격화한 이후부터 시작되었다(Orzechowicz, 2008: 143~156). 랜디와 무어 등은 프로이트의 투사 이론을 연기 원리와 결부해 극예술 연기와 드라마 테라피 분야로 그 쓰임새를 확장시켰다(Landy, 1990: 223~230; Moore, 2006: 64~73).

랜디는 개인이 겪은 심리적 경험이나 욕망이 실존하는 것처럼, 투사 또한 타인의 정체성을 체험하듯 무의식적으로 느끼는 차원으로 발전시켰다

(Landy, 1994). 무어는 연기라는 것은 배우가 현실 기반의 극작 스토리를 실제 경험한 것처럼 구체화하는 투사의 과정이라고 설명했다(Moore, 2006: 64~73). 무어에 따르면 극(drama)은 항상 우리 인간의 현실 세계를 투사하고 확장시키며, 현실 세계를 토대로 만들어진 스토리는 배우를 통해 무대에서 구체화한다.

자신이 맡은 배역에 지나치게 몰입해 공연이 끝난 후에도 배우가 그 배역에서 벗어나지 못한 채 고통을 호소하는 디롤링 장애는 배역의 투사와 그에 동반하는 후유증이다. 연기에 대한 과도한 몰입 등 원인은 매우 다양할 수 있다. 이때 배우들은 자신이 오랜 연습 끝에 선보인 배역이 공연 후에도 현실 속의 자기와 같다고 흔히 착각하게 된다. 심리적으로 연기라는 예술은 그 자체가 일종의 투사 행위다. 배우가 예술 행위를 몸소 체험할 때 자아를 다른 캐릭터에 이입한다는 점에서 그렇다.

투사는 연기의 몰입도나 배우 자신의 과거 경험과 연관이 깊다(김정섭·이은혜, 2016). 첫째, 배우가 경험하는 투사 후유증은 연기에 몰입하는 정도가 깊을수록 일어날 가능성이 높다. 배우의 몰입 연기가 극도의 경지[7]에 도달할수록 집중력은 높아지지만 수반되는 긴장감과 억압감은 엄청난 스트레스와 후유증을 유발하게 된다.

둘째, 배우가 성장하면서 겪은 일상사와 각종 긍정적·부정적 경험이 투사에 지대한 영향을 미친다. 드라마 치료 연구자인 이선형은 "배우들은 자신의 과거 경험과 일치하는 역할을 작품에서 맡게 되면 특이한 전이(transference)의 감정을 느끼게 되어 투사가 확실히 이뤄진다"라고 설명했다(이선형, 2012: 1~12). 실제 배우들은 자신의 일상과 예술적 세계인 극을 혼동하듯 불이 켜진 무대에서 몰입하며 대사를 읊조린다.

---

7   스타니슬라프스키는 자신의 배역과 본래의 자신이 하나로 통합될 때 완벽한 연기의 경지에 이른다고 설명했다.

'무대 공포증'과 '카메라 공포증'의 대처

'무대 공포증(stage fright)'은 배우, 가수, 음악가들이 언제 어떤 퍼포먼스 상황에서 만날지 모르는 복병이자 괴물로 다른 사람이나 군중 앞에 나서길 꺼리는 사회 공포증(social phobia)의 하나다. 경험이 많은 출중한 배우들에게도 종종 나타나며, 디롤링 문제보다 심각할 수 있다.

국내에서 연극계를 대표하는 최고의 명성을 지닌 고령의 여성 배우도 공연하다가 갑자기 이런 증상이 생겨 대사와 표현력을 상실하여 임기응변으로 옆에 소품으로 두었던 성경책을 무작정 읽어가며 위기를 넘긴 적이 있다고 고백했다. 무대 공포증은 공연하는 예술가, 대중 연설가, 방송사 앵커와 아나운서, 교수·교사, 관객이나 청중 앞에 서서 그들의 주의를 집중시키는 다른 모든 사람이 겪는 보편적인 경험이다.

보다 좁혀 말하면 무대 공포증은 배우 등 예술가들에게는 치명적일 수 있는 직업적인 도전이자 위험이다. 무대 공포증을 심리학적으로 정의하면 '평정심을 방해하는 병적 불안 상태'(Kaplan, 1969: 60~83), 또는 '행동에 지장을 주는 극도의 감정적 불안정 상태'다(Clevenger Jr, 1955: 26~30).

이것은 예술가가 그간 쌓아온 공신력 있는 커리어나 필모그래피를 온전히 망가뜨리고 심지어 몇 달, 몇 년, 심지어 평생 무대에서 멀어지게 만드는 괴력을 지녔는데, 무대에 올라서자마자 내재 및 잠복해 있던 불안감(호흡 증가, 근육 긴장, 심장의 두근거림 등의 증상이 나타난다)으로 인하여 갑자기 순간적으로 나타난다(Gabbard, 1979: 383).

'무대 공포증'이라는 용어는 1891년 아돌프 킬블록(Adolph Kielblock)이 음악 공연에서의 불안 문제를 동기로 ≪무대 공포증이나 관객과 대면하는 방법(The Stage Fright or How to Face an Audience)≫을 출간한 것이 계기가 되어 사회와 대중의 주목을 받게 되었다. 이 증상은 흔히 예상하기 어려운 관객에 대한 두려움이 원인이 아니라, 주로 개인적 자아 상실에 대한 불안과 감독의 지도 부재로 인해 촉발된다(Aaron, 1986).

도널드 M. 캐플런(Donald M. Kaplan)은 공연에 들어가기 전에 배우가 대인관계에 과민 반응하거나 사적인 불행에 대한 강박적인 판타지를 곱씹을 때 공연을 방해하는 무대 공포증의 전조가 나타난다고 보았다(Kaplan, 1969: 60~83). 캐플런은 그 전조를 성실하게 연습하는 기능과 대사 및 동작을 포함한 표현력을 상실하는 '차단(blocking)', 뚜렷했던 공간적 방향 감각의 현저한 상실, 기능하는 자기(functioning self)와 관찰하는 자기(observing self)의 분열을 뜻하는 '이인화(離人化, depersonalization)'로 나눴다.

이인화는 현기증, 불안, 공포 등을 동반하면서 자신에 대한 비현실적인 느낌이나 자기 신체상(身體像)에 대한 이상한 느낌을 받는 '이인장애(離人障碍, depersonalization disorder)'와도 유사하다. 무대 공포증은 다양한 단계를 거쳐 진행되는데, 심리적인 균형 상태를 확보하는 노력을 통해 극복할 수 있다. 그런 균형은 우리가 스스로를 어떻게 표현하고 싶은지와, 그에 대한 타인의 반응을 기대하는 마음에 의해 좌우된다.

스위스 음악 전공 대학생 190명을 대상으로 공연 전 MPA(music performance anxiety, 음악 연주 불안)에 대한 부정적 감정과 문제로 촉발되는 무대 공포증 경험을 연구한 결과, 학생의 3분의 1이 무대 공포증을 겪었으며, 이는 MPA에 대한 부정적인 감정과 무대 공포증이 어느 정도의 상관관계가 있음을 나타낸다(Studer et al., 2011: 761~771).

이 연구에서 무대 공포증의 대처법 가운데 호흡 운동, 자기 조절 기술이 약물치료만큼 효과적인 것으로 평가되었다. 이는 무대 공포증이 평소 과학적인 운동과 생활 관리로 해결할 수 있음을 암시한다. 아울러 연구에서 학생들은 대학 커리큘럼 중 무대 공포증에 관한 사전 교육이 없기에 더 많은 지원(65%)과 더 많은 정보(84%)를 원한다고 답했다.

무대 공포증을 예방하거나 극복하려면 그것이 심리적으로 또 생리적으로 어떻게 나타나고 반복되는지 중시해야 한다(Merlin, 2016). 무엇보다도 공연, 대중 연설과 관련된 부정적인 인식, 신념, 생각, 이미지 및 예측을 바로잡고 또 극복해야 한다.

따라서 무대 공포증에 대한 구체적인 처방으로는 반복적으로 철저히 연습하기, 자신에 대한 두려움을 제거하고 자신감 회복하기, 관객에게 오직 즐거움을 선사하는 직무에 충실하기, 자신에 대해 의심하지 않기, 무엇이 잘못되거나 실수할 것이라는 생각에 집중하지 않기 등의 실천이 권장된다. 미국 불안 및 우울증협회(Anxiety and Depression Association of America)에서는 무대 공포증을 정복하는 방법으로 열 가지를 제시한다.

그것은 ① 초점을 자신에 대한 두려움으로부터 청중에게 어떠한 가치를 제공하는 진정한 목적으로 옮기기, ② 무엇이 잘못될 수 있는지에 대한 생각으로 자신을 겁주지 말고 차분하고 안심되는 생각과 이미지에 주의를 집중하기, ③ 자기 의심과 자신감 저하를 불러일으키는 생각 거부하기, ④ 심호흡, 이완 운동, 요가, 명상 등 몸과 마음을 진정시키고 이완하는 방법 연습하기, ⑤ 운동하고, 잘 먹고, 건강한 생활 습관 실천하기, ⑥ 카페인, 설탕, 알코올의 섭취를 최대한 제한하기, ⑦ 자신의 성공을 시각화하고 항상 어려운 상황을 처리할 수 있는 자신의 힘과 능력에 집중하기, ⑧ 자료를 미리 준비하고 소리 내어 읽어서 목소리를 들어보기, ⑨ 청중과 관계를 맺으며 적이 아닌 친구라고 생각하면서 미소 짓고 인사하기, 자신감 있는 자세로 서거나 앉아 따뜻하고 열린 자세를 유지하고 눈을 마주치기, ⑩ 완벽해지려는 집착을 내려놓고 실수해도 괜찮다는 것을 염두하며 자연스럽게, 나 자신이 되기이다.

무대 공포증과 더불어 배우 등 아티스트에게 치명적인 것은 '카메라 공포증(camera shyness 또는 camera shy)'이다. 이것은 카메라 앞에 서면 경직되거나 불안감, 두려움을 느끼는 증세다. 카메라 앞에서 촬영하게 되면 신체적으로 해를 입을 가능성이 있는지와 관계없이 막연한 불안감을 느끼게 되는 증상이다. 보다 구체적으로 말하면 카메라 공포증은 근본적으로 카메라 앞에 서는 것이 어색하거나 수줍거나 두려운 현상, 비디오로 나온 모습이 만족스럽지 못하거나 위엄이 없어 보이면 그 모습을 보고 움츠러드는 현상까지 포함된다(Widener and Barnes, 2009).

이런 증상이 생기면 즉시 부신 피질에서 생기는 스테로이드 호르몬의 일종인 코르티솔(cortisol)의 분비가 촉진되어 스트레스가 유발된다. 이어 기존 경험에 대한 감각과 기억이 날카로워지고 높은 수준의 인지 과정은 중단되는 동시에 차분하게 숙고하는 능력은 저하된다. 단순히 대사나 원고 내용을 잊어버리는 것이 아니라 아예 생각나지 않게 되어 한마디로 카메라 앞에서 얼어붙게 되는 것이다.

카메라 공포증 경험과 보유 여부는 특히 배우, 가수 등 예술가에게는 예술적·직업적 역량을 가늠하는 척도가 되기에 카메라 공포증에 빠지면 예술 활동의 생명에도 치명적일 수 있다. 일례로 미국의 2인조 록 밴드인 '화이트 스트라입스(The White Stripes)'의 드럼 연주자인 메그 화이트[Meg White, 본명 메건 마사 화이트(Megan Martha White)]는 무대에 오르는 것은 물론이며 카메라 인터뷰도 거의 하지 않았고, 포크 가수 캣 파워[Cat Power, 본명 션 마셜(Chan Marshall)]는 공연 중에는 관객을 일절 쳐다보지 않았으며, 공연 후에는 카메라를 피해 성급히 무대 뒤로 뛰어가는 모습을 보이고는 했다(Comer, 2016).

2009년 아이돌 그룹 엠블랙으로 데뷔한 이후 연기 생활을 시작한 배우 이준은 2017년 카메라 울렁증, 즉 카메라 공포증이 있다고 고백했다. 그는 "항상 떨면서 촬영한다. 앵글이 가까이 다가올수록 두렵다. 스튜디오 촬영할 때 내 스태프들은 다 밖으로 나간다. 시선에 대한 두려움이 있다. 심지어 식당에서 찰칵 소리가 나면 깜짝 놀란다. 트라우마 아닌 트라우마다. 엠블랙으로 활동할 때도 카메라 공포증이 없지 않았다. 풀 숏으로 잡힐 때는 괜찮은데, 클로즈업되면 심장이 마구 뛰었다. 소심한 면을 깨나가고 있다"라고 말했다(≪한스경제≫, 2017.9.11).

배우 이선빈도 2021년 2월 16일 SBS 파워FM 〈박하선의 씨네타운〉에 게스트로 출연해 자신에게 사진 공포증이 있다고 고백하며 "데뷔 초에는 안 그랬는데 활동을 할수록 더 떨리고 긴장된다. 사진 촬영을 할 때 청심환을 안 먹으면 얼굴이 빨갛게 붓는다"라고 말했다.

원인을 살펴보면 카메라 공포증은 불안과 수줍음과 관련이 깊다. 숫기가 없어 다른 사람 앞에서 말이나 행동을 하는 것이 어렵거나 부끄러운, 또는 그러한 태도로 정의되는 수줍음은 미국 인구의 약 48%가 "어느 정도는 스스로 수줍음이 있다"라고 답했을 만큼(Caducci, 2000), 인간이 보편적으로 보유한 성격적 특성이다.

그러나 수줍음이 과도하게 발산되면 부정적인 자기상(自己象)이 형성되어 자신이 수용될 기회를 회피하고 친밀한 사회적 관계를 두려워하는 '회피성 성격 장애(avoidant personality disorder)'로 악화할 수 있다.

영화와 방송 촬영을 많이 하는 배우 등 연예인의 경우 카메라 앞의 수줍음을 극복하고 촬영을 잘 마치는 방법은 다섯 가지가 있다. 호주의 배우·모델 에이전시인 헌터 탤런트(Hunter Talent)가 제시한 기법이다.

① 개인의 특성인 수줍음을 스스로 수용하기, ② 카메라 촬영 작업에 익숙해지기, ③ 카메라 앞에서 수행할 연습을 대본으로 작성해 보기, ④ 영상 작품 속 자신의 모습을 보는 데 익숙해지기, ⑤ 카메라 촬영 작업을 주간 일정의 일부로 만들기이다.

카메라 공포증을 극복하는 방법에 대해 미국의 ≪포브스(Forbes)≫는 여섯 가지 방법을 제시했다(Barton, 2020.8.10). 배우, 방송인, 일반인 모두에게 해당한다. ① 어리석어 보이는 것, 자신의 목소리를 듣는 것, 긴장하는 것 등 두려움이 무엇이든 카메라에 담길 때 정신적 불편함을 느끼는 것은 정상인 만큼 이런 두려움 때문에 자신의 행동을 멈추지 않기, ② 화면에서 자신이 원하는 대로 보이도록 공간을 설정해 보기, ③ 영상 지기 구조와 작동 기술에 대해 정확히 알기, ④ 계획을 세우고 표현할 내용을 타인의 기대치에 맞게 섬세히 연습하기, ⑤ 자신을 대상 시 하여 바라보는 것을 멈추기, ⑥ 촬영이 끝나면 자신을 격려하고 카메라에 찍힌 모습을 보며 제3자와 함께 리뷰 및 피드백을 거쳐 더 좋은 촬영이 되도록 개선하기이다.

그렇다면 해법은 무엇인가. 배우가 캐릭터 투사 이후 디롤링이 잘 안 되어 그 후유증에서 벗어나려면 투사된 감정이나 캐릭터와 정반대되는 것을 재투사해야 한다. 즉 '역투사'를 통해 상쇄 효과를 거둬야 한다. 랜디는 이입된 캐릭터를 다른 대상에 투사해 부정적 감정으로부터 자신을 방어할 수 있다고 제시했다(Landy, 1994). 그러나 배우의 투사는 병적인 것이 드물기에 이를 해결하는 개인 역량을 강화함으로써 극복할 수 있다는 게 주론이다.

배우는 오랫동안 공연을 하거나 극도로 몰입하면 이런 디롤링 문제를 크게 겪을 수 있다. 똑같은 배역을 맡아 보통 6개월~1년 동안 무대에서 장기 공연을 하는 뮤지컬배우나 연극배우의 경우 더욱 심각할 수 있다(김정섭·이은혜, 2016). 매일 같은 공연 시간대에 겪는 일이 허다하다.

뮤지컬배우는 연극보다 상대적으로 넓고 역동적으로 꾸며진 무대에서 오케스트라의 라이브 연주를 지원받으며 연기, 노래, 춤을 동시에 선보이므로 상대적으로 더 과중한 스트레스를 겪기 마련이다. 무대 위에서 완벽한 연기를 하는 것만으로도 심리적 부담감이 큰데, 특수한 공연 환경이 더욱 큰 스트레스를 가중시킨다(Paget, 2002: 30~41).

배우는 근본적으로 항상 관심받기를 추구하고 평가(인정욕구)에 민감해 관성적으로 '불안증'을 안고 산다. 그 불안감은 자존감 저하나 예민함으로 나타나며 이런 상황에서 몰입 연기를 하면 배역 이탈이 더욱 쉽지 않다.

배우라는 인간은 무대 위 연기를 통해 관객을 대상으로 사회적 행위자 역할을 수행하며 그런 과정을 통해 개인의 이미지를 형성하기 때문에 (Goffman, 1959) 스스로 민감해진다. 그뿐만 아니라 무대에서 캐릭터는 연출자와 배우의 해석에 따라 투사의 대상물로 표현되어 관객들에게 전달되기 때문에 관객의 반응에도 민감해질 수밖에 없다(Walsh-Bowers, 2006: 661~690).

제4장

연기의 심리과학적 구조: 알바 이모팅

1. 알바 이모팅의 개념

'알바 이모팅(Alba Emoting)'은 독일 태생의 칠레 여성 심리학자 수사나 블로흐(Susana Bloch)가 개발한 감정 처지법으로, 연기로 배역을 소화한 뒤 자연인으로 환원하는 일을 반복하는 배우 등의 아티스트가 활용하기에 매우 유용하다. 블로흐는 국제적인 신경 심리학 및 심리학 분야의 전문가다. 알바 이모팅은 사람이 의식적으로 의도한대로 기본 감정을 유도, 표현, 변화시킬 수 있도록 개발한 심리 생리학적인 기법이다.[1] 정서를 유도하는 호흡, 얼굴 표정, 자세와 연관된 근육 효과기(effector)의 조절을 통해, 의지하는 대로, 연기자가 원하는 방향의 정서를 생산하는 테크닉이다(이강임, 2022: 137~196).

수사나 블로흐는 일반적인 불안신경증(anxiety neurosis, 불안을 주된 증세로 하는데 자율신경계의 실조증을 동반하며 가끔 불안발작이 있는 신경증) 환자에 이어 연극을 하는 배우들을 상대로 실험한 결과, 분노(anger), 공포(fear), 슬픔(sadness), 기쁨(joy), 에로티시즘(eroticism), 다정함(tenderness)

---

1 이 장에서 수사나 블로흐가 조절·처치를 통한 감정 표현 기법 또는 연기의 원리로 제시한 '알바 이모팅'을 상세히 다루는 이유는 다음 장에서 논의되는 디롤링 테크닉 가운데 스텝 아웃과 같은 심신의 중립화 처치가 비로 이 알바 이모팅의 원리를 원용하거나 여기서 파생했기 때문이다.

이라는 여섯 가지 기본 정서(six basic emotions)[2]를 강도를 달리한 호흡-자세-안면 반응의 패턴과 다양하게 조합해 배역 연기를 하는 것을 발견했으며, 이 원리에 따라 신체·호흡 훈련으로 배역 인입·제거를 하도록 이 기법을 개발했다(Bloch, 1993: 121~138; Bloch et al., 1994: 194~199).

'알바 이모팅'이라는 말을 처음 들으면 매우 생소하겠지만, 그는 나름대로 많은 의미를 담으려 심사숙고해 그 기법을 명명한 것이다. 스페인어로 '새벽, 하얀'이라는 뜻으로 창작한 극중 인물의 성씨인 'Alba'와 스페인의 동료 심리학자 페드로 산도르(Pedro Sandor)와 함께 만든 감정효과 패턴 연구를 다룬 영화 제목 〈Emoting〉을 연결해 이 기법을 'Alba Emoting'이라 이름 붙인 것이다(Baker, 2008.7.13; Bloch, 2008). 'emote'는 '정서를 과장되게 드러내다', 'emoting'은 '정서를 과장되게 드러냄'이라는 뜻을 각각 지니고 있다.

이 기법을 개발했을 초기에는 관련 논문의 공동 저자(Bloch, Orthous, Santibanez)의 이름 머리글자를 따서 'BOS 메소드(BOS Methods)'라 칭했으나 명칭이 썩 매력적이지 않다고 자체적으로 판단해 페데리코 가르시아 로르카(Federico García Lorca)가 쓴 동명의 희곡을 연극 〈베르나르다 알바의 집(House of Bernarda Alba)〉으로 제작해 공연한 직후 바꿨다(Bloch, 1994).

알바 이모팅에 관한 구체적인 내용은 수사나 블로흐가 1993년 학술지 〈시어터 토픽(Theatre Topics)〉에 처음 공식 발표한 논문 「알바 이모팅: 배우들이 진정한 정서를 만들고 통제하는 것을 돕는 심리 생리학적 기법(Alba Emoting: A Psychophysiological Technique to Help Actors Create and Control Real Emotions)」에 상세하게 소개되어 있다.

수사나 블로흐는 1931년 독일 베를린에서 태어나 1936년 가족과 함께 칠

---

2   '정서(emotion)'와 '감정(feeling)'을 혼용하는 경우가 많다. 여기에서는 의미적 맥락에 적합한 '정서'로 표기했다. 일반 개념에 심리학 연구를 덧붙여 정리하면 '감정'은 어떠한 상태에 따라 느끼어 일어나는 일시적인 마음의 현상이며, '정서'는 외부 자극과 경험, 의도에 따라 그것에 대한 평가와 해석을 거쳐 단기간에 지속되는 감정, 기분, 분위기를 통칭한다.

레 산티아고로 이주했다. 산티아
고의 칠레대학교에서 심리학과
영어학을 전공한 뒤 하버드대학교
와 보스턴대학교에서 신경심리학
과 심리사회학을 공부했다. 이어
상파울루대학교의 동물 연구원,
미국 하버드대 및 보스턴대의 심
리학 및 신경과학 응용 분야의 방
문 연구원을 거쳐 1970년 칠레대

알바 이모팅을 개발한 수사나 블로흐.

학교의 심리학 교수로 임용되어 의과대학의 심리학부 등과 협업하면서 실
험심리학자로 명성을 높여갔다. 실험심리학은 심리학과 그 기저의 실험적
방법을 적용하는 데 인간, 동물 피험자를 참여시켜 감각, 지각, 기억, 인지,
학습, 동기, 감정 등을 포함한 많은 주제를 연구하는 영역이다.

수사나 블로흐는 1996년 자신의 친구이자 동료 연구자인 움베르토 마투
라나(Humberto Maturana)와 함께『정서의 생물학과 알바 이모팅, 함께 춤추
며(Biologia del Emocionar y Alba Emoting, Bailando Juntos)』를 출간했다. 이어
2002년『알바 이모팅: 칠레의 에모티라르 산티아고 과학 기지(Alba Emoting:
Bases científicas del Emocionar Santiago de Chile)』를 저술한 뒤『알바 이모팅의
발전(The Development of Alba Emoting)』(2003)과『알바 이모팅: 정서 유도의
과학적 방법(Alba Emoting: A Scientific Method for Emotional Induction)』(2017) 등
을 편저했다.

2. 알바 이모팅의 개발·발전 역사

이 기법은 전술했듯 1971~1973년 칠레대학교의 심리학자 수사나 블로

흐와 페드로 오르토스(Pedro Orthous), 가이 산티바녜스(Guy Santibáñez)가 수행한 실험에서 출발해 고안되었다(Bloch and Lemeignan, 1992: 31~38). 산티바녜스는 불안신경증 환자들이 갈등적인 사건에 대해 이야기를 하는 동안에 호흡 운동의 변화를 기록하고, 최면 상태에 있는 정상적인 피험자와 '정서 기억(emotional memory)'을 사용하는 훈련된 배우들을 상대로 비교 실험해 생리학적 반응을 분석한 결과, 동일한 특정 패턴을 발견했다.

이들은 피험자들을 통해 발휘되는 기본 정서가 분노, 공포, 슬픔, 기쁨, 에로티시즘, 다정함 등 여섯 가지라는 사실을 확인했고, 이런 정서는 "다원적인 의미에서 동물과 인간의 유아(乳兒)에서 보이는 행동의 보편적인 불변성에 해당하기에 기본적인 것"이라고 진단했다(Bloch and Lemeignan, 1992: 31~38).

실제 자극이나 상상의 자극 없이 감정의 생리적 경험이 물리적으로 자극될 수 있는지 궁금해하며, 마음대로 재현할 수 있는 정서적 행동의 측면에 초점을 맞추고 호흡, 자세, 표정 변화의 원형을 만들었는데, 이를 '정서 효과기 패턴(emotional effector patterns)'이라고 칭했다.

이들은 또한 산티바녜스의 첫 번째 관찰을 바탕으로 신체를 편안한 정렬, 느린 호흡, 깊은 호흡, 얼굴의 긴장 완화를 통해 '정서적 중립(emotional neutrality)'의 상태로 되돌리는 일곱 번째 패턴을 만들어 냈다. 이를 통해 정서 효과 패턴을 재현하도록 학습된 피험자는 실제로 상응하는 정서를 경험했고, 중립적이고 비정서적인 패턴을 사용해 주관적이고 생리적인 각성을 중화(neutralize)할 수 있었다.

알바 이모팅의 추가 혁신은 칠레의 쿠데타로 인해 일시적으로 중단되었다. 블로흐와 산티바녜스는 다른 나라로 갔고, 오르토스는 1974년에 사망했다. 수년 후 블로흐는 피에르마리퀴리대학교에서 칠레 감독 호라시오 무뇨스(Horacio Muñoz)가 이끄는 덴마크의 클라넨 극장(Teater Klanen) 출신 배우들과 함께 실험을 재개했다. 이 시기에 페데리코 가르시아 로르카의 희곡 『베르나르다 알바의 집』[3]을 연극(Bloch, 1994)으로 제작한 후 '알바 이모팅(Alba Emoting)'으로 이름을 바꾸었다.

〈베르나르다 알바의 집〉은 2008년 12월 칠레의 해안 도시 카차과(Cachagua)에서 열린 워크숍에서도 선보여져 이 기법을 개선하는 데 활용됐다. 이 희곡 발췌본을 리허설의 기초로 삼아 알바 이모팅을 발전시킬 특별한 목적을 갖고서, 블로흐가 개발해 이름을 붙인 또 다른 기법 '감정 멜로디(emotional melody)'를 공연 시연에 포함했다(Beck, 2010: 141~156). 리허설의 기초로 알바 이모팅 패턴을 활용해 연극을 채점하는 기법을 적용한 것이다.

사실 알바 이모팅은 1991년 블로흐가 고등교육연극협회(ATE)의 연례 회의에서 발표하기 전까지 칠레와 덴마크 이외의 배우와 교육자들에게 거의 알려지지 않았다. 이전에는 과학 저널에 실린 몇 편의 기사가 전부였다. 수사나 블로흐는 연례 회의에서의 발표 후 몇 년 동안 ATE 컨퍼런스에서 워크숍을 열며 공식적인 훈련 세션을 시작할 계획을 세워, 세계적인 확산 계기를 마련했다(Bloch, 1993: 121~138).

블로흐는 1993년 10월 칠레 카차과에서 블로흐는 알바 이모팅을 주제로 전 세계에서 온 배우들과 교사들을 대상으로 첫 훈련 세미나를 개최했다. 10명으로 제한된 2주간의 세션이었는데, 여기에 오늘날 이 기법의 적극적 계승자가 된 마이클 존슨체이스(Michael Johnson-Chase), 낸시 로이츠(Nancy Loitz), 록산 릭스(Roxane Rix) 등 유럽과 남미, 그리고 미국에서 온 다수의 참가자가 모였다.

그 이후에도 미국, 유럽, 남아메리카에서 연이어 훈련 세션을 계속 제공

---

3   〈베르나르다 알바의 집〉은 혹서의 여름이 배경인 1930년대 초 스페인 남부 안달루시아 지방의 한 마을에서 두 번째 남편의 급사로 졸지에 가부장이 되어 8년 상을 치르는 어머니 베르나르다와 그녀의 삼엄한 통제 속에 살아가는 미혼의 딸 5명이 가문의 체면을 유지하기 위하여 본능을 억제하면서 살아가는 비극을 묘사한 것으로 절제, 고립, 강요, 호들갑, 분노, 갈등, 대립 등 다양한 정서가 표현되는 작품이다. 우리나라 대학교의 연기 관련 학과에서 자주 공연하는 작품이다.

했다. 1995년 블로흐는 처음으로 미국의 록산 릭스와 칠레의 솔랑주 두란(Solange Durán)에게 독립적으로 교육할 특권을 부여했다. 1997년 '알바 이모팅 주식회사(Alba Emoting Inc.)'가 만들어져 북미의 웹사이트를 통해 최초의 '인증 시스템'을 개시했다. 같은 해 후안 파블로 칼라프스키(Juan Pablo Kalawski)도 심리치료 분야에서 이 방법을 적용하는 논문을 발표했다.

알바 이모팅의 교육 수요가 지역·분야 면에서 확산되자 교육 확대, 인증 사업, 교육 프로토콜과 어휘 정립 등을 위해 2013년 6월 국제 조직인 '알바메소드협회(the Alba Method Association)'가 세워졌다. 창립 회원은 퍼트리샤 앤젤린(Patricia Angelin), 하이럼 콘래드(Hyrum Conrad), 로코 달 베라(Rocco Dal Vera), 후안 파블로 칼라프스키, 낸시 로이츠, 록산 릭스, 엘리자베스 타운센드(Elizabeth Townsend), 브랜트 워즈워스(Brant Wadsworth) 등이었다.

3. 알바 이모팅의 원리와 구조

요컨대 '알바 이모팅'은 인간의 기본 정서를 의식적으로 유도하고 표현하고 변화시키는 정신 생리학적 기법이다. 배우들은 여섯 가지 기본 정서(분노, 공포, 슬픔, 기쁨, 에로티시즘, 다정함)를 바탕으로 호흡-자세-안면 효과기(effector)의 강도와 조합을 다채롭게 구성한 패턴에 따라 연기할 수 있도록 훈련하기에(Bloch et al., 1987: 1~19), 정서의 생리적 요소를 촉발하는 호흡-얼굴-자세 동작을 조정·조작하며 의도한 대로, 또는 마음대로 정서를 불러일으킬 수 있는 체계다(Beck, 2010: 141~156). 알바 이모팅에서 '스텝 아웃(step-out)'은 신체 운동과 심호흡을 통해 배우를 중립적인 감정적·육체적 상태로 되돌려 놓는 정서 유도 기법을 말한다.

알바 이모팅의 정서 발산 체계와 효과기 패턴은 다음과 같다.

〈그림 4-1〉 알바 이모팅의 정서 발산 체계와 효과기 패턴

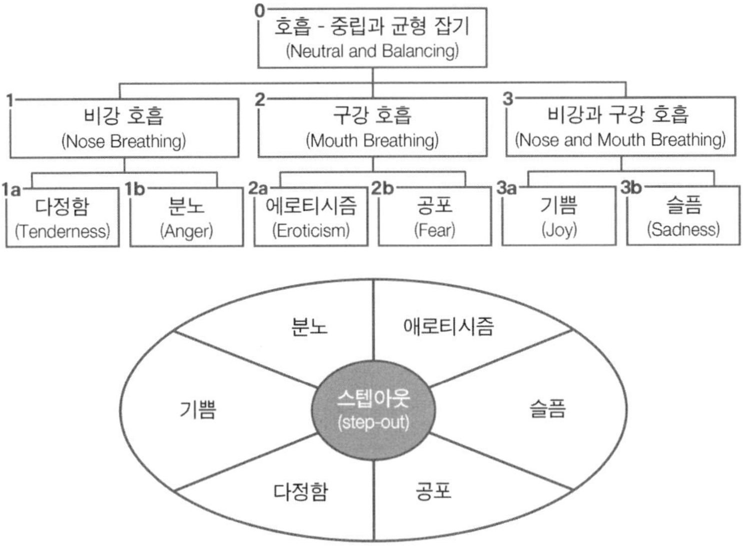

```
                    0 ┌─────────────────────┐
                      │ 호흡 - 중립과 균형 잡기 │
                      │ (Neutral and Balancing) │
                      └─────────────────────┘
```

| 1 비강 호흡 (Nose Breathing) | 2 구강 호흡 (Mouth Breathing) | 3 비강과 구강 호흡 (Nose and Mouth Breathing) |

| 1a 다정함 (Tenderness) | 1b 분노 (Anger) | 2a 에로티시즘 (Eroticism) | 2b 공포 (Fear) | 3a 기쁨 (Joy) | 3b 슬픔 (Sadness) |

분노　애로티시즘
기쁨　스텝아웃 (step-out)　슬픔
다정함　공포

자료: Baker(2008.7.13; 2010).

알바 이모팅은 배우가 자신의 정서적 영감을 스스로 조정·통제·제어함으로써 작품의 작가와 연출자가 추구하는 정서를, 또 배우와 관객이 감동적으로 느낄 정서를 절묘하게 이끌어낼 수 있기 때문에 매우 효과적이다. 다양한 연기 리허설에 활용할 수 있고 정서 탐색 기법도 접목할 수 있어 작품 제작 현장에서 활용도가 높다. 이 기법은 공인 트레이너의 도움, 스텝아웃 절차, 정서 효과기 패턴의 적용을 통해 배우가 다양한 정서에 지속적으로 접근하도록 하는 체계다.

따라서 이를 적용해 연기의 정서를 표현할 경우 배우들이 작품 출연 전후 종종 겪는 네 가지 주요 문제인 '정서 납치(emotional hijacking)', '감정 숙취', '정서 경색(emotional blockage)', 희미하고 불완전하며 일관성이 없거나 혼합된 감정으로 가득 찬 '정서 기억(emotional memories)'을 해결해 주기에 안전하다(Baker, 2008.7.13).

이런 기능은 주로 편도체(扁桃體, amygdala)와 관련이 깊다. 인간의 대뇌 피질 체계 내에서 대뇌변연계에 존재하는 아몬드 모양의 뇌 부위로서 감정 과 정서의 조절, 공포·불안의 조절·학습·기억에 중요한 역할을 하는 편도 체는 우리 정서를 이끌어 내는 선장 역할을 한다. 아울러 뇌의 측두엽에 위 치해 장기적 기억과 공간 개념, 정서적 행동을 조절하는 역할을 하는 해마 (海馬, hippocampus)와 함께 정서적 기억을 만들어낸다.

수사나 블로흐가 말한 정서 표현의 저해 및 방해 요소들의 개념을 살펴 보면 다음과 같다.

첫째, '정서 납치'는 배우가, 또는 배우가 아닌 일반인이 정서를 표현하 는 중 특정한 생각과 정서가 기제를 주도함으로서 그 정서에 휘둘리는 것 을 뜻한다(Monteressi, 1998). 정서 납치는 사람이 내적인 기제를 다른 정서로 전환하거나 다른 정서가 파고들 틈이 없어진 상태다.

둘째, '감정 숙취'는 감정을 압도하거나 과잉 자극하거나 감정을 처리하 고 반응하는 데 한계에 도달했을 때 나타나는데, 주로 감정적으로 지치거 나 쇠약해진 후 아침에 피곤한 상태로 일어나는 듯한 느낌이다(Geer, 1993: 147~158). 장기간의 스트레스, 말다툼, 깊은 슬픔, 불행한 패배, 이별, 강한 후회의 감정, 상반된 감정(갈등적인 감정)의 지속, 충격적인 사건에 의해 촉 진된다.

셋째, '정서 경색'은 특정 감정의 가치를 경시하고 특정한 감정과 생각, 우리 존재의 여러 측면 가운데 하나의 가치를 극단적으로 강조할(즉 활성화 할) 때, 뇌의 방어 메커니즘(장벽)으로 인해 정상적으로 감정을 느끼지 못하 는 상태를 말한다(Adams, 1989).[4]

넷째, '정서 기억'은 배우 등 인간이 자신이 겪은 특정한 경험의 측면이

---

4 이와 유사한 개념인 '감정적 차단(emotional blocking)'은 종종 극단적인 공포와 관 련되어 극단적인 감정으로 인해 사고와 말이 막히고 다른 반응이 억제되는 것을 말 한다.

나 경험적 사실들을 의식적으로 기억하는 능력을 뜻하는데, '감정적인 반응을 불러일으킨 경험의 기억'의 줄임말이다(Kensinger and Murray, 2012).

지금부터는 이 기법의 개발자인 수사나 블로흐가 스스로 밝힌 알바 이모팅의 구체적인 원리와 메커니즘(Bloch, 1993: 121~138)에 관해 살펴본다.

블로흐의 연구 결과에 따르면 '정서'는 보통 심리학적, 표현적, 주관적 요소가 조화를 이루지만, 표현적 구성 요소가 주관적 수준에서 의도치 않게 분리되는 경우도 종종 생겨난다. 눈은 웃는데 얼굴은 분노한 연기를 해야 하는 배우의 경우처럼 표현과 정서를 의도적으로 분리해야 하는 일이 생길 수 있다.[5]

개인이 경험하는 정서는 개인의 고유한 역사(과거의 행복감, 슬픔 등)에 따라 특별한 인식이나 의도가 없는 채로, 단지 무언가를 생각하는 것만으로도 '정서 각성'[6]으로 이어져 갑자기 어떤 정서(가령 슬픔이나 분노)에 빠질 수 있다. 이 경우 얼굴 표정, 시선 방향, 신체 자세(감정의 표현 요소) 및 내장 기능의 특정 변화(심박 수의 증가, 위의 수축, 피부가 붉게 변하거나 창백해짐)와 호흡 가속 같은 변화를 동반한다.

메소드 연기는 이러한 정신 상태의 활성화를 토대로 한다. 강력한 대뇌 자극을 통해 배우가 연기할 때 실제 배역처럼 되살아나거나 그와 같은 정서적 상황을 상상하도록 요구하는 기법이다.

블로흐는 1970년 칠레 산티아고에서 신경생리학자 가이 산티바에스, 극장 감독 페드로 오르토스와 함께 '정서'를 주제로 한 연극배우 대상의 학제 간 연구를 시작했다. 이 연구의 목적은 온전히 정서적 상태 그 자체에 집중해 정서 유지 중에 존재하는 생리적·표현적 활성화의 일부를 해당 주관적 경험과 연관시키는 것이었다.

---

5 이를 전문용어로 '자발적 해리(voluntary dissociation)'라 칭한다.
6 정서 각성(emotional arousal)은 내부 자극에 의해 뇌의 신경이 활성화한 상태를 의미한다.

인간은 자발적 상황에 따라 분노, 공포, 슬픔, 기쁨, 에로티시즘, 다정함이라는 여섯 가지 기본 정서를 갖는데, 이를 '기분(moods)'이라고 칭하기도 한다. 블로흐 등은 이런 각각의 정서가 해당 시간에 계속 유지되고 그 반응은 대부분 각각 웃거나, 울거나, 공격하거나, 탈출하거나, 애무하거나, 시시덕거리거나, 사랑을 나누는 등의 행동으로 바뀔 것이라는 가설을 확인하기 위해 실험에 착수했다.

처음 연구에서 이들은 배우가 표출하는 정서 각성은 각각의 정서에 따른 특정 호흡, 자세 및 얼굴 변형의 조합적 결합을 동반한다는 것을 관찰했다. 쉽게 말해 정서는 호흡의 특정한 패턴, 얼굴 표정, 근육 긴장의 정도, 자세 태도와 관련이 있다는 것이다. 또 특정한 정서 상태가 지속되는 동안 호흡 리듬, 표현 태도(얼굴과 자세 모두) 및 주어진 주관적 경험 사이에 고유한 상호 의존성이 있음을 확인했다. 연구자들은 연구 결과를 토론한 다음, 이러한 조합적 결합을 '정서 효과기 패턴'이라 칭했다.

정서 효과기 패턴 연구에 따르면 자연적·자발적인 정서가 표출되는 동안 뇌가 활성화하며 복잡한 신경근, 내장 및 신경 내분비에서 일부 반응이 나타나지만, 그것을 자발적으로 조절할 수 있다고 보았다. 자발적으로 조절되는 것은 임의로 재생산할 수 있는 신체 요소(호흡, 자세 태도, 얼굴 표정)를 포함한다.

자세 태도(postural attitude)를 분석했더니 여섯 가지 기본 정서는 근육 강직성의 정도인 '긴장/완화(tension/relaxation)'와 근육이 앞으로 나아가거나 후퇴하는 특성인 '접근/후퇴(approach/withdrawal)'라는 두 가지 축 내에 위치했다. 분노와 공포는 둘 다 극도의 긴장 상태에 위치하지만 태도를 결정하는 반대 방향에 위치한 근육 그룹에 포함된다.

분노의 경우 근육이 다가서거나 공격할 준비가 되어 있다. 공포는 그 정서의 집중 정도에 따라 근육이 후퇴나 피신을 하고자 준비하거나 동결(경직, 마비 현상)된 것처럼 굳게 되는데, 이는 정서의 발현이 '능동적'인지 '수

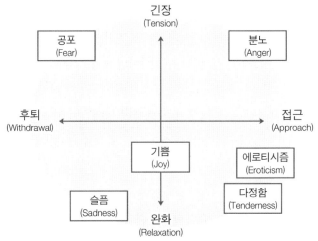

〈그림 4-2〉 근육 긴장축/완화축 및 접근축/후퇴축 관점에서 본 기본 정서

자료: Bloch et al. (1987).

동적'인지에 따라 달라진다. 배우들이 흔히 겪을 수 있는 '무대 공포증'은 전형적인 후자(수동적 동결)의 사례다.

호흡(breathing)과 정서 간 관계 분석에서, 정서가 호흡 움직임의 패턴과 복잡성 정도에 따라 달라진다는 것을 발견했다. '정서 효과기 패턴'의 재현 지시를 통해 특정 호흡 패턴, 원형 자세 태도 및 특정 얼굴 동작을 모두 자발적으로 제어할 수 있기에, 호흡과 자세를 변화시켜 '비정서적 중립 상태 (non-emotional neutral state)'에 머물게 할 수 있었다. 반대로 호흡을 취하고 자세를 잡는 시간을 각각 길게 하면 정서적인 느낌이나 환기된 이미지가 더 강렬해짐을 확인했다. 어떤 선택적 상황이냐에 따라 특정 정서 상태의 소환(표현)과 통제가 가능하다는 것이 드러난 실험 결과다.

연구자들은 알바 이모팅 연구 과정에서 감정적 패턴을 재현한 사람들이 유도된 정서 안에 머무는 경향이 있음을 발견하고 이를 응용해 배우의 디롤링에 유용한 '스텝 아웃 기법'을 개발했다. 스텝 아웃은 심리 조절을 통한 정서의 중립화(neutralization of emotions) 기법이다.

스텝 아웃은 연기 종료 후 배우에게 '감정 숙취'가 일어나지 않도록 안면 근육을 완전히 이완하고 자세를 변화시킨 뒤, 최소 세 번 느리고 규칙적이며 깊은, 완전한 호흡 주기를 가지며 각각의 정서 재생을 잘 끝내게끔 돕는, 또 이를 통해 심신을 배역과 본래 자아 사이의 '중립 상태(neutral state)'로 가져다 놓는 테크닉을 말한다. 수사나 블로흐 등 연구팀에 따르면 이러한 정서적 각성의 '재설정'은 정서 통제 시스템에 의해 달성되는 정서 활성화(emotional activation) 정도에 따라 다소 시간이 걸릴 수 있다.

4. 스텝 아웃[심신의 중립화] 수련 절차

수사나 블로흐에 따르면 알바 이모팅의 핵심인 '스텝 아웃'(심신의 중립화 처치) 훈련 방법은 다음과 같다(Bloch, 1993: 121~138).

① (배우 등 대상자에게) 신체 워밍업(warming-up)과 일반적인 호흡 운동을 실시하게 한 다음 개별적으로 또는 소규모 그룹으로, 몸을 편안하게 하면서 가능한 가장 '중립적인' 얼굴 표정을 짓도록 요구한다.
② 얼굴이 중립 상태에 이르렀으면 호흡 패턴을 지시하고, 이어서 그에 상응하는 자세와 얼굴 표정을 취하도록 지시한다.
③ 지도하는 교강사가 필요에 따라 정서의 이름을 지정하지 않고 행동을 안내하고 수정한다. 아울러 주관적으로 일어나는 일을 인식하지 못하는 배우에게 무슨 일이 일어나고 있는지 통찰력을 제공하면서 진행한다.
④ 그 이후부터는 지도받는 사람들의 시도 시간이 짧아질 것이기 때문에 소정의 '스텝 아웃' 절차를 엄격히 지키면서 끝내도록 한다.
⑤ 그런 다음 지도한 기존 패턴을 반복하고 호흡 변화에 유의하며 다른 강도와 지속 시간(꼭 2-3분 이상)으로 연습한다.

스텝 아웃 기법 등을 통해 배우들이 여섯 가지 기본적인 정서 효과 패턴을 재현하는 데 숙달되면 물감을 섞어가면서 다른 다채로운 색깔을 구현하듯이 다양한 강도로 정서를 혼합해 '복합 정서(mixed emotions)'를 구현할 수 있다. 대본, 시나리오 같은 극적 텍스트를 분석해(Emotion-based Text Analysis: 텍스트를 정서적인 요소로 해부) 연극, 장면, 캐릭터의 '감정 멜로디'를 구성할 수 있다. 정서 표출의 유동성은 개인이 각 기본 정서에 대해 구체적으로, 또 다양한 호흡 및 근육 패턴을 정밀하게 통제 및 제어함으로써 확보할 수 있다.

5. 알바 이모팅의 장·단점과 비판

알바 이모팅 기법이 지닌 장점은 매우 많아 배우 등 연기를 하는 아티스트들에게 유익하다는 것이 이 기법의 창시자 수사나 블로흐의 견해다. 그의 논문(Bloch, 1993: 121~138)에 명시된 장점은 크게 일곱 가지로 요약할 수 있다.

이 기술로 훈련하면 첫째, 배우는 자신의 정서를 완전히 활성화해 자연스러운 정서 전환의 과정을 따르도록 하는 선택권을 갖게 되어 작품 속 역할 구축이 수월해진다. 객관적이며 분명한 방식으로 정서 표현과 의사소통을 마음대로 통제할 수 있기 때문이라고 한다.

둘째, 정서에 대한 신체 훈련이 몸을 통제하는 역할을 하게 되어 기술에 대해 걱정하지 않고 진실을 추구하며 자유롭게 창작(표현)할 수 있다. 셋째, 신체적 행동(호흡, 자세, 얼굴)을 조절해 정서의 변화를 이끌게 됨으로써 특정 장면에서 분노, 슬픔, 에로티시즘, 나아가 더 미묘한 정서의 표출이나 묘사를 원하는 감독 또는 연출자의 요구에 부응하도록 돕는다.

넷째, 배우들이 특정한 정서를 보다 명확하게 파악하고 빠르고 효율적인 방법으로 그 정서에 들어갈 수 있게 도와 직업적 능력의 핵심인 연기력을 신장시켜 준다. 다섯째, 이 기법을 사용하면 종종 특정 정서가 기억 상태에서 오염·악화·증발·경색되거나 다른 정서와 혼합되거나, 극단적인 경우 존재하지 않게 되는 '개인적인 정서 경험'을 활용할 필요성이 줄어든다.

여섯째, 배우들에게 정서 표현을 위한 기술적이고 통제된 보안 시스템을 제공하기 때문에 무대 공포에 효과적으로 대응하는 등 심리적 보호를 돕는다. 일곱째, 배우의 창의성이나 상상력에 전혀 영향을 미치지 않는 안전한 기술적 지원 체계로서 구현하고자 하는 이미지와 주관적인 감정을 유도하는 감정 네트워크를 활성화해 통제된 방식으로 원하는 정서 표현을 할 수 있다.

그러나 이 기법을 적용할 때는 특별하게 주의해야 할 점도 있다.

이 기법은 마음대로 정서를 조절하고 통제함으로써 정서의 고삐(reins of emotion)를 잡을 가능성을 높여주는 데다가 정서적 패턴을 기계적으로 재현하도록 하기에 사람을 '정서 로봇(emotional robot)'[7]으로 만들 우려가 있으니, 이점을 가장 주의해야 한다.

따라서 이 기법을 적용하는 사람은 내면적 성숙도와 덕망, 선의, 지혜가 어느 정도 갖춰진 사람이어야 하며, 학습자와 교사 모두 적용 시 매우 주의 깊게 과정을 준수해 조심스럽게, 또 절차를 존중하며, 감성적인 자세로 사용해야 한다. 아울러 이 기법이 꼭 필요한 경우에만 적용하기를 권장한다.

알바 이모팅 기법의 연극 현장 적용을 검토해 본 역대 연구자들은 그 기법의 장단점을 고루 짚었다. '정서'를 어떻게 해석하느냐에 따라 통용성과 활용도가 달라진다는 것이다. 먼저 장점은 뇌신경과학 원리처럼 정서[8]가

7 　정서 로봇은 감정과 정서를 고유성과 유연성이 없이 단지 기계적, 기능적으로 계산해 표현하거나 그렇게 연기하는 주체를 비유한 말이다.
8 　필자는 'emotion'을 '감정'이 아닌 '정서'가 연기 예술계나 관련 학계의 해석과 통용성에 비춰 더 적합하다고 판단하여 줄곧 '정서'라는 용어로 풀이했음을 밝힌다. 이는 심리학계의 견해와도 상통하며, 필자의 판단 및 견해와도 부합한다.

작동할 때 유용하고 인공지능(AI) 시대에 활용 가치가 상당하다.

정서가 뇌신경 시냅스라는 컨테이너에 '저장'되어 재현할 수 있는 것이라 간주할 때 이 기법은 정서를 재현하고, 끄집어내고, 제시하는 테크닉으로 장점이 있으며, 인공지능(AI, artificial intelligence) 시대에 인공 정서(artificial emotion)를 모델링 하려는 연구자들이 매력을 느낄 만하다(이강임, 2022: 137-196). 정서에 대해 다소 기계적인 접근이 가능한 의미 구조나 환경에서 유용성이 높다는 것이다.

그러나 정서를 인간의 모든 감각은 물론이며 주변의 상황 요인을 모두 반영해 해석체가 맥락을 해석하는 것이라 간주하는 경우, 이 기법의 적용성에 문제가 있다는 호된 비판도 뒤따른다. 정서적 패턴을 기계적으로 재현하도록 하여 사람을 '정서 로봇화'할 우려가 있다는 블로흐의 단점에 대한 자인(自認)과 상통한다. 복합적인 맥락이 작용하는 연기 교육 현장이나 전문 배우들이 활약하는 공연 무대, 촬영 현장에서 전면적인 적용과 활용이 쉽지 않을 수도 있다는 것이다.

알바 이모팅 기법의 활용이 어려운 경우는 특히 '이모션 트러블(emotion trobule)'이 발생한 상황이다. 이모션 트러블은 우리 몸이 과도하게 각성해 흥분한 상태가 되면 어떤 상황에서는 두려움으로, 또 다른 어떤 경우에는 분노로 인지하는 것과 같은 상황이다.

정서는 일견 우리 몸과 환경 간의 거래 시스템에서 생겨나고 만들어진다. 즉 정서는 인간을 둘러싼 상황적·문화적 맥락에 따라 다르게 작동하는 인지적 해석의 산물이거나 각인된 사인(sign)이기에 이모션 트러블이 발생하면 알바 이모팅 기법의 적용이 어렵다는 것이다(이강임, 2022: 137-196). 여기서 강조하는 '인지적 해석의 산물'이란 상황·문화적 맥락의 범위와 영역을 의미하는 스펙트럼(spectrum), 스펙트럼의 미묘한 차이를 나타내는 뉘앙스(nuance), 뉘앙스의 더 세부적인 차이나 색깔에 해당하는 셰이드(shade)가 작동되는 것을 뜻한다.

제5장

디롤링의 처치 원칙과
실행 기법

1. 디롤링 적용 원칙과 기법 개요

디롤링은 배우 등 아티스트의 안전 고려, 부정적 정서 제거, 그 경험의 공유와 성찰, 개인 특성의 통합을 중점으로 설계 및 실시해야 한다(Valente and Fontana, 1994: 3~10). 첫째, 배우의 안전 고려는 연기 종료 후 역할을 제거하는 데 배우의 심신 건강과 안전을 가장 중요하고도 우선적으로 고려해야 한다는 것을 의미한다. 상담 전문가는 내담자로서 아티스트를, 특히 배우를 대한다면, 배우가 부담스러워하지 않도록 '일정한 심리적 거리와 경계'를 설정한 채 배우의 입장에서 상담자가 두렵거나 대하기 불편하지 않은 온전하고 편안한 사람이라는 느낌을 갖도록 유념해야 한다. 아울러 내담자인 배우가 안정감을 느낄 수 있는 안전한 공간에서 디롤링을 도와야 한다.

둘째, 배우가 연기한 작품 배역의 캐릭터에 내재한 부정적인 정서를 방출하거나(discharging) 흘려보내야(shedding) 한다. 그렇지 않을 경우 정신적, 정서적, 신체적 증상이 나타나 건강이 훼손되는 것을 예방하기 위한 것이다(Moreno et al., 2000). 만약 작품에서 맡은 역할에 드리워진 것이 '쓰레기 같은 정서'였다면 '쓰레기 통'을 걷어차는 상상을 할 필요가 있다.

셋째, 경험의 공유와 성찰은 롤링(배역 연기)과 디롤링(배역 탈피) 경험을 동료, 상담자 등과 공유하고 성찰하는 것을 말한다. 여기에서 '공유'는 연기를 종료하는 상상의 의식을 치르며 대화하면서 그간의 경험을 나누는 것이

┃ 디롤링을 할 때 주의해야 할 4가지 원칙 ┃

① 배우의 심신에 대한 안전을 최우선적으로 고려해야 한다.

② 작품 배역의 캐릭터에 내재된 부정적 정서를 제거해야 한다.

③ 롤링과 디롤링 경험을 동료, 상담자 등과 공유하고 성찰한다.

④ 배우의 자질을 내적 통합하고 새 경험을 자아에 동화한다.

자료: Valente and Fontana(1994: 3~10).

고, '성찰'은 제반의 과정을 돌이켜보고 피드백하면서 정리하는 과정을 말한다. 연기 종료 의식은 일종의 '폐회 의식'으로 비유되며, 성찰은 깨달음과 피드백의 과정이라 할 수 있다. 이런 과정을 거치면 동료 배우들과의 사회적 연결망이나 친교 네트워크가 확대될 수 있다.

넷째, 개인 특성의 통합은 디롤링의 의의와 기능이 확장되는 의미를 지니는데, 배우가 보유한 여러 자질을 내적으로 가지런히 통합하고 새로운 경험을 자아에 동화하는 것이다(Stafford, 2005: 1083~1085). 이때 자아의 숨겨진 측면에 대해 주의를 기울이는 것을 빼놓아서는 안 된다.

디롤링의 방법은 모든 상황이나 사람(아티스트)에 맞는 유일한 기술만이 존재하지 않는다. 역할 제거를 수행하는 방법은 다양하다. 배우가 캐릭터에서 벗어나기 어려운 경우도 있고, 상대적으로 수월한 경우도 있는데, 그것은 배우가 몰입한 배역이 지닌 성격의 자질과 특성과 관련되어 있다.

스스로 적합한 디롤링 기법을 선택할 수 없다면 배우 케어 전문 상담사나 드라마 테라피스트의 지도를 받으면 수월하다. 상담자나 지도자 역할을 하는 사람은 내담자인 배우의 특성, 그가 맡은 역할, 처한 심리적 상황에 맞춰 가장 이상적이고 적합한 것을 선택하도록 도와줘야 한다.

지금까지 제시되어 현장에서 활용하는 디롤링 기법으로는 샐리 베일리

원쪽부터 '9 테크닉'을 제안한 베일리와 디킨슨 교수, 'VPPS 기법'을 제시한 발렌테와 폰태나 교수.

와 페이지 디킨슨의 '9 테크닉(Nine Technic)', 루실리아 발렌테와 데이비드 폰태나의 'VPPS 기법' 등이 있다.

공연 및 드라마 테라피 전문가인 미국 캔자스주립대학교 음악·연극·무용대학의 샐리 베일리 교수와 미국 플로리다에 있는 에커드칼리지(Eckerd College) 인간발달학과의 페이지 디킨슨 교수는 2016년 심리 회복 원리에 중점을 두어 디롤링에 적합한 아홉 가지 기법을 개발해 현장 사용을 제안했다. 필자는 기억의 편의를 위해 이들이 개발한 디롤링 기법을 '9 테크닉(Nine Technic)'으로 명명했다.

그것은 ① 스텝 아웃(The Step-Out) 기법, ② 공간 이동(Shifting Spaces) 기법, ③ 배우의 공연 공간과 관객 공간의 분리, ④ 연기 개시 및 종료 의식(Ritual)의 거행, ⑤ 내 이름과 정체성 되찾기(Reclaiming My Name and Identity), ⑥ 캐릭터 벗기(Taking Off the Character), ⑦ 캐릭터를 '친구'로 여겨 형상화하기(Creating and Embodying a Friend), ⑧ 다른 장르의 예술 활용(Using Art), ⑨ 상징적인 소품과 의상 사용(Symbolic Props and Costumes)이다(Bailey and Dickinson, 2016a: 1~18).

드라마 테라피 연구자인 브라질 에보라대학교 예술대학 공연예술학과의 루실리아 발렌테 교수와 영국과 웨일즈의 여러 대학에서 심리학과 교수로 활동한 데이비드 폰태나 박사는 디롤링 기법으로 사용할 도구와 매개체를 기준으로 설정한 네 가지 기법을 개발해 제안했다. 필자는 그 기법을 공부하거나 활용할 이들이 기억하기 쉽게끔 영문 머리글자에서 따와 'VPPS 기법'이라고 명명했다.

　　루실리아 발렌테와 데이비드 폰태나가 개발한 'VPPS 기법'은 ① 언어적 (Verbal) 기법, ② 신체적(Physical) 기법, ③ 소품(Props) 처치 기법, ④ 공간 (Space) 전환 기법이다(Valente and Fontana, 1994: 3~10).

2. 베일리와 디킨슨의 '9 테크닉'

　　공연 전문가인 샐리 베일리와 페이지 디킨슨이(Sally Bailey and Paige Dickinson)이 제안한 '9 테크닉'은 독일의 신경 및 정신 생리학자 수사나 블로흐가 개발한 '알바 이모팅(앞장에서 상세히 다룸)'을 토대로 한 것이다.

　　알바 이모팅은 배우의 정서와 동작 발현 원리를 분석해 그들이 기본 정서를 의식적으로 유도하고 표현하고 변화시킬 수 있도록 개발한 정신 생리학적 기법이다. 샐리 베일리와 페이지 디킨슨의 '9 테크닉'을 다른 연구자들의 관점과 필자의 관점을 덧붙여 재분석해 소개하도록 한다.

1) 스텝 아웃 기법

　　'스텝 아웃(The Step-Out)'은 신체 운동과 심호흡을 통해 배우를 중립적인 감정적, 육체적 상태로 되돌려 놓은 정서 유도 기법이다. 영어 어휘 'Step-Out'은 '벗어난다', '어떤 흐름에서 이탈한다'는 뜻이다. 블로흐는 자신이 개발한 이런 배역 제거 기술을 '스텝 아웃'이라 명명했다.

　　블로흐는 인간의 기본적인 여섯 가지 정서인 분노, 공포, 슬픔, 기쁨, 에로티시즘, 다정함을 유도하는 호흡, 자세, 긴장, 얼굴 표정과 관련된 네 가지 독특한 효과기 패턴을 발견하고 이를 신체 및 호흡 훈련과 연계해 역할 제거에 활용했다. 다른 모든 정서는 각기 다른 이 여섯 가지 정서의 혼합에서 나온다는 믿음에 근거한 기법 창출이다.

스텝 아웃 기법은 배우가 팔을 머리 위로 구부린 자세에서 시작해 손을 깍지 낀 상태에서 머리 위와 뒤로, 그리고 다시 앞으로 움직이며 일련의 깊은 호흡을 천천히 하는 것으로 구성된다. 배우는 서서 뒤로 몸을 굽히면서 숨을 들이마신 다음 숨을 내쉬며 앞으로 몸을 굽힌다. 이렇게 되면 배우는 정서적, 육체적인 면에서 완전하게 '중립' 상태로 환원하게 된다.

하나의 정서·감성 네트워크를 활성화했기 때문에, 반대로 다른 쪽의 정서·감성 네트워크는 비활성화한다는 원리다. 스텝 아웃은 그 효과가 입증된 만큼 많은 유럽 극단들에 의해 채택되어 활용되었다. 그러나 다른 시스템나 기법을 통해 디롤링을 한 배우들의 경우 스텝 아웃 기법을 사용할 경우 유도된 정서를 이전으로 되돌리는 데 어려움을 겪는다는 것이 발견되었다.

2) 공간 이동 기법

배우에게 '공간 이동(Shifting Spaces)' 감각을 숙지시켜 작품에서 역할을 할 때와 그렇지 않을 때를 직감적으로 식별하도록 하는 기법이다. 배우는 작품에서 리허설, 본 공연, 촬영 등 장면 연기 작업을 끝내거나 쇼와 공연을 마칠 때마다 스스로 또 의식적으로, 작품 속 공간과 작품 종료 후 공간을 명확히 구분해 인식하도록 해야 배역의 캐릭터가 쉽게 제거된다.

그것을 스스로 인식하는 것이 더디거나 불가능할 경우 상담사나 지도사의 도움을 받아 두 상태를 분명하게 구분하는 방법을 배울 수 있다. 상담사와 지도사들은 배우들이 이런 문제로 내담할 경우 특정한 작품 세계에서 개인 공간인 다른 세계로, 또는 어떤 특정한 작품 공간에서 사적인 공간으로 이동하는 것을 감각적, 의식적으로 도와야 한다. 연기 전후에 연출가들, 연기 선생님들, 그리고 그런 분들이 없다면 주변의 스태프나 배우가 해당 배우에게 그 자신이 어떤 공간에 있는지 매번 확인시켜 주어야 한다.

연출가와 연기 선생님들은 효과적인 롤링과 디롤링을 위해서 연출 지시나 연기 수업 때마다 연기학도, 배우 지망생에게 "당신은 지금 무대 공간에 있나요, 아니면 관객 공간에 있나요?", "당신은 지금 카메라 앵글(또는 스크린) 속에 있나요, 아니면 객석이나 시청자의 공간에 있나요?", "당신은 지금 캐릭터의 공간에 있나요, 아니면 당신의 개인 공간에 있나요?"라고 묻고 답하도록 하는 습관을 들여야 한다.

페이지 디킨슨이 제안한 '의상실 프로세스(Dress Shop process)'는 배우들이 옷 갈아입기를 통해 즉각적인 공간 이동을 효율화해 작품 종료 직후 배역 제거를 쉽게 하도록 돕는다. 이것은 옷을 갈아입는 의상실의 모습을 디롤링 과정으로 빗대어 하나의 '캐릭터 벗기' 기법으로 체계화한 것이다.

즉 '의상실 프로세스'는 배우가 작품에서 맡은 캐릭터 연기가 끝나면 그간 연기하는 동안에 캐릭터에 맞춰 입은 비유적인 의상을 벗어 던지고 자신만의 개인 공간으로 이동해 정서 전환을 하는 것을 말한다. 캐릭터의 의상이나 분장 가운데 특정한 부분을 남기면 안 되고 완전히 벗어던지고 분장을 지운 채 새로운 의상으로 갈아입어야 한다.

이렇게 되면 배우는 공연이나 촬영이 끝난 후 완전히 자유로운 기분과 신선한 공기로 자신의 심신을 가득 채운 채 새롭고 홀가분한 기분으로 집에 돌아갈 수 있게 된다. 이 경우 배우가 부담이 전혀 없는 매우 편안하고 초월한 듯한 상태를 체험하도록 해야 한다.

악역의 투박한 옷차림과 험상궂은 분장, 성난 캐릭터를 연기한 배우도, 우울한 캐릭터를 맡은 배우도, 갑옷과 칼로 중무장한 무사 캐릭터를 맡은 배우도, 예전에 부인들이 머리를 꾸미기 위해 자신의 머리 외에 다른 머리를 얹거나 덧붙이던 가체(加髢)를 얹은 머리와 몇 겹의 한복으로 무장한 사극 캐릭터를 막 끝낸 배우도, 각각 이런 과정을 거치면 퇴근길이 한결 가벼워져 역할 제거에 성공하는 것이다.

3) 공연 공간과 관객 공간의 분리

배우는 자신이 맡은 작품 속 캐릭터에 생명을 불어넣고자 에너지와 감각을 집중해 자신의 몸과 정서를 이용하기 때문에 공간 감각이 흐려지기 쉽다. 따라서 배우들에게 '공연 공간'은 물리적으로 '관객 공간'과 항상 분리되도록 해야 역할 제거가 수월하다.

인간의 실생활에서 많은 경우 엄격한 공사(公私)의 분리가 강조되는 것처럼, 배우도 신성하고 존엄한 유일한 공간인 '배우의 무대'와 준비, 조정, 휴식이 이뤄지는 '막후의 공간'을 명확히 분리한다는 것이다. 배우로서의 존재(페르소나)와 본래 인간으로서의 존재(페르소나)를 구분해 각각의 독립체를 각인시키는 방법이다. 이런 분리 행위는 디롤링의 실현에 큰 도움이 된다.

이 기법에 따르면 첫째, 배우들은 극장, 스튜디오, 세트장, 야외 촬영지에서 리허설과 촬영을 할 때는 공연 공간인 무대나 카메라 앞에 위치해야 한다. 그러나 감독, 연출자, 촬영감독 등이 메모를 하거나 연기 보완 의미의 연출 지시를 하는 경우, 배우가 이를 수용해 교정하거나 미팅 작업을 할 경우에는 관객석에 앉거나 다른 방으로 가야 한다. 방이 없는 야외 촬영(location)의 경우 가설한 천막이나 대기 차량의 안으로 들어가는 것이 권장된다.

둘째, 배우가 무대에 오르거나 촬영을 할 때는 반드시 배역 캐릭터의 이름을 불러주고 그것이 끝나면 본명(실제 이름)을 불러줘야 한다. 이렇게 되면 배우에게서 캐릭터상의 자아와 본래 자신의 자아가 명확하게 분리된다. 따라서 감독을 비롯한 연출자들은 배우가 공연하거나 촬영에 들어가면 캐릭터의 이름으로 부를 수 있지만, 배우가 무대나 카메라 동선 밖에 있을 때면 실명으로 호칭해야 한다. 이런 원칙은 배우 상호 간에도 똑같이 적용된다.

연극과, 연극영화과, 미디어영상연기학과 등 배우를 꿈꾸는 연기학도를 양성하는 대학이나 예술계열 중·고교의 관련 학과에서는 지도 교사가 항상 연기나 공연을 하는 '무대 공간'과 '대기 및 휴식 공간' 경계의 바닥에 '테이프'를 붙여놓고 공간을 분리하는 훈련을 시켜야 한다. 일종의 '선(line)을 넘지 않기' 훈련인데, 이를 통해 디롤링을 숙달할 수 있다.

이렇게 되면 배우의 내적인 의식 체계에서 연기 영역과 사적인 영역이 명확하고 독립적으로 정의되고, 이와 함께 공간 분리가 촉진된다. 공간의 분리는 정서의 전환으로 이어진다. 연기 지도 교수나 교사들은 이런 설정과 훈련이 왜 필요한지 충분하고 명확하게 설명해 줄 필요가 있다. 감독이나 교사는 배우와 다른 출연자들의 마음뿐만 아니라 그의 마음속에 배우와 캐릭터를 분리하는 독립체를 유지하는 방식으로 항상 말할 필요가 있다.

4) 연기 개시 및 종료 의식의 거행

배역 인입에 이어 배역 제거를 수월하게 하려면 공연이나 촬영 전후에 엄숙한 의식(儀式, ritual or ceremony)을 치르는 것이 권장된다. 현실 상황(개인 공간, 카메라 앞, 무대 밖 공간의 나)과 극적 상황(캐릭터 속의 나, 카메라 밖의 공간, 무대 위 공간)을 엄격하게 구분하는 의례를 거행하는 것이다. 이것은 드라마 테라피스트들이 사용하는 '개폐회 의식(opening and closing ritual)'을 적용한 디롤링 기법이다.

배우들은 공연이나 촬영에 들어가기에 앞서 상상의 나래를 펼쳐 자신을 향해 주문을 외듯이 "지금 저는 공연 또는 촬영에 들어가는 의식을 거행하겠습니다"라고 말하며 의식을 치르고, 공연이나 촬영이 끝나면 "지금 공연 또는 촬영을 마치는 의식을 거행하겠습니다"라는 의식을 치르면 역할 제거가 수월해진다. 의식의 대상은 신(神)으로 설정하고 자신과 신의 대화를 통해 경건한 마음으로 성스러운 연기 돌입을 알리며 다짐을 하는 것이다.

우리나라 곳곳에 전래하는 전통 의례인 '고유제(告由祭)'를 올리는 방식과 유사하다. 고유제는 우리나라에서 국가, 왕실, 사회, 가정에서 일상으로 행하던 의례의 하나로서, 각각의 사회나 공동체, 소속한 조직 및 단체에 큰일이 있을 때 관련 신령님에게 그 사유를 알리는(고하는) 제사를 지칭한다. 조상과 신령은 인간의 생존을 좌지우지하는 동시에 인간의 행복과 불행을 함께 한다는 믿음이 제도로 정착된 전통의식이다.

특히 가정의 관혼상제(冠婚喪祭)에 대한 예법인 가례(家禮)에서는 '유사즉고(有事則告)'라는 말처럼 '일이 있으면 (반드시) 고(告)한다'는 원칙을 실천해 왔다. 그 대상이 된 '일'은 사후에 관료의 직급이나 품계를 올려주는 추증(追贈), 적장자의 탄생, 지방 관리로 전근, 작고하신 부모의 생신, 관례·혼례, 사당의 개보수, 이사, 집들이 등이었고, 알리는 방법은 집을 드나들 때 고하는 방식의 의례와 제사 형식을 갖춘 의식이었다.

드라마 테라피스트들은 실제로 상담을 시작할 때 내담자들에게 원을 그리고 자리에서 일어나 서게 한 다음 그 천장을 향해 손을 뻗어 '상상의 커튼 (curtain of imagination)' 또는 '소품이 담긴 상자'를 바닥으로 끌어내리도록 한다. 드라마 테라피스트들이 마치 주술사처럼 "상상의 커튼이나 상자를 내려오라고 하거나 그렇게 하도록 흥얼거리세요"라고 외치면 내담자들은 놀이 공간인 그 상상의 커튼 안으로 들어간다. 상자가 아래로 당겨지면 내담자들이 상자 안으로 손을 뻗어 상상의 의상이나 상상의 소품을 꺼낸다.

마지막에는 내담자들에게 모두가 다시 원(circle)을 그리고 서서 커튼의 끈을 당기거나 상자를 천장으로 밀어 올리는 무언극(pantomime)을 하면서 "상상의 커튼이나 상자를 당기거나 흥얼거려라"라고 입을 모은다. 드라마 테라피스트들의 이런 지시는 배우의 연기 공간 진입과 맡은 배역의 페르소나 전환을 수월하게 하는 효과를 발휘하는 것으로 본다.

'상상의 장막'과 '현실의 장막'의 설정을 통한 적응 훈련은 배우들에게 매우 신속한 공간 이동과 명확한 공간 분리를 촉진한다. 배우들이 이런 훈련을 습관화한다면 분위기가 전환되어 디롤링이 훨씬 수월해질 것이다. 아울러 종교를 가진 이들은 자신이 숭배하는 신에 대해 이런 의식을 마음속으로 올리며 연기 돌입과 배역 탈출을 시도한다면 매우 자연스러울 것이다.

5) 내 이름과 정체성 되찾기

이 방법은 리허설, 공연, 촬영이 끝나면 자신이 연기했던 캐릭터의 이름을 떨치고 자신의 본명을 호명하며 본래의 자아로 돌아오는 기법을 말한다. 하나의 상황을 가정하면 KBS 드라마 〈태종 이방원〉에 이방원 역으로 출연한 주상욱 배우가 촬영 종료 후 "나는 더는 이방원이 아니야, 나는 이제부터는 주상욱이야!"라고 외치며 역할에서 벗어나는 방식이다. 자신의 본래 정체성으로 돌아가는 가장 유효한 방법 가운데 하나는 이름을 바꿔 부르거나 부르게 하는 것이다. 보다 더욱 확실하게 디롤링을 하려면 이름 (호칭) 바꿔 부르기 이상의 기법이 동원될 수도 있다.

연기 종료 후 자신이 작품에서 맡은 캐릭터 이름에서 본명으로 일상을 환원하는 것은 가장 일반적인 정체성 전환 방법이다. 여기에 캐릭터의 특성과 본인의 특성을 대조하며 변환을 꾀하는 것이 더욱 효과적이다. 이 경우 가족, 친구, 동료 등 주변인들도 작품 속 캐릭터 이름을 부르지 않도록 협조해야 한다.

미국에서는 산드라 밀러(Sandra Miller)라는 배우가 테너시 윌리엄스 (Tennessee Williams) 원작의 연극 〈욕망이라는 이름의 전차(A Streetcar Named Desire)〉에서 블랑슈 뒤부아(Blanche DuBois)를 연기하고 난 뒤에 디롤링 장애에 시달리는 것을 가정해 자기 이름을 부르며 자아의 정체성을 되찾는 해법을 예시했다. 그가 맡은 역할인 블랑슈는 몰락한 남부 대농장주의 딸로서 거칠고 난폭한 시동생 때문에 미쳐버리는 캐릭터다.

이를테면 그는 리허설을 마칠 때마다 1단계로 "나는 더 이상 블랑슈가 아닙니다! 저는 산드라 밀러입니다!"라고 말하며 탈 배역을 시도할 수 있다. 그보다 더욱 확실한 효과를 보기 위해 2단계로 "나는 블랑슈를 데려가고, 그를 여기에 남겨둘 거야! 나는 이제 나 자신으로 돌아왔다! 나는 산드라 밀러입니다!"라 반복적으로 외침으로써 완전한 수준의 디롤링에 이를 수 있다(Bailey and Dickinson, 2016b).

드라마 테라피스트들은 작품 속 캐릭터와 반대로 특성을 설정해 외치면서 움직임과 공간을 차별화하여 그 캐릭터와 이별할 것을 권고한다. 큰 원 (circle)을 그리고 작품 속의 캐릭터에 대해 말할 때는 원의 안쪽을 향해, 자신에 대해 말할 때는 원의 바깥쪽을 향해 몸을 돌리면서 "잘 가라, ○○(캐릭터 이름)야!" 또는 "○○(캐릭터 이름)야, 잘 가라!"를 외치며 작별 의식을 해야 한다는 것이다.

일례로 지략과 미모로 파란만장한 삶을 산 '희빈 장씨'의 이야기를 다룬 역사 드라마에서 어떤 여배우가 희빈을 연기할 경우 자신의 정상적인 일상 회복을 위해 디롤링 하려면 "희빈은 난폭합니다. 그러나 저는 온순합니다", "희빈은 간교합니다. 그러나 저는 착합니다", "희빈은 민감하고 기민합니다, 그러나 저는 둔감합니다"와 같이 자신이 연기하고 있는 캐릭터와 정반대의 이항대립식을 설정해 외쳐야 디롤링이 수월하다는 것이다. 이항대립(binary opposition)은 두 가지의 대립적인 요소가 한 짝을 이루는 것을 뜻한다.

6) 캐릭터 벗기

배우가 신체 훈련과 감정의 전환을 통해 직접 능동적으로 캐릭터를 씻어내는 기법을 말한다. 근본적으로 배우가 캐릭터에서 물리적으로 벗어나는 가장 손쉬운 방법은 '열린 소리(open sound)'로 목소리를 내서 캐릭터를 털어내는 것이다. 그러기 위해서는 먼저 근육을 느슨하게 하고, 자세를 바꾸고, 신체적으로 캐릭터의 신체성(身體性)으로부터 휴식을 만든다.

일단 근육이 바뀌면 근육이 느슨해지는 느낌으로 점차 이완되면서 정서도 자동으로 바뀔 것이라는 원리에서 출발한 기법이기에, 정서적인 영감의 제어를 바탕으로 하는 알바 이모팅과도 상통한다. 만약 배우 자신에게 캐릭터가 매우 강하게 붙어 있다면 그 사로잡힘을 해소하기 위해 캐릭터를 떼어내는 무언극을 할 수 있다. 디롤링 과정으로써 대사 없이 표정과 몸짓만으로 내용을 전달하는 연극을 선보이는 것이다.

배우가 말끔하게 캐릭터를 씻어내려면 알바 이모팅 원리에 따라 호흡-자세-안면의 이완을 먼저 시도하면서 정서 변화를 추구해야 한다. 신체 근육과 감각이 누그러지고 휴식 상태가 된 후 다른 분위기를 느끼면서 디롤링이 이루어지는 원리다. 배우는 공연이나 촬영 후 캐릭터의 외피(外皮)를 가지고 갈 것이 아니라 그것을 촬영 공간에 완전히 남겨둬야 한다.

만약 이와 같은 캐릭터 털어내기로 디롤링이 충분하지 않다면 자신의 몸이 머리부터 발끝까지 지퍼가 달린 캐릭터의 몸체로 상상한 뒤 기다란 지퍼를 열고 캐릭터의 몸을 꺼내 잘 접어서 상자 속에 담아둬야 한다. 창고에 입고시켜 두는 상상을 해라. 그 캐릭터의 몸을 배우 자신의 주머니에 집어넣거나 자신의 집으로 가져가는 것은 금물이다. 그것은 다음 리허설, 공연, 촬영이 있을 때까지 극장이나 스튜디오에 두는 게 옳다.

캐릭터가 잘 씻겨나가지 않으면 이런 압박 작전도 시도하는 것을 상상해 보자. 상상으로 설정한 '소방 호스'를 사용해 배우의 캐릭터를 청소하도록 하고, '캐릭터 세탁기'를 작동시켜 말끔하게 씻기도록 시뮬레이션을 하는 것이다. 캐릭터 세탁기에 들어가는 것은 배역의 캐릭터가 되는 것이고 세탁기를 돌린 후에는 개인 본연의 자아로 환원되는 것이다.

7) 캐릭터를 '친구'로 여겨 형상화하기

배우들이 대본을 받은 다음 자신이 공들여 만들어 연기하는 배역의 캐릭터가 자신의 '친구(friend)'라고 인식하면 디롤링이 매우 수월하다. 이름하여 '캐릭터를 친구로 여겨 실제 그런양 인식하는 기법'이다. 이를 테면 배우는 친구와 닮거나 친구를 흉내 내고자 의식적으로 의상, 가발을 착용하고 메이크업을 하며 친구의 화신을 자신에게 인입하고자 연습하고 연기하게 되는 것이다. 작품 공연이나 촬영이 끝나면 그 과정을 뒤집어 그 친구의 캐릭터를 말끔하게 씻어낼 수 있기 때문이다.

이 기법의 절차와 방법은 다음과 같다. 첫 번째, 배우는 작품에 캐스팅이 이뤄져 연기 연습을 시작할 때부터 맡은 배역의 캐릭터를 새로 사귈 '친구'로 설정해 실존하는 것처럼 생각한다. 두 번째, 배우는 자신이 맡은 캐릭터의 역사를 주의 깊게 훑어보면서 천천히 관계를 진전시킨다.

세 번째, 배우는 캐릭터의 어떤 부분과 요소가 실제 자신의 자아와 비슷하고 어떤 부분이 다른지 면밀하게 살피고 파악하면서 관계를 진전시킨다. 친구와의 관계 진전은 친구(작품 캐릭터) 역할에 들어가는 과정이다.

네 번째, 배우는 공연이나 촬영이 끝나면 의식적이고 체계적으로 그 캐릭터를 벗겨내거나 씻어내고 자신의 실제 모습인 자아로 변신한다. 마지막으로 다섯 번째, 배우는 친구인 그 캐릭터에게는 다음 공연까지 "안녕히 계세요" 또는 "편안히 쉬고 계세요"라고 작별 인사를 고한다.

이런 다섯 단계를 거치면 해당 배우는 자신이 연기한 그 캐릭터가 절친한 관계이기는 하지만 엄연히 자기와 타자 관계로서, 내가 아닌 친구이기에 내 몸에 붙이거나 내 영혼에 담아 함께 귀가하지는 않을 것이다. 결국 역할의 분리가 쉽게 이뤄지는 것이다. '캐릭터를 친구로 인식하는 기법'은 탤런트 에이전트 출신의 여성 공연 전문가 오브리 어번(Aubrey Urban)이 직접 리허설을 거듭하며 개발한 것이다.

오브리 어번은 JCCC 극장(Johnson County Community College Theatre), 배링턴 스테이지 컴퍼니(Barrington Stage Company), 버크셔 연극제(Berkshire Theatre Festival), 트리니티 레퍼토리 컴퍼니(Trinity Repertory Company), LA 레드캣(LA's REDCAT)에서 연출, 무대, 행정 전문가로 일했으며 캘리포니아 인스티튜트 오브 더 아트(California Institute of the Arts)에서 프로듀싱을 전공해 MFA를 받았다.

그는 현재 존슨 카운티 커뮤니티 칼리지(Johnson County Community College) 교수로 일하고 있다. 2018년에는 JCCC에서 수여하는 리버만 교육 우수상(Lieberman Teaching Excellence Award for Adjunct Faculty)을 받았다.

8) 연기 이외의 다른 장르의 예술 활용 기법

배우가 맡은 캐릭터에 대한 디롤링이 쉽지 않을 때는 예술이나 예술적 과정을 활용하는 것이 권장된다. 연기자가 연기 이외의 다른 장르 예술을 활용하거나 취미로 삼는 일은 역할을 제거하는 데 매우 용이하다. 배우는 작품에 돌입한 과정에서 음악을 즐기거나 그림 그리기를 통해 배역 제거를 할 수 있다. 노래 부르기, 연주, 낙서, 일러스트, 스케치, 유화 그리기, 시 쓰기, 에세이 쓰기 등도 유용하다.

배우 김규리, 김유정, 박기웅, 솔비(권지안), 원빈, 윤영주, 정은혜, 하정우, 하지원은 그림을 그리고 있다. 가수에 이어 뮤지컬배우로 활동 중인 리사(정희선)는 홍익대 서양화과 전공자로 종종 전시회를 여는 전업 작가의 범주다. 2003년 「사랑하긴 했었나요」라는 곡으로 데뷔해 인기를 누리다가 몇 년 전부터는 뮤지컬배우로 활동하며 그림 그리기를 통해 디롤링을 하고 있다.

배우 가운데 대표적으로 하정우는 일상에서 즐기고 경험한 대중문화 소재들을 활용해 추상화를 그려 높은 그림값을 받으며 디롤링을 겸한다. 윤영주는 뛰어난 드로잉과 그림 실력을 토대로 그간 작품을 준비해 유네스코 협력 기구인 국제조형예술협회(IAA)와 IAA한국위원회가 2025년 1월 16~19일 서울 코엑스에서 개최한 전시회 '월드아트엑스포 2025'에 참가했다. 그는 대학에서 산업미술을 전공한 뒤 1985년 KBS 11기 공채 탤런트로 데뷔해 KBS2 드라마 〈서울 뚝배기〉, 〈명성황후〉, SBS 드라마 〈은실이〉, JTBC 드라마 〈인수대비〉 등에 출연했다. 김규리는 그림을 수련한 후 '호랑이'와 '달항아리' 등을 모티브로 한 동양화를 채택해, 내재된 강렬한 예술성과 에너지를 표출 중이다. 김규리는 영화 〈미인도〉에서 화가 신윤복을 연기하며 동양화를 배운 것을 기회로 삼아 꾸준히 수련해 2017년 화가로 데뷔했다.

울산예술고를 나온 걸그룹 걸스데이 출신 배우 유라(김아영)도 취미로 그림을 그리며 디롤링의 도움을 받고 있다. 유라는 가수가 되기 전에는 미술가를 꿈꿨다고 한다. 배우 원빈도 그림 그리기에 심취해 폴 고갱(Paul Gauguin), 에곤 실레(Egon Schiele) 등 유명 화가들의 그림을 따라 그린 스케치 작품을 2009년 MBC에브리원 〈스타 더 시크릿〉에서 공개해 주목을 받았다.

배우 하지원은 2021년 3월 서울 '시그니처 키친 스위트 청담 쇼룸 4F 아틀리에'에서 개막한 '우행(牛行)_Amulet 展' 전시회를 통해 자신이 배워 그린 소 그림으로 화가에 데뷔했다. 아역 출신 배우 김유정도 틈틈이 자신이 직접 그린 그림을 SNS 등을 통해 공개하고 있다. 드라마 〈우리들의 블루스〉에 영희 역으로 출연했던 발달장애인 연기자 정은혜도 사랑, 온유함, 눈물샘을 자극하는 캐리커처를 그리며 전시회를 열고 책을 썼다.

과거 언론 인터뷰에서 하정우는 "연기를 하다 보니 절실한 감정이 든다. 그 감정을 집에 가지고 와서 그림을 그린다"라고 말했다. 하지원은 "미술은 또 다른 언어다. 제가 하고 싶은 이야기들을 더 자유롭게 표현할 수 있는 것 같다. 드라마나 영화를 작업할 때는 누군가가 되어서 표현을 하는데 캔버스에서는 진짜 제가 이야기를 한다"라고 설명했다.

미국 할리우드에서도 많은 배우가 그림, 조각, 사진 등으로 디롤링을 하고 연기를 넘어선 제2의 예술 세계를 일궈간다. 미국 미술 사이트 '아트넷(artnet)'에 따르면 〈케이블 가이(The cable guy)〉, 〈트루먼 쇼(The Truman Show)〉, 〈배트맨 포에버(Batman Forever)〉, 〈덤 앤 더머 투(Dumb and Dumber To)〉, 〈수퍼 소닉(Sonic the Hedgehog)〉의 배우 짐 캐리(Jim Carrey)는 색상과 스토리가 대담한 풍자만화, 섬세한 미니어처 조각, 화려한 초상화와 추상화에 능통하다(Artnet, 2023.5.15). 그림은 소년 시절부터 배웠다. 트럼프가 표백제를 들이키는 모습, 트럼프가 병역 징집을 피하는 모습, 트럼프가 북한 독재자 김정은과 음란한 관계를 맺는 모습 등을 그린 그의 풍자만화는 소셜미디어에서 뜨거운 찬반 논란을 일으켰다.

〈미녀 삼총사(Charlie's Angels)〉, 〈미녀 삼총사: 맥시멈 스피드(Charlie's Angels: Full Throttle)〉, 〈킬 빌: 1부(Kill Bill: Volume 1)〉, 〈샤잠! 신들의 분노(Shazam! Fury of the Gods)〉 등에 출연한 루시 리우(Lucy Liu)는 대담한 표현주의 회화와 콜라주는 물론이고 사진 촬영, 서예를 즐긴다. 2019년 싱가포르 국립박물관 전시를 포함해 1990년대 초부터 거의 매년 갤러리 전시회를 열고 있다. 〈캐리비안의 해적〉 시리즈에서 잭 스패로 역으로, 〈잔 뒤 바리

(Jeanne du Barry)〉에서 루이 15세 역으로 출연한 조니 뎁(Johnny Depp)은 밥 말리(Bob Marley), 히스 레저(Heath Ledger) 등 예술계의 셀럽을 그리는데, 구글에서 상위 트렌드를 차지하기도 했다.

영화 〈원초적 본능(Basic Instinct)〉으로 유명해진 배우 샤론 스톤(Sharon Stone)은 코로나-19 팬데믹을 맹렬한 표현을 하는 그림(추상화)으로 이겨내며 자신, 자신의 마음, 자신의 중심을 재발견했다고 한다. 2023년 뉴욕 알루치 갤러리(Allouche Gallery)에서 데뷔 전시회인 '발산(Shedding)'을 개최했다.

앤서니 홉킨스(Anthony Hopkins)는 잉크, 오일, 아크릴을 섞어 강렬하고 질감이 강한 초현실적 화풍을 선보이고 있는데, 2022년 그림 경매 컬렉션에서 대체 불가능한 토큰(NFT) 1000개가 7분 만에 매진되었다. 뉴욕대학교(NYU)와 로드아일랜드예술대학교(RISD)의 예술실기석사(MFA) 출신인 제임스 프랑코(James Franco), 영화 〈제임스 본드(James Bond)〉 시리즈의 피어스 브로스넌(Pierce Brosnan), 〈람보(Rambo)〉 시리즈의 실베스터 스탤론(Sylvester Stallone)도 그림에 심취하면서 배우 생활을 이어가고 있다.

그림을 이용한 디롤링은 연기학교에서도 종종 활용된다. 미국 캔자스 주립대학교 대학원 드라마 치료학과 여학생인 섀넌 개릿슨(Shannon Garretson)의 사례가 대표적이다. 그는 낙태한 여성들과의 인터뷰를 바탕으로 창작한 논픽션 연극인 〈거의(Almost)〉를 연출할 때, 우주 법계의 온갖 덕(德)을 망라한 진수를 그림으로 나타낸 힌두 또는 불교의 그림인 만다라(曼茶羅, mandala) 그리기를 배우들에게 적용해 디롤링 효과를 톡톡히 보았다.

이 연극은 스토리가 매우 끔찍한 편이었는데, 출연진은 그래서 이런 역할을 연습한 후 집으로 돌아가 반추하기를 원하지 않았다. 트라우마가 생기는 것을 우려한 것이었다. 심지어 몇몇 출연진은 이미 낙태를 한 적이 있기에 그 경험에 대해 다양한 긍정적, 부정적 감정을 지니고 있었다. 출연진 가운데 일부는 낙태에 반대하는 종교적·도덕적 신념이 강한 반면, 다른 일부는 여성의 선택권을 믿었기에 캐릭터를 대하는 태도가 달랐다.

섀넌 개릿슨은 고강도 리허설을 거듭한 배우들이 그들의 캐릭터를 너무 깊이 내재화해 문제가 심각하다는 것을 발견했다. 그래서 따라서 역할을 제거하기 위해 그는 내면 깊숙이 도달할 수 있는 기술을 사용할 필요가 있었다. 개릿슨은 각각의 출연자들에게 격렬한 리허설이 끝난 직후 크고 빈 원이 그려진 하얀 종이 한 장을 주고 무의식적인 정서를 마음껏 표출하며 컬러 마커로 만다라를 그리게 했다.

그 다음 그 그림을 연기 리허설 공간에 두게 한 후 공연이 최종적으로 끝날 때까지 집으로 가져가는 것을 허락하지 않았다. 배역이 분리되는 것을 돕기 위한 것이다. 배우가 연기를 할 때 예술적 수단을 활용해 무의식적인 정서를 비언어적으로 처리하고 표현하도록 하여 디롤링을 하게 한 것이다.

9) 상징적인 소품과 의상 사용

배우가 작품을 할 때 작품 종료 후 캐릭터에 대한 감정적 애착이 강한 소품이나 의상을 '대리인'에게 사용할 것을 제안하고, 그에게 배우의 역할을 부여해 배우와 대상을 동시에 제거하는 방법이다. 배우는 관련 소품이나 의상을 제3자(연출가, 상담자 등)에게 건네고, 제3자는 그것을 배우가 보지 않게 처리하며 소품이나 도구에 대한 감정적 연관성을 완전히 배제함으로써 본래의 역할을 떨치게 하는 원리다.

일례로 미국과 남미에서 수십 년간 청소년들을 치료했던 드라마 치료 전문가인 마리오 코사(Mario Cossa)는 그의 책 『이유 있는 반항: 액션 기법으로 청소년과 작업하기(Rebels with a Cause: Working with Adolescents Using Action Techniques)』(2017)에서 배우의 디롤링을 위해 배우가 연극에서 사용한 '스카프'를 제3자인 감독 또는 선생에게 건네는 방법을 취했다.

그 배우는 연극에서 사용된 스카프를 들고 "나는 이 스카프로 안티고네 역할을 떠납니다"라고 말했다. 그 다음 배우가 감독(선생님)에게 스카프를 건네고, 감독(선생님)은 스카프를 그룹에서 빼앗아 역할을 떨치게 했다. 기성 연극의 리허설과 본 공연에서 연출·제작진은 소품과 의상이 공연의 본질적 요소로 전달되기를 바라고 활용하도록 하기에, 그것의 탈착 여부가 디롤링을 하는 요소로서 중요치 않게 여겨질 수 있다. 그러나 다양한 장르의 극을 수업하는 교실 연극의 상황에서는, 사용되는 소품 및 스카프나 의상을 배제해 보는 것이 디롤링 실현 측면에서 매우 중요하다.

3. 발렌테와 폰태나의 'VPPS 기법'

발렌테와 폰태나(Valente and Fontana, 1994: 3~10)의 'VPPS 기법'은 언어적 기법, 신체적 기법, 소품 처치 기법, 공간 전환 기법으로 구성된다. 배우 자신이 처치하는 방법과 상담사의 지도나 도움을 받아 적용하는 방법으로 나누어, 각각의 기법을 차례로 상세하게 소개한다.

1) 언어적 기법

배우가 인지적 인식이 온전한 상태에서 자신의 경험을 고백하도록 하여 디롤링을 하게 하는 방법이다. 상담자가 내담자로 온 배우를 도울 경우 자신의 삶에 대해 이야기하도록 하여 본래의 자기 역할로 돌아가도록 지원한다. 상담자는 배우에게 구두로 그가 작품에서 맡은 캐릭터와 반대되는 배역과의 차이점을 각인시키는 역할 제거 훈련을 지원할 수 있다.

일례로 배우가 맡은 역할이 '60대 악역 김 아무개'였다면 "제 이름은 김 아무개가 아니라 박 아무개입니다"라고 말하고 뒤로 물러나도록 지시하고, "저는 60세 남자가 아니라 40세 남자입니다"라고 말하게 한 뒤 뒤돌아서게 하는 훈련을 반복적으로 실시해 디롤링을 도울 수 있다.

2) 신체적 기법

배우가 연기 후 적합하지 않다고 느끼는 신체적, 정서적, 인지적 특성을 명명하고 폐기할 수 있도록 하는 것이다. 신체적 기법은 동작, 신체 움직임, 물체의 사용을 유도해 몸에 스며든 역할 떨쳐내기(shaking off a role) (Moreno et al., 2000; Sternberg and Garcia, 1989)나 "역할 털어내기(brushing off the role)" (Aaron, 2003)를 하는 것이다. 내면의 배역 캐릭터가 휩쓸려가는 모습을 시각화한 것으로, 이 기법에서는 상상 속의 보이지 않는 배역의 에너지나 잔해를 제거하는 것처럼 신체의 사지를 자유롭게 움직이고 흔들 수도 있다.

상담자가 내담자로 온 배우를 도울 때, 배우 자신과 작품 속 배역을 상징하는 '보유(retain)'와 '폐기(discard)'라고 쓴 두 개의 의자를 배치해 한 번에 하나씩 점유하도록 하면서 꺼림칙하거나 원치 않는 것을 버리도록 하는 방법이다. 도로시 랭글리(Dorothy Langley)가 그의 저서 『드라마 테라피 입문 (An Introduction to Dramatherapy)』에서 제시했다(Langley, 2006).

3) 소품 처치 기법

연기할 때 배역과 연관된 내러티브의 일부로 사용한 특정 물건, 장치 등의 소품과 설비는 해당 배역과의 연관성을 나타낸다. 따라서 이를 교체하거나 원래 있던 장소로 치우는 방법이다. 필요할 경우 배우가 입은 의상이나 장신구도 즉시 교체해야 한다. 이렇게 되면 소품의 역할과 기능이 사라져 연상 작용이 중단될 수 있다.

상담자가 배우를 적극적으로 도울 필요도 있다. 상담자는 연기 종료 후 공연, 촬영에 쓰인 소도구를 치우거나 교체하고, 이 방법을 적용해 배우의 디롤링을 도울 수 있다. 이때 교체된 소도구에 대해서는 새롭게 정의된 용도를 내담한 배우에게 상담자가 말로 설명해 줘야 효과를 볼 수 있다.

4) 공간 전환 기법

안전하고 편안한 공간에서 배역과의 이별 작업을 하거나 편안한 공간으로 이동해 디롤링을 하는 것을 말한다. 공간이 안정되어야 혼돈 상태를 벗어나기 위한 주의 집중과 전환을 잘할 수 있다. 내면의 혼란을 탈피하려는 노력에 귀를 기울이기 위해서는 안정된 상태가 필요하기 때문이다.

디롤링을 시도하는 장소가 안전하게 느껴지지 않는다면 새롭게 인입된 캐릭터에서 분리되기 어렵다. 물리적 공간 제어를 통해 불안과 모호성을 제거해야 배역 탈피에 효과를 볼 수 있다(Yalom and Leszcz, 2005).

상담자가 내담자인 배우를 도울 경우 상담 공간을 매우 편안하고 안정되게 꾸며야 한다. 연기 공간이 연상되지 않도록 그곳과 전혀 다른 분위기나 스타일로 설정을 해야 그 자체로 자신이 연기한 캐릭터에서 분리된다.

4. 영국 캐스팅사 '스포트라이트'의 기법

영국 런던의 캐스팅 전문 플랫폼인 '스포트라이트'(spotlight.com)는 '배역과의 이별: 역할을 제거하는 방법'(다섯 가지)을 다음와 같이 제안했다(Garville, "Parting with a part"). 먼저 이들은 연기자가 불안과 우울증에 시달

┌───┐
│   │
│   ▮ '스포트라이트'가 제안한 다섯 가지 디롤링 기법 ▮   │
│   │
│   ① 신체적인 처치와 운동   ② 확실한 연기 종료 행동   │
│   │
│   ③ 옷차림 바꾸고 소품 버리기   ④ 샤워와 향기 요법의 사용 │
│   │
│   ⑤ 공연 공간을 차단해 사적 공간 확보   │
│   │
└───┘

릴 확률이 일반 대중보다 두 배 높다는 연기 커뮤니티 설문 조사를 앞세우며 전략적인 디롤딩 실시를 강조한다. 이 디롤링 가이드의 작성자는 창의적인 전략을 연구하는 프리랜서 작가이자 카피라이터인 스테퍼니 가빌(Stephanie Garville)이다.

역할을 연기할 때 배우가 액세스하고 표현해야 하는 감정, 또 캐릭터와 형성할 수 있는 강력한 동일시가 문제를 일으킬 수 있다. 특히 강렬한 배역을 맡았을 때 정신건강의 보살핌에 유의해야 한다. 웰빙과 정신건강을 보호하기 위해 불쾌하거나 강렬한 캐릭터에 대한 의식적인 분리가 필요하다.

그렇게 하려면 긴장을 풀고 진정한 자신으로 돌아가는 몇 가지 실용적인 마음 챙김 방법으로 디롤링을 해야 한다. 자신의 감정이나 반응이 본래의 자신보다 작품 속 캐릭터와 더 비슷하다고 느끼기 시작했다면 즉시 다음과 같은 조치를 취한다. 그렇다면 다섯 가지 방법을 구체적으로 살펴보자.

1) 신체적인 처치와 운동

공연 전후 준비 운동(warm-up)을 한다. 팔을 흔들거나 제자리에서 달리거나 점프하는 등 몸을 움직이면서 캐릭터를 떨쳐내 보자. 신체 부위별로 근육을 스트레칭하며 긴장을 풀고 심호흡을 해 마음을 집중하고 부정적인 정서를 떨쳐낸다. 공연팀 전체가 단체로 함께 할 수도 있다. 기본적으로 운동을 통해 머리를 맑게 하면서 엔도르핀이 분비되게 한다. 가벼운 운동부터 30분 정도 달리기, 수영 또는 에어로빅을 하면 효과를 볼 수 있다. 시간이 부족하다면 무대 뒤에서 요가나 줄넘기를 한다.

2) 확실한 연기 종료 행동

작품이 끝나면 의식적으로 배역에 사용한 캐릭터의 의상, 화장품 등 주요 소품을 버린다. 작품이 끝나지 않았다면 일일 단위로는 그것을 멀리 둔다. 캐릭터에 벗어나 성대를 재조정해 자연스러운 말투로 바꾼다. 연기의 끝을 알리는 특정 제스처를 사용해 캐릭터에서 벗어나는 의식을 하고, 극장 출구를 '역할 해제의 문'으로 설정해 공연장을 떠날 때 그곳을 통과한다.

3) 옷차림 바꾸고 소품 버리기

작품 연습이나 공연 및 촬영이 끝나면 의식적으로 캐릭터의 의상을 벗고 화장품과 소품을 버려 역할을 잊게 한다. 의상과 캐릭터를 다른 곳에 남겨놓으면 자신과 배역 사이에 거리가 생겨 디롤링에 도움이 된다. 이 경우 시간 절약의 유혹을 벗어나 의상과 소품의 부분적 해체만 하지 않도록 해야 한다. 완전하게 벗고 갈아입고 물품 정리를 해야 한다. 평소에 공연 후 갈아입을 수 있도록 좋아하는 편안한 옷을 가까이에 두는 것도 도움이 된다. 그리하면 자연인의 모습으로 곧장 돌아갈 수 있다.

4) 샤워와 향기 요법의 사용

가능하면 캐릭터를 물리적으로 '씻어내기' 위해 공연 직후 샤워실, 사우나 등을 찾아 샤워하기를 권한다. 음악을 틀어놓고 목욕을 즐겨도 좋다. 자기 감각을 회복하고 강화하기 위해 거울을 보며 자신의 이름을 외치는 것도 필요하다. 향기는 강한 기억과 연상을 불러일으킨다. 따라서 샤워 후 좋아하는 향수나 애프터세이브(after-shave)를 터치하듯 촉촉하게 바른다.

5) 공연 공간을 차단해 사적 공간 확보

공연 중이라면 직후 무대 뒤 공간에 친구나 가족사진, 작은 기념품 등을 보관하고 살펴본다. 야외 촬영 중이면 몰고 온 승용차나 소속사의 벤을 활용해 잠시 종종 사적 시간을 갖는다. 배역이 끝나면 모든 감각을 사용해 외부 세계와 공연 공간을 구분한다. 공연 현장과 거리를 두게 마음과 시간의 여유를 확보해야 한다. 자신이 선호하는 다양한 취미 생활을 즐겨라. 일상생활 중 디롤링이 잘 안되어 캐릭터를 구현하고픈 충동이나 생각이 돌발하면 그쪽 생각을 잊도록 주의를 딴 데로 돌려라. 이런 연습은 많이 할수록 디롤링에 좋다.

5. 미국 배우 사이트 '스테이지밀크'의 기법

미국에서 연기 자원(acting resources)을 지원하는 웹사이트인 '스테이지밀크(StageMilk)'(https://www.stagemilk.com/)는 배우들의 연기 및 임상 경험을 바탕으로 캐릭터에서 벗어나는 여덟 가지 디롤링 방법을 제안했다 (Ayad, 2021). 이 사이트에서는 연기 팁, 독백, 셰익스피어 정보, 관련 기사, 배우 관련 모든 정보를 안내한다.

┃ '스테이지밀크'가 제안한 여덟 가지 디롤링 기법 ┃

① 글자 그대로 역할 제거하기   ② 신체 움직이기

③ 펑키한 음악 청취하기   ④ 무조건 편안하게 지내기

⑤ 자아의 향기 갖추기   ⑥ 친구·가족에게 전화하기

⑦ 어린이처럼 취미 놀이하기   ⑧ 명상하기

1) 글자 그대로 역할 제거하기

역할을 벗겨내기 위해 의상과 신발을 벗고 집에 가져가지 말고 가능하면 극장이나 세트장에 두라. 가정용 의상과 공연용 의상의 확실한 구분이 필요하다. 캐릭터 분장의 문신, 흉터, 화장을 조심스럽게 지워라. 거울을 들여다보고 캐릭터가 배우 자신을 응시하는 느낌을 갖도록 하라. 샤워로 캐릭터를 말끔하게 씻어내고 긴장을 풀기를 권한다.

2) 신체 움직이기

늦은 쇼나 촬영을 막 마치고 긴장을 풀고 싶다면 공연 장소를 떠나기 전에 몸(팔, 다리, 발, 손)을 흔들며 간단히 몸풀기를 한다. 집으로 가서 긴장을 풀고 자신과 마음과 몸을 다시 연결하기 위해 요가나 산책을 한다. 시간이 있다면 집중적으로 운동을 한다. 집에 늦게 도착하면 거실에서 춤을 춘다. 어떤 것도 하기 어렵다면 명상을 하거나 편안한 좌석을 찾고, 눈을 감고, 심호흡을 한다.

3) 펑키한 음악 청취하기

'캐릭터 몰입용 플레이리스트'를 만든 것처럼 펑키 음악(funky music: 비트가 강한 리듬이나 연주로 흑인 음악)으로 '디롤링용 플레이리스트'를 만들어 활용하라. 공연 장소를 떠날 때, 집에 가는 길 또는 집에 돌아올 때 재생하며 들어라. 캐릭터가 특히 어둡거나 감정적으로 접근하기에 까다로운 경우 좋아하는 경쾌하고 유쾌한 곡으로 재구성하라. 캐릭터가 고옥탄가 에너지의 세계에 살고 있다면 진정에 중점을 둔 곡으로 재편하라.

4) 무조건 편안하게 지내기

공연을 마치고 귀가하면 최대한 편안하게 지낸다. 공연은 육체를 고갈할 수 있다. 역할이 심리적으로나 감정적으로도 힘들거나 촬영이나 쇼가 끝난 후 로비에서 사람들과 사귀는 데 시간을 보내야 한다면 귀가 즈음에 기진맥진한다. 청바지를 벗고 가장 좋아하고 가장 편안한 옷을 입는다. 파자마, 스웨트셔츠, 운동복, 푹신한 양말이 좋을 것이다. 잠을 잘 때 입는 낡은 밴드 셔츠나 요가복이 될 수 있다.

5) 자아의 향기 갖추기

냄새는 감정과 심리적 상태를 바꾸는 매우 강력한 방법이기에 향기를 사용하자. 후각은 편도체(공포 유발 센터) 및 해마(기억 센터)와 밀접한 관련이 있다. 냄새는 '프루스트 효과(Proust Effect)'[1]로 알려진 기능을 발휘하는

---

1   프루스트 효과는 냄새가 기억을 일깨우는 데 큰 효과를 발휘한다는 것을 말한다. 프랑스의 문인 마르셀 프루스트(Marcel Proust)의 소설 『잃어버린 시간을 찾아서(la recherche du temps perdu)』에 나오는 특정 장면, 즉 주인공 마르셀이 밀가루, 버터, 달걀,

데, 기억과 밀접하게 연결된 감정적 반응을 유발한다. 연기를 하는 동안 무대나 세트장에서 착용할 향수나 자신이 좋아하는 향이 나는 탈취제를 준비해 캐릭터와 자신을 구별하는 데 쓴다. 귀가하면 개인적이면서 친숙한 향기를 활용하여 배역에 대한 기억을 지우며 디롤링을 한다.

이 기법은 '향기 요법(aromatherapy)'을 응용한 것이다. 향기 요법은 식물의 향과 약효를 이용해 몸과 마음의 균형을 회복시켜 인체의 항상성 유지를 목표로 하는 자연적인 처치법이다.

6) 친구·가족에게 전화하기

어려운 촬영이나 라이브 공연 후에 자신을 이끼는 가족 및 친구들과 연락해라. 안부와 대화, 수다는 분위기를 전환하고 기분과 에너지 면에서도 새로운 활력을 선사할 것이다. 투어 공연 중이거나 프로젝트를 위해 가족 및 친구와 떨어져 있는 경우 특히 중요하다. 하루 일어난 세부적인 일들, 사소한 일에 대해서도 주고받으면 몸에 찌든 작품의 캐릭터와 서사의 해독제가 된다. 친구 및 가족과 정기적으로 연락하고 연결망을 '온(on)'으로 유지하라.

이 기법은 '수다(chatter)'의 치유 효과를 원용한 것이다. 수다는 사람들이 자기 자신에 대해, 또는 세상사에 관해 솔직하게 터놓고 이야기함으로써 억압의 해제, 즉 '탈억제(disinhibition)'를 경험하게 하여 자아 전환의 바탕이 되는 정서 변화와 카타르시스를 유도할 수 있다.

우유 등을 혼합해 반죽해 조개 모양으로 만든 마들렌(madeleine)을 홍차에 적신 뒤 그 냄새를 맡고 어린 시절을 회상하는 부분에서 유래했다.

7) 어린이처럼 취미 놀이하기

연기가 취미에서 일로 전환되는 순간은 축복을 기쁜 순간이지만 그때부터 바빠져 취미를 놓치게 된다. 여가 시간을 확보해 그때마다 어린이처럼 신나게 놀아보자. 춤추기, 정원 가꾸기, 저글링(juggling), 비디오 게임, 독서, TV 시청 등 무엇이든지 좋다. '놀이학(ludology)'의 원리를 결합한 처지법이다.

저녁에 TV를 많이 보는 활동은 수면 생리에 부정적인 영향을 미칠 수 있기에 가급적 자제하거나 하지 않는 것이 좋다. 삶의 균형을 유지하려면 연기 작업 이외의 다른 취미를 선택해 잘 유지하고 이를 사용하여 정신건강과 자아 감각을 되살려야 한다.

8) 명상하기

디롤링에 가장 효과적인 것 중 하나는 명상(meditation)이다. 고요히 눈을 감고 깊이 생각하며 심리적 안정을 유도하는 훈련이다. 명상은 주의(attention)를 자신의 내부로 향하게 하는 기법으로 의식 상태와 스트레스 요인에 대한 일시적인 무시를 가능하게 한다(Comer, 2016). 정신적 명료성과 정서적 안정과 심신의 통합을 위해 주의력과 인식을 훈련하는 수련이다. 일종의 '명상 치유(meditation therapy)'를 적용하라는 뜻이다.

명상을 할 때는 사람이 없거나 거의 없는 조용한 장소에서 매우 편안한 자세를 취하고 자신의 감정, 사고, 감각에 대한 주의를 집중하는 데 도움이 되는 주문을 외거나 생각하면서 자신의 마음을 외부의 사고, 잡념, 근심으로부터 멀어지게 해야 한다(Comer, 2016). 심신의 이격 원리다.

이 기법에는 너그러운 수용적·초월적인 자세가 바탕인 처치법으로 마음챙김(개인 스스로를 바라보며 과거나 미래를 생각하지 말고 일단 현재 순간을 있는 그대로 수용적인 태도로 자각), 사물이나 소리에 집중하기, 불교의 진언(眞言)인 '만트라(mantra)' 등이 있다. 그러나 명상을 수단으로 하는 유사 종교에 심취하는 것은 배우 본연의 역할을 방해할 수도 있기에 유의할 필요가 있다.

명상은 최근 전 세계적으로 큰 인기였지만 적합한 명상 방법과 정신건강에 대한 기여 효과를 두고 논란도 적지 않았다. 그러나 정기적으로 명상을 하면 평안, 집중, 창의력 증진에 효과적이고, 통증 관리와 고혈압, 심장 문제, 천식, 피부질환, 당뇨병, 불면증, 바이러스성 감염의 치료에도 효과적이어서 사용되고 있다(Manchanda and Madan, 2014: 675~680; Stein, 2003.8.4: 48~56; Andresen, 2000: 17~74). 그래서 명상과 신체 운동인 요가를 결합해 수련하기도 한다.

오늘날 이용되는 명상은 변형된 기법이 많고 그것을 수행하는 방법과 가르치는 학교도 매우 다양하다. 명상이 처음이라면 본격적으로 입문하기 전에 유튜브나 어플의 안내를 받거나 활용할 수 있다. 그러면 접근이 한결 쉽거나 부담스럽지 않을 것이다.

6. 호주 연기 교육 기관 '퍼폼 오스트레일리아'의 기법

오스트레일리아의 연기 교육 기관 '퍼폼 오스트레일리아(Perform Australia)'(www.perform.edu.au)는 미국 공연 예술잡지 겸 웹사이트인 '스테이지 위스퍼스(Stage Whispers)' (www.stagewhispers.com)에 디롤링 방법 여덟 가지와 그 중요성을 게재했다. 그 내용은 퍼폼 오스트레일리아의 공동 설립자인 엘리자베스 에이버리 스콧(Elizabeth Avery Scott)이 자신의 숙련된 연기 교육 경험을 정리한 조언과 노하우를 담고 있다. 퍼폼 오스트레일리아는 배우의 자아감을 유지하는 데 도움이 되는 연기 기술을 가르치는 단체로, CEO인 스콧은 배우 지도 상담사로 활동 중이며 저명한 극작가이기도 하다.

1) '워밍다운' 하기

공연 전에 전체적인 준비 운동으로서 보컬 및 신체의 워밍업을 하듯이 공연 종료 후 같은 영역에서 반대로 워밍다운(warming down) 또는 웜 다운(warm down)을 한다. 몸을 차분하게 식히는 작업이다. 몸의 모든 주요 근육군을 스트레칭하고 이완해 긴장을 풀면서 유지했던 정서를 밖으로 내쉬도록 의식적으로 행동한다.

2) 신체활동 하기

줄넘기 같은 신체 운동은 긴장을 즉시 풀어준다. 몇 분만 뛰면 정서적인 부정성이 제거되어 엔도르핀을 터뜨리기에 충분하다. 엔도르핀은 뇌 및 뇌하수체에서 추출되는 물질로 모르핀과 같은 진통 효과가 있다. 조깅, 에어로빅, 댄스, 수영 또는 기타 전신 활동을 고려해 볼 수 있다.

3) 의식 거행하기

어려운 캐릭터라도 발을 들여놓았다가 다시 빠져나오는 의식을 하면 디롤링이 쉽다. 역할을 위해 의상을 입을 때는 롤링 의식, 연기가 끝나 벗어나려 할 때는 디롤링 의식을 벌인다. 의식은 양측 자아를 오가며 반복적으로 실시한다. 이 과정에 음악을 추가할 수도 있다.

4) 동료들에게 디브리핑(보고)하기

'디브리프(debrief)'는 사전적으로 방금 수행한 임무에 대해 진솔하게 보고(고변)하는 것을 지칭한다. 소통 기회를 만들어 자신이 연기한 배역의 캐릭터 행동이나 연기를 지시하는 감독으로부터 영향받는 점을 동료 배우, 앙상블에게 고변하면 디롤링이 수월하다. '디브리핑'은 '임무 보고' 이외 다른 영역에서는 '질문 조사', '위기 정리(위기 발생 후 3일 이내에 이뤄지는 구조적이고 집단적인 위기 대처 활동)'라는 의미로 쓰인다. 브리핑은 작품과 임무 수행 전이나 사건(이벤트) 전에 이뤄지나, 디브리핑은 작품과 임무 수행 후나 사건 후에 이뤄진다는 점에서 차이가 있다.

5) 전문가 상담 받기

배우 등 예술가가 역할을 벗어나는 데 필요한 정서적 구현이 어렵다면 주저하지 않고 상담 지원을 받는다. 어떠한 캐릭터, 또 그 캐릭터의 맥락 또는 자신만의 무언가를 활용하는 전문적인 상담자들의 경험은 내담자에게 가치 있고 특별하다. 아직 디롤링 문제를 개인적으로 해결하지 못한 상태라면 전문가와 함께 작업하는 것이 좋다.

7. 미국 공연전문 잡지 ≪백 스테이지≫의 제시법

공연전문 잡지 ≪백 스테이지(Back Stage)≫는 방아쇠 당기는 장면 연기 처럼 매우 흥분되는 장면에 의해 배역 제거 장애나 지체가 일어날 경우 이 를 해소하기 위한 '디롤링 다섯 가지 방법'을 소개했다(Liroff, 2021.11.19). 기 법의 작성자는 영화·TV 프로듀서, 캐스팅 디렉터, 친화력 강화 코디네이 터인 마시 리로프(Marci Liroff)이다. 연기 코치를 하면서 오디션 프로그램인 〈3박 오디션 부트캠프(three-night Audition Bootcamp)〉를 진행했다. 그가 사 용한 다섯 가지 기법은 다음과 같다.

1) 외모와 외양 바꾸기

작품의 공연이나 오디션을 마친 후에는 곧바로 외모, 외양을 바꾼다. 옷, 장신구, 화장, 가발, 그 밖의 장식물을 벗으면 본래 자신의 자아와 다시 연결하는 데 도움이 될 수 있다. 이때 배우들은 캐릭터의 외피를 벗고 자신 으로 되돌아가는 것처럼 의식적으로 느껴야 한다.

2) 캐릭터를 문질러 닦아내기

연기한 캐릭터를 씻어내기 위해 작품 종료 후 샤워나 목욕을 한다. 향이 나는 목욕 오일이나 비누가 제격이다. 민트나 다른 향기가 나는 로션을 가방 에 가지고 다니는 것도 좋다. 감각 감지 구조를 변경해 배역이 아닌 자신을 접지(ground)한다. 보고, 느끼고, 냄새를 맡을 수 있는 세 가지 이름을 정한 다. 그렇게 되면 두뇌가 '투쟁 모드'나 '도피 모드'에서 현실로 되돌려진다.

① 외모와 외양 바꾸기　　② 캐릭터를 문질러 닦아내기

③ 개인 물품을 지근거리에 두기　④ 안전한 장소로 귀가

⑤ 잊지 않고 미리 촬영 대비

3) 개인 물품을 지근거리에 두기

배우의 개인적 삶과 성격에 뿌리를 둔 물품을 주변에 둬 작품의 캐릭터에서 개인적 자아로 전환하는 것을 유도한다. 무대 뒤나 탈의실에 친구와 가족의 사진과 같은 몇 가지 작은 기념품을 전시한다. 그러면 하루가 끝나고 떠날 때 새로운 환경이 수용된다. 공연 공간과 외부 세계를 구분하는 차이점을 인식하며 삶을 상쇄한다.

4) 안전한 장소로 귀가

일을 마쳤으면 집으로 일단 돌아가는 게 좋다. 안전하고 보안이 잘된 장소라야 한다. 친화력 강화 코디네이터의 조언도 필요하다. 좋아하는 TV 쇼나 프로그램을 볼 아늑한 아파트의 거실, 문 앞에서 기다리고 있는 복슬복슬한 애완견이나 애완묘 같은 동물 친구들, 도움과 공명의 손길이 될 사랑하는 사람이 있는 곳으로 가서 대화하며 정신을 공유한다.

5) 잊지 않고 미리 촬영 대비

배우로서 향후 예정된 새로운 작품의 촬영 스케줄을 미리 챙겨야 한다.

미리 연기 계획을 세우고 어떻게 연기 전후 움직일 것인가를 준비한다. 철저한 준비는 안정감을 부여하고 역할 인입과 이탈을 원활하게 해준다. 촬영이 다가올 때 정신건강을 온전하게 유지할 수 있도록 롤링은 물론이고 디롤링 계획도 각각 충분히 세워둬야 한다.

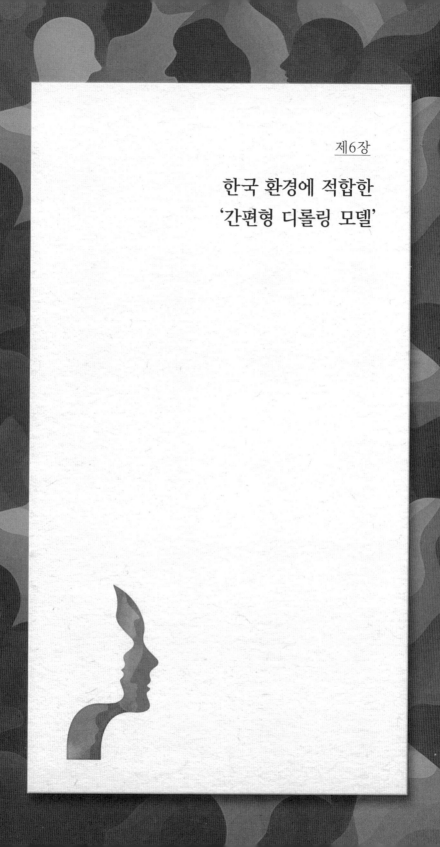

제6장

한국 환경에 적합한
'간편형 디롤링 모델'

1. '간편형 모델'의 재창조 사유

국내 공연·영상 작품 제작과 배우의 연기 환경은 다른 나라의 그것과 비교할 경우 다소 독특하다. 작품 제작 속도가 매우 빠르고, 제작 일정이 오락가락 하여 변동성이 심한 경우도 많으며, 드라마 등에서는 종종 대본 수정이 잦아 촬영 시스템이 대체로 불안정하다. 쪽대본, 회치기 대본 등의 얘기가 웃고 넘길 수준이 아닌 경우가 많아 배우들의 준비와 감정 관리가 쉽지 않다. 배우들의 연기 집중도가 높은 반면 휴식 시간이 충분하지 않다.

아울러 배우들 간의 경쟁은 더욱 치열하다. 예전보다 채널이나 콘텐츠 플랫폼의 수는 늘어났지만 배우가 선망하는 직업으로 인식되면서 각종 콘테스트, 학교, 오디션 등을 통해 새로운 얼굴들이 화면에 속속 등장한다. 특히 배우들은 인기와 평판의 높고 낮음, 캐스팅 기회의 많고 적음, 성공 가능성과 상황적 행운 등을 놓고 치열한 게임을 벌이고 있다.

이런 극예술 환경을 충분히 고려해 필자는 기존의 모델을 토대로 국내에 적용하기 적합한 모델을 도출하기 위해 영화·드라마, 연극, 뮤지컬 분야에서 활동하는 주연급 전문배우 21명(여 52.4%, 남 47.6%, 평균 연기 경력 22.6년, 평균 연령 45.7세)을 대상으로 2023년 1월 약 보름간 심층 인터뷰를 실시해 결과를 도출했다(김정섭, 2023).

디롤링 방법론이나 기법의 기존 모델들에 대한 평가, 재구성, 재구축을 통해 우리나라 배우들이 우리 환경에 맞춰 쉽게 이해하고 누구나 적용하기에 무리가 없는 간편형 모델을 도출하고자 한 것이다. 기존 모델들은 너무 어렵거나 숫자가 많고, 어떠한 것은 너무 간단해 적용하기가 쉽지 않다.

따라서 새로운 간편형 모델을 도출하는 데는 네 가지 엄격한 기준을 적용해 그에 합당한 결과물을 도출했다. 그것은 첫째, 배우 자신의 경험과 효과, 둘째, 여러 기법의 중복성 배제, 셋째, 유사한 기법의 통합, 넷째, 이해·학습·적용이 쉬운 체제로의 재구성을 통한 국내 연기 예술계 통용 가능성이다.

2. 한국에 적합한 '간편형 모델' 내용

배우들과 깊은 인터뷰를 통해 다양한 의견을 최대한 하나로 집약한 결과 우리나라 극예술 환경에 적용하기 적합한 모델은 베일리와 디킨슨의 모델[아홉 가지 기법: ⓐ]과 발렌테와 폰태나의 모델[4가지 기법: ⓑ]을 통합·조정해 재구성한 여섯 가지 기법의 간편형 모델로 나타났다.

ⓐ와 ⓑ 이외에 5장에서 소개된 나머지 기법들은 학술적으로 발표된 모델이 아니기에 분석에 포함하지 않았다. 그 기법들은 그러나 대부분 ⓐ와 ⓑ 모델의 범주 안에 있다.

전문 배우들의 의견을 집약해 도출한 간편형 모델은 여섯 가지 기법으로 재구성되었다. 그것은 ① 연기 공간과 생활공간의 이격, ② 운동·호흡을 통한 감정·육체의 중립화, ③ 호칭 구별과 소품 정리를 통한 캐릭터 분리, ④ 작품 속 캐릭터를 친구로 여기며 거리 두기, ⑤ 상상의 연기 개시 및 종료 의식 거행, ⑥ 연기 이외의 예술 장르 적극 활용이다.

첫째, ① 연기 공간과 생활공간(대기·휴식·일상 공간)의 이격은 기존 모델의 공간 이동과 공간 분리 기법을 결합한 것이다. 배우가 연습·공연·

> **┃ 한국적인 간편형 디롤링 모델(김정섭, 2023) ┃**
>
> ① 연기 공간과 생활공간의 이격
>
>   : 공연·촬영 도중과 종료 직후 장소(대기·휴식·일상 공간)의 구분과 이동
>
> ② 운동·호흡을 통한 감정·육체의 중립화
>
>   : 호흡과 몸풀기로 자아 상태 전환, 캐릭터 떨쳐내기
>
> ③ 호칭 구별과 소품 정리를 통한 캐릭터 분리
>
>   : 공연·촬영 관련 모든 흔적과 물건을 잠시 떼내기
>
> ④ 작품 속 캐릭터를 친구로 여기며 거리 두기
>
>   : 천천히 들어갔다가 거리감을 둔 채 빠져 나오기
>
> ⑤ 상상의 연기 개시 및 종료 의식 거행
>
>   : 맘속 의식을 통한 두뇌의 인지체계 전환 효과
>
> ⑥ 연기 이외의 예술 장르 적극 활용
>
>   : 다른 예술에 심취해 본연의 직업적 예술을 잠시 잊기

촬영 도중에 해당 장소에서 연기가 종료되면 처음 계획한 대로 연기하는 공간과 대기하거나 쉬는 공간을 철저하게 분리하고, 당일 연기가 완전히 종료되면 바로 다른 장소로 이동해 자아 전환이 쉽게 이뤄지도록 하는 것이다.

학자가 '집'과 '연구실'을 구분해 작업 공간과 휴식 공간으로 차별화하는 것도 공간 분리의 원리이니 이를 참조하면 좋다. 작품 종료 당일에 카페, 식당, 영화관, 주점으로 이동하는 것, 해당 일이나 그 이후에 당일치기나 며칠 일정으로 드라이브, 여행, 트레킹, 답사, 캠핑, 낚시, 다이빙, 스킨스쿠버, 패러글라이딩, 번지 점프, 등산을 비롯한 그 밖의 레저·스포츠 활동을 떠나 새로운 활력과 기분을 느끼는 것은 공간 이동에 해당한다.

둘째, ② 운동·호흡을 통한 감정·육체의 중립화는 알바 이모팅이 바탕인 스텝 아웃과 캐릭터 벗기 기법을 통합한 것이다. 이 기법은 의식적으로 자신이 의도하여 호흡, 근육 운동을 통해 정서를 중립 상태로 전환하는 것이다. 알바 이모팅의 원리를 활용하되 자신의 특성을 고려하거나 살려 가장 편안하고 자연스러운 방법으로 심신 상태를 중립으로 돌려놓는 지혜가 필요하다.

운동·호흡을 통한 감정·육체의 중립화는 명상 수련은 물론이고 요가, 필라테스 등과 연계해 달성할 수 있는 기법이다. 이런 활동을 정기적으로 하면서 작품 캐스팅과 연기 활동에 대응한다면 더욱 건강에 좋을 것이다.

셋째, ③ 호칭 구별과 소품 정리를 통한 캐릭터 분리는 내 이름과 정체성 되찾기와 상징적 소품과 의상의 사용 기법을 병합한 것이다. 배우는 연기 작업이 끝나면 캐릭터 호칭, 캐릭터가 착용한 소품과 의상, 헤어스타일, 캐릭터에 장식된 분장 등 캐릭터를 연상케 하는 모든 잔흔을 제거해야 한다.

호칭은 캐릭터 이름에서 본명으로 바꾸고, 캐릭터가 입은 옷은 소품 창고나 가방에 넣어두며 자신이 준비해 온 가볍고 캐주얼한 느낌이 드는 옷으로 갈아입어야 한다. 많은 배우들이 분장이나 화장을 지울 때 기분 전환 효과가 크다는 것을 감안해 가급적 빨리 세안을 하는 것이 필요하다.

넷째, ④ 작품 속 캐릭터를 친구로 여기며 거리 두기는 이미 존재하던 기법인데, 디롤링 처지법으로서 개별성과 독자성이 높아 이를 이어서 발전시킨 것이다. 작품 속 캐릭터를 내가 들어가야 할 대상으로 여기지 않고 내가 알아가야 할 친구로 인식해 천천히 배역에 인입한 뒤 작품이 끝나면 역시 배역(친구)과 유지해 온 거리감을 반영해 그 캐릭터를 부드럽게 남겨두고 빠져나온다.

배우들은 심각한 자세를 지닌 채 맹훈하며 맡은 배역에 실제로 완전하게, 배우가 그 배역의 페르소나처럼 되는 인입 기술이 반드시 좋은 배우의 역량은 아님을 이제는 알아야 한다. 그래서 요즘 연기 예술계의 추세처럼 부드러운 인입과 부드러운 이탈에 익숙한 배우가 되도록 해야 한다. 이것이 자연스러운 연기 기법이다. 물론 이 기법은 과도한 몰입 연기나 일상적인 메소드 연기를 할 필요가 없을 때 더욱 더 적절한 디롤링 방법이라는 것을 부인할 수 없다.

다섯째, ⑤ 상상의 연기 개시 및 종료 의식 거행도 기존 기법이 개별성과 독자성이 높아 계승한 것이다. 배우들은 작품을 시작하기 전, 그리고 작품이 끝난 직후에 가볍게 눈을 감고 손을 모아 성스럽고 순조로운 롤링과 디롤링을 위해 상상의 연기 개시 의식과 종료 의식을 각각 치를 수 있다.

배우 자신이 믿는 종교가 있다면 믿음의 대상을 맘속으로 호명하며 "○○님! 지금 연기를 시작하겠습니다", "○○님! 지금 연기를 마치겠습니다"를 외칠 수 있다. 역시 상상의 의식이기 때문에 주변에 소리가 들리지 않게해야 한다. 나의 의식 수행이 타인에게 소음이 되거나 방해물이 되어서는안 되기 때문이다.

여섯째, ⑥ 연기 이외의 예술 장르 적극 활용은 기존 기법에 있는 것으로 개별성과 독자성이 높아 그대로 전승한 것이다. 이 기법을 실천하는 세부적인 활동은 너무 다양하다. 미술, 음악, 도예, 댄스, 공방 등 다양한 예술장르를 선택해 거기에 심취하며 일상을 즐기다가, 캐스팅에 부응하여 연기 활동을 마친 직후 다시 돌아와 예전처럼 예술 활동을 즐기는 것이 좋다.

배우들은 연기 이외의 예술 활동을 할 때 취미 수준도 좋지만, 본격적인 강습을 통해 기초를 배우고 기예를 더욱 숙련해 겸업 예술가로 본격적으로 활동해도 무방하다. 연기의 예술성과 다른 예술 활동에서 체득한 예술성은 배우의 예술 감각, 철학을 포함한 모든 역량을 높여줄 것이기 때문이다.

5장에 제시된 베일리와 디킨슨의 모델[아홉 가지 기법: ⓐ]과 발렌테와 폰태나 모델[4가지 기법: ⓑ]의 효과에 대한 배우들의 평가는 다음과 같다. 개인이 경험해 판단하는 각각의 처치 효과를 통합 평가하도록 하여 분석한결과, 의견은 세 가지 유형으로 나뉘었다.

첫째, 가장 우세한 유형은 ⓐ와 ⓑ 기법을 연기 교육과 작품 전후에 동시다발적으로 복합 처치하는 게 가장 유효하다는 견해로 나타났다(9명). 배우로서 제시한 방법들을 누구나 과거에 몇 가지 정도는 결합해 적용해 봤지만, 누가 연구하지 않아 구체적인 기법으로 명명해 이론화만 하지 않았던 것이라는 이유 때문이다.

둘째, 차선으로 유효한 유형은 공간 분리와 공간 이동을 순차적으로 적용하는 기법이다(5명). 공연·촬영 현장을 휴식·대기 공간과 철저하게 구분하고 공연·촬영 후 캐릭터 이입 상황에서 벗어나기 위해 다른 장소로 이동해 봤더니 효과가 가장 좋았다는 답이었다.

마지막으로 세 번째로 유효한 유형은 운동과 명상·호흡을 통해 심신을 중립 상태로 돌리는 스텝 아웃과 '근육 이완 → 자세 전환 → 감정 전환'으로 이어지는 캐릭터 벗기 기법이었다(4명). 다른 장르의 예술 활용은 소수 의견으로 선택 영역이었다(1명).

연구에 참여한 배우들은 가운데 "오래 연기하면서도 그걸 모르고 살았다. ⓐ와 ⓑ 기법은 이론에 불과하니 굳이 필요 없다"라며 냉소적으로 답한 분도 1명도 있었다.

 클로즈업

배우 탕웨이가 심취한 '텃밭 가꾸기' 효과

장소 이동과 관심의 전환 요소가 포함되어 있는 텃밭과 정원 가꾸기(gardening) 등 식물과의 친환경적 교감 활동은 디롤링에 좋은 효과를 거둘 수 있다. 이른바 '원예치료(horticulture therapy)' 원리가 반영된 것이다. 원예치료는 파종, 모종 심기, 물주기, 가지치기, 수확과 같은 식물 재배와 정원 돌봄을 통해 인간의 사회 심리 및 신체적 적응력을 개선하는 한편 영혼의 치유를 도모하는 과정과 기법을 말한다.

원예를 인간의 심리를 평화와 평온으로 전환하고 치료적 회복의 매개 역할을 하는 데 이용하는 것은 기원전 2000년 메소포타미아에서 시작되었다(Sempik and Aldridge, 2006). 사람이 원예 활동을 하면 감정적·인지적 감각의 운동 기능 개선, 건강, 웰빙 증진, 삶의 만족도 제고 등의 효과가 나타난다(Söderback et al., 2004: 245~260).

취미로 원예에 몰두하게 되면 감각을 자극하고 특정 상황이나 증상에서 주의를 돌리기 때문에(Bishop, 2009: 1~18), 배우의 디롤링에도 유용하다. 특히 기분 상태를 개선하고 스트레스를 줄이는 데 효과적이다(Hayashi et al., 2008: 233~240). 배우만을 대상으로 원예나 원예치료의 효과를 연구한 논문은 아직 찾아보기 어렵지만 인간을 상대로 한 다수의 연구에서 긍정적인 감정, 명상, 창의성, 주의력 및 이완을 증가시키고 우울증을 줄여주는 것으로 나타났다(Lai et al., 2023: 67~78).

배우들의 경우 이렇게 자연과의 교감 증진하면 기분 전환이 되면서 촬영 공간이나 장면이 쉽게 잊히고 그것과 유리된 별도의 사회적 연결감과 맨손으로 흙을 만지고 맨발로 땅을 밟는 접지감(接地感)이 높아진다. 자신이 직접 가꾸는 텃밭이나 정원이 아니더라도 농원, 식물원 등의 온실만 가도 적잖은 디롤링 효과를 볼 수 있다.

최근 들어 자연 친화적인 삶이 강조되면서 방송 프로그램과 OTT에서는 인위적 설정에 의한 '귀농 예능', '텃밭 가꾸기 예능' 등이 인기를 끌고 있지만, 일부 배우들은 실제로 농부가 되거나 작은 텃밭에서 작물을 키우는 취미를 갖고 식물과의 교감과 땀의 가치를 느끼며 디롤링 효과를 거두고 있다.

영화 〈헤어질 결심〉, 〈색계〉, 〈원더랜드〉의 주연 배우인 탕웨이(湯唯)는 평소 경기도 성남시 분당구 구미동에 있는 집에서 10평 남짓의 텃밭을 가꾸며 직접 재배한 야채를 밥상에 올린다. 손님이 오면 텃밭의 야채를 따서 먹거리로 제공한다. 배우 박해일은 2022년 5월 26일 방송된 KBS 2TV '연중 라이브'에서 탕웨이 자택에 초대받은 경험을 소개했다.

그는 "초대받아 가보니 탕웨이가 밀짚모자를 쓰고 체육복을 입은 채 텃밭에서 옥수수, 감자, 가지, 수박, 오이, 무, 땅콩, 고수, 상추 등을 직접 키우고 있었다. 텃밭에서 직접 키운 재료로 박찬욱 감독과 함께 식사 대접을 받아 비빔국수에 그 채소를 얹혀 먹었다. 탕웨이는 그땐 (톱스타의 모습이 아닌) 소탈한 농사꾼이었다"라고 말했다.

탕웨이도 이 방송에서 "유럽의 명물 납작 복숭아를 선물로 받았는데, 키우는 방법을 연구해서 키워보고 싶다"라고 한 단계 더 수준이 높은 농사꾼의 의욕을 드러냈다. 배우 박해일도 평소 작은 텃밭을 가꾸고 있는 '가드닝 애호가'라서 탕웨이와 그 노하우를 교환했다고 한다. 최근 배우 마동석과 함께 출연해 방영된 중국 쇼핑업체 알리익스프레스(AliExpress) CF도 탕웨이의 전원생활 이미지를 활용한듯, 그가 가드닝(gardening)에 몰두하다가 주문한 물건을 택배로 받은 스토리로 구성되었다.

많은 드라마에서 감초 역할로 인기를 누린 원로 배우 임현식도 수십 년 전 경기도 양주시 송추에 1000평 규모의 한옥 주택을 마련하고 200평 텃밭에서 사과 46그루와 상추, 토마토, 가지 등을 농사짓고 있다. 소 등 가축도 키운다. 배우류승룡은 사계절 가운데 봄을 가장 좋아하고 텃밭과 꽃 가꾸기가 취미라고 2022년 10월 방송 인터뷰에서 공개했다.

배우 조한선도 2020년 7월 한 매체와 인터뷰에서 이사한 이후로는 텃밭 가꾸기가 취미가 되었다고 밝혔다. 배우 손담비가 정려원도 심심하거나 여유로운 시간에는 집 앞 화단에 마련한 작은 텃밭 가꾸기를 하며 힐링을 한다고 관련 사진과 글을 인스타그램에 게시했다.

외국의 배우, 가수, MC들도 원예를 즐기며 연예 활동의 페르소나와 피로를 씻어내는 사례가 많다. 호주 출신 배우 니콜 키드먼은 남편 키스 어번(Keith Urban)과 함께 미국 테네시주 내슈빌(Nashville)에 목장을 사들여 유기농 채소를 심고 가꾸며 작품 전후 힐링을 하고, 햇살을 뜨겁게 받고 자란 싱싱한 야채로 가족의 '건강 식단'을 만들고 있다. 이제는 원예가 무엇보다도 삶의 우선순위가 되었다. 배우 줄리아 로버츠(Julia Roberts)는 말리부(Malibu)에 있는 집 뒷마당에 유기농 주방 정원을 만들어 채소 등의 식물을 키우며 전원생활을 즐기고 있다. 작품 전후 힐링과 아이들의 교육, 건강, 영양에 유익하기 때문이다. 줄리아 로버츠는 이제 음식물 쓰레기를 퇴비로 가공해 쓸 정도로 원예의 고수가 되었다는 평가를 받는다. 배우이자 코미디언·작가·프로듀서인 민디 칼링(Mindy Kaling)도 야채 가꾸기를 즐기는데, 특히 코로나-19 팬데믹 동안 식물과의 유대감을 통해 멘탈을 케어하는 효과를 봤다.

1980년대 밴드 더 폴리스(The Police)의 톱스타 가수 스팅[Sting, 본명 고든 M. 선너(Gordon M. Sumner)]은 토스카나에 있는 900 에이커의 포도원을 사서 직접 토양을 일구며 자연농법으로 유기농 올리브 오일과 와인을 생산한다. 펑크·레게 가수인 궨 스테파니(Gwen Stefani)는 컨트리 가수인 남편 브레이크 셸턴(Blake Shelton) 그리고 자녀들과 함께 오클라호마에서 백일초(zinnia) 등을 가꾸며 전원과 숲속 생활을 즐기고 있다. 엔터테이너이자 토크쇼 진행자인 오프라 윈프리(Oprah Winfrey)는 미시시피의 작은 농장에서 자란 경험을 살려 스타가 된 뒤에도 하와이 마우이 섬에 약 6만 4750m²의 밭을 사들여 100개가 넘는 145파운드의 과일·채소를 재배하는 '대농(大農)'을 하며 힐링을 하고 있다.

3. 내담 배우에 대한 상담가의 대응

배우들이 혼자서 디롤링을 하지 못하고 배역에서 벗어나지 못한 채 개인·가족·친구 등 주변적 상황과 엮여 심리적 문제나 병증을 겪는다면 정신과 의사, 심리상담사, 드라마 치료사 등을 찾거나 '아티스트케어센터'(가칭)가 설립될 경우 이곳을 찾아 상담할 수 있다.

배우들은 이 경우 정신과 의사, 전문 상담사, 드라마 테라피스트 등의 상담자가 유념할 점을 지적했던 게 그것은 크게 네 가지로 유형화되었다.

그것은 첫째, 배우가 겪고 있는 모든 증상과 처한 상황에 대해 상담자가 경청과 공감하는 태도다. 상담 전문가는 배우가 겪는 문제를 먼저 점검한 다음 개인 특성과 주변 환경을 파악하면서 마음의 여백과 같은 여유 공간을 갖도록 유도해 줘야 한다는 것이다.

둘째, 배우의 특별한 정체성과 자존감 존중이다. 배우는 섬세한 감정을 토대로 연기를 하는 예술가로서 관객, 시청자, 연출가, 평론가 등 이해관계자들로부터 관심을 받는 것과 그들로부터 긍정적이거나 우수한 평가를 받으려는 '인정욕구(desire for recognition, 타인에게서 자신의 존재 가치 따위를 인정받고자 하는 욕구)'가 매우 강하다. 즉 자존심이 강해 예민하기에 이를 잘 이해하고 대하는 게 필요하다는 것이다. 연기 메커니즘에 대한 이해도 필수적이다.

셋째, 프라이버시의 확고한 보호다. 이는 개인의 사생활이나 집안의 사적인 일을 팬을 포함한 남에게 간섭받지 않을 법적 권리이기도 하다. 배우는 상담 전문가의 도움을 받았다는 사실이 외부에 알려지면 어떤 문제가 있거나 이미지가 훼손된다고 인식해 차기작의 캐스팅에 부정적 영향을 미친다고 보기에 상담 공간과 내용 등 모든 것이 비밀에 부쳐지기를 원한다.

넷째, 배우가 당면한 상실감을 우선적으로, 또는 시급하게 치유하는 것이다. 배우는 출연했던 작품이 끝났다는 것만으로 허전함이 생기고, 장기간에 걸쳐 차기작이 미확정된다면 당분간 또는 하염없이 배우라는 존재의 비연속성과 상실감 속에서 디롤링 장애로 이어지는 경우가 많다. 그렇기에 이런 증상의 치유는 배우의 정신건강 관리에도 매우 중요하다.

지금까지 언급한 '간편형 디롤링 기법'이나 내담자가 코칭할 때의 유의점 등을 적용한 과학적인 상담을 통해, 디롤링 장애나 지체로 아픔이나 고통을 겪는 배우는 작품 종료 후 가급적 빠른 시간 내에 처지를 하고 필요 시 상담을 받아야 한다. 그래야 배역에서 유연하게 빠져 나와 도파민이 샘솟아 일상의 행복과 배우의 자아 실현감을 찾을 수 있고 나아가 차기 작품에서 열연할 충분한 영양분과 에너지를 비축할 수 있다.

이것이 배우 등 아티스트를 사랑하는 모두가 바라는 경지이며 어렵게 한국 실정에 맞는 간편형 기법을 연구해 제시한 깊은 뜻이기도 하다. 배우들은 자신의 취향과 특성에 가장 적합한 기법부터 적용해 실시하되 여러 가지 기법을 동시에 복합적으로 적용하는 것이 좋다. 무엇보다도 배우 자신이 밝고 건강한 심신 상태를 유지하고 가족, 친구 등 주변인들에게 따뜻한 위로와 짙은 격려를 받도록 인간관계 유지와 발전에 심혈을 기울여야 한다.

배우를 보살펴줄 전문성과 경험을 갖춘 병원이나 상담소가 있다면 꺼리지 말고 자신의 상황을 진솔하게 설명하고 문제가 빨리 해결되도록 적극적인 도움을 요청해야 한다. 아울러 불편함이나 오도되고 있는 사항이 있다면 정중하게 알려 해당 병원이나 상담센터가 내담자의 정서와 특성에 맞춘 아티스트 친화형 상담 모델로 업그레이드 되도록 해야 한다. 우리나라의 긍지이자 자랑인 케이컬처의 무대에서 맹활약하는 배우 등 아티스트들의 영광과 행복을 기원한다.

 클로즈업

기다림이 숙명인 예술인의 '지루함' 관리

'지루함(boredom)' 또는 '따분함'은 작품 활동을 하면서 배우, 가수 등 다양한 분야의 예술인들이 특별히 관리하고 잘 극복해야 할 대상이다. 강조하건데 그들이 절대로 무시하거나 지나쳐서는 안 될 중요한 감정의 상태다. 예술인들은 캐스팅의 객체이기에 적잖이 기다리거나 쉬는 기간이 많은 일상 패턴을 지니고 있다. 스타가 아닌 사람은 작품 출연 요청을 기다리는 따분함에 지치기 마련이고, 잘나가는 스타는 새로운 자극이나 탈출구 없이 쉼 없이 계속 작품을 소화해야 하는 '루틴의 지루함'에 시달리기 마련이다.

심리학에서 '지루함'은 무기력과 결합된 안절부절못하는 감정에서 촉발되는 극도로 불쾌하고 고통스러운 경험(Martin et al., 2006: 193~211)이자, 새로움이나 보상이 없음에 대한 무미건조하고 보편적인 감정 경험이라 정의한다. 지루함은 상대적으로 낮은 각성(arousal)이자 불만의 상태이며, 이는 자극이 불충분한 상황으로 인식된다(Mikulas and Vodanovich, 1993).

현재 활동에 대해 개인의 관심 부족과 집중에서 어려움을 느끼는 불쾌한 감정 상태라고 볼 수 있다. 개인의 열망이 성취되지 못해 삶의 허무함이 실존적 인식으로 나타나는 '권태(ennui)'와 유사하다(Goodstein, 2005). 일반적으로 여성보다 남성이, 교육 성취도가 낮은 사람이 높은 사람보다 각각 더 지루함을 느끼는 것(Heshmat, 2017.6.16)도 유념해야 한다.

지루함은 그 정서의 본질에서 양면성을 지닌다. 자신을 완전히 망가뜨리는 부정적인 힘과 자신을 좋은 방향으로 변화시키는 긍정적인 에너지를 동시에 지녔다. 덴마크의 철학자 쇠렌 키르케고르(Søren Kierkegaard)는 "지루함은 모든 악(惡)의 근원이다(Boredom is the root of all evil)"라고 말했는데(McDonald, 2009: 61~84; Den Dulk, 2014: 43~60), 이는 예술인이나 일반인 모두에게 보내는 무서운 경고다.

지루함은 외로움, 분노, 슬픔, 걱정에 대한 전조이자 예감이기에 그것이 축적되거나 만성화되면 약물 중독, 알코올 중독, 강박적 도박 중독증에 빠질 위험이 매우 크기 때문이다. 전문적·과학적·안정적인 자기관리를 해야 하는 배우, 가수, 개그맨, 개그우먼, 연출가, 작가 등 예술인들에게 지루함의 관리에 왜 중요한지 역설해 주는 대목이다.

반면 지루함은 행동 변화의 촉매 기능을 한다. 자신에게 '행동에 대한 촉구(call to action)'를 유발해 사유와 성찰의 기회를 제공하는 것이다(Svendsen, 1999). 지루함이 해소되지 않은 채 심중에 계속 축적될 경우 균형적 항상성을 유지하기 위한 대응 심리가 발동하며, 삶이 정체되지 않도록 스스로 그것을 혁파하고 과감하게 변하게 한다는 것이다.

독일의 철학자 프리드리히 니체(Friedrich Nietzsche)는 감수성이 약한 남성들은 지루함을 성취를 위한 자극제나 변화 행동의 촉매제로 중시한다고 보았다

(Farnworth, 1998: 140~146; Lombardo, 2017: 36~60). 이렇게 지루함에 따른 리스크를 방지하는 관점이나, 지루함이 촉발하는 긍정 효과를 활용하는 관점 모두에서 살펴보면, 각 개인에게 지루함에 대한 치밀하고 과학적인 관리가 필요하다는 것은 재차 강조해도 지나치지 않는다.

심리학 연구에서 제시된 지루함의 원인은 '사람(성향) 요인'과 '상황(환경조건) 요인'으로 구분된다. 이 두 가지 요인이 독립적 또는 복합적으로 작용해 지루함이 나타난다(Mercer-Lynn et al., 2014: 122~126). 지루함의 구체적 원인은 일상에서 몸에 밴 반복적인 루틴에 대해 느끼는 단조로움, 자신이 기대하는 것과 도전 수준의 불일치, 명확한 목표의식과 즉각적인 피드백의 부족으로 야기되는 몰입성의 부족, 신기함이나 특별함에 대한 욕구가 많은 상황 또는 흥미 저하에서 비롯된 주의력·집중력 약화, 개인 특성상 자아 인식과 감성 표현력의 저하, 지루함을 건설적으로 대처할 내적인 유희 자원의 결핍, 자기 생각과 행동을 스스로 결정하는 자결권이나 자치권의 결여, 문화와 경제의 풍요에 의한 안일함 등이다(Caldwell et al., 1999: 103~121; Toohey, 2012; Eastwood et al., 2012: 482~495; Gerritsen et al., 2014: 27~41; Ringmar, 2016: 205~214).

지루함을 벗어나는 방법은 용기를 내어 새로운 자극과 새로운 환경을 만나는 것이다(Bench et al., 2021: 649~663). 아울러 당사자는 정화된 내면의 참된 자아와 만나 수치심, 분노, 슬픔, 혐오감, 두려움 등과 같이 지루함을 유발하거나 연관된 감정들을 걷어내고 흥미를 유발해 낼 새로움을 찾아 그것과 친숙해질 때 몰입해야 한다(Hendel, 2022.2.11).

이렇게 새로운 것을 찾고 선택하는 과정에서 당사자가 용기 수준에 머물거나 '위험'을 회피하는 '안정적 준거 틀'을 작동하면, 그간 시도하지 않은 취미, 여행, 레저, 사회활동, 새로운 인간관계 설정 등 의욕적이면서도 건설적인 분야로 활로를 트게 된다. 이 가운데 '여행'만 하더라도 일상 탈출, 휴식, 사회관계 촉진, 지식 탐구, 가족관계 강화, 건강 증진, 신기성, 교육 등 휴식과 즐거움 제공은 물론이고 교육과 문화적 충족감을 안겨다 주기 때문에(Thomas, 1964: 50~66; Crompton, 1979: 408~424; Lounsbury and Polik, 1992: 105~119; Mahika,

2011: 15~24; Correia et al., 2013: 411~424), 디롤링에 도움을 줄 뿐만이 아니라 지루함을 타파하는 데 입체적 효과를 발휘한다.

하지만 당사자가 훨씬 강한 자극을 추구하며 큰 위험까지 감내할 것이라고 들뜨거나 흥분하면, 용기의 단계를 초월하는 만용에 이르게 된다. 사리를 분별하지 못하고 함부로 날뛰는 용맹을 발산하는 것이다. 이런 사람은 결국 도박 중독, 과음에 의한 알코올 중독, 마약을 비롯한 중독성 약물의 상습적 흡입과 만성 중독, 유흥업소 중독, 과몰입으로 인한 게임 중독, 사회상규(社會常規)와 윤리를 벗어나는 일탈적인 불륜 등의 섹스 스캔들, 죽음의 위험이 도사리고 있는 폭주 운전에 탐닉하게 된다.

경비행기 비행 탐닉, 스포츠카 질주, 전국 도처에 있는 고봉준령(高峰峻嶺)과 절벽의 등반, 운동능력이 뛰어난 자도 범접하기 어려운 위험도가 높은 익스트림 스포츠의 심취 등과 같이 무모한 도전을 감행하기도 한다. 높은 위험도와 무호함이 결합되면 비극이 초래되기 마련이다. 결국 언젠가는 나락에 빠지거나 목숨이 위태로울 수밖에 없다.

예술인들이 자기 스스로 전자의 선택을 넘어 후자의 선택에 이르지 않도록 용기와 위험의 한계를 머릿속에 명확히 설정해야 한다. 예술가의 생명은 물론이고 개인, 나아가 사회인으로서의 생명도 끊어놓는 중대한 문제이기 때문이다. 지루함에 대한 지혜롭고 철저한 관리 전략을 마련하고, 이를 실천하는 것은 예술가의 자기관리 외에도 작품의 종료에서 휴식으로 이어지는 디롤링 테크닉의 선택 및 실행과도 관련성이 깊다.

동료들과 지인들은 주변의 예술가가 고질적인 지루함이나 따분함의 문제를 겪는 것을 목격한다면, 더 구체적으로, 이를 돌파할 해법을 찾지 못한다면, 그들이 '안정적인 준거 틀'의 내에서 판단하고 실행하도록 충분히 도와줘야 한다.

그것이 진정한 동료애다. 모두가 같은 직업군이고 함께 마음이 통하거나 어울린다는 이유로 후자의 길을 도모하면 함께 몰락한다. 예술인 모두에게 자신을 나락으로 이끌지도 모를 '지루함'에 대한 현명한 관리전략과 해소법이 필요하다.

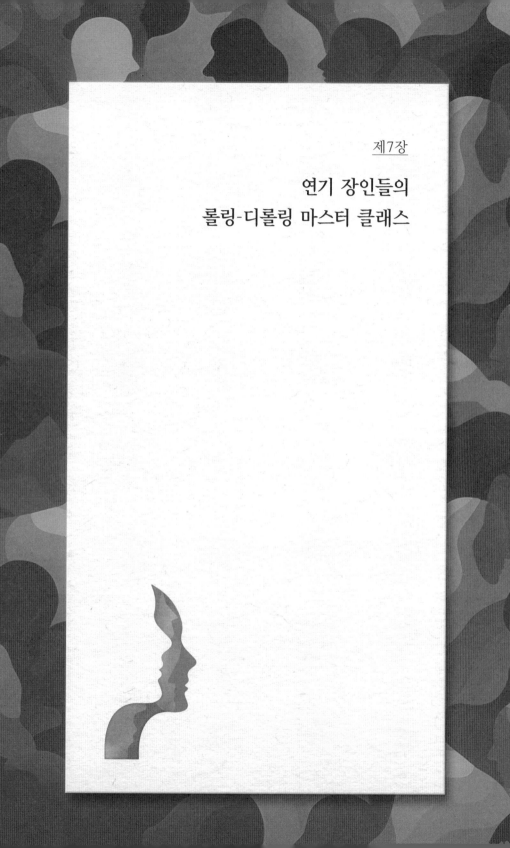

제7장

연기 장인들의
롤링-디롤링 마스터 클래스

1. '트렌드의 창조자인 거장 아티스트' 윤복희 배우

  배우 윤복희(사진)는 1946년생으로 다양한 예술 장르를 넘나드는 대배우이자 디자이너와 스타일리스트다운 재능과 감각을 겸비한 토털 아티스트다. 타고난 연기 재능, 무용 기량(서라벌예술대학 무용과 출신), 흥과 환희를 끌어내는 끼를 결합해 노래, 춤, 연기를 완벽하게 선보이는 베테랑 배우다. 그의 연기에는 모태인 동양의 고아함과 그가 유람했던 서구의 화려한 스타일이 결합되어 있다. 아울러 인류가 선보인 원시적인 예술 형태로서 시(詩, 대사), 노래, 춤으로 구성된 '코레이아(choreia)'를 줄곧 재현해 온 독보적인 현대 배우라 해도 과언이 아니다.

  희극인(코미디언)이었던 부친 윤부길의 권유로 다섯 살이던 1951년 서울 중앙극장 악극단 무대에서 처음 노래를 부르고, 1952년 아버지가 만든 가무극 〈크리스마스 선물〉로 공식 데뷔했으니 2025년 데뷔 73돌을 맞이했다. 윤복희는 1963년 서울 워커힐극장 개관 무대에 초청받은 미국의 전설적인 재즈 가수 루이 암스트롱(Louis Armstrong)과 듀엣으로 노래를 부른 것이 인연이 되어 이때부터 1976년까지 13년간 필리핀, 홍콩, 싱가포르, 영국, 독일, 스페인, 스웨덴, 미국 등지의 무대에서 서구 스타일을 흡수했다. 1967년에는 가요 「웃는 얼굴 다정해도」 등 7곡을 모아 첫 앨범을 내놓았다. 그의 최대 히트곡은 「여러분」. 사실은 윤복희가 손수 창안한 곡으로, 1979년 제3회

'서울국제가요제'에서 대상을 받았다.

1980년대에는 극단 '자유'에서 활동하며 정극 배우로서 입지를 다지며, 연극, 영화, 뮤지컬 등 수많은 작품에 출연했다. 뮤지컬은 주인공 에디트 피아프(édith Piaf) 역할로 나온 초연작 〈빠담빠담〉, 어린이 관객과 오랫동안 함께한 〈피터팬〉, 팬들에게 친숙한 〈사운드 오브 뮤직〉과 〈캣츠〉, 여주인공 막달라 마리아 역으로 장기간 출연한 〈지저스 크라이스트 수퍼스타〉, 데뷔 70돌 기념으로 준비한 〈하모니〉, 영화는 〈곰〉, 〈죽으면 살리라〉, 〈창밖에 잠수교가 보인다〉, 〈바람 부는 날에도 꽃은 피고〉 등이 대표 작품이다. 2023년 제7회 한국뮤지컬어워즈 공로상을 받았다.

우리나라에 여성의 다리 노출이 금기시되던 시절인 1967년 1월 6일 미국에서 귀국하면서 미니스커트를 들여와 몇 개월 뒤 디자이너 박윤정의 패션쇼에서 여섯 벌의 미니스커트를 입고 무대에 섰고, 1집 앨범에도 미니스커트를 입고 두 팔을 벌린 채 다리 난간 위에 서 있는 사진을 실어 '미니스커트 패션의 창시자'로 불렸다(김정섭, 2017).

필자: 배우들은 작품에 캐스팅되면 저마다 자기만의 방식으로 배역 캐릭터를 연구하고 연기 연습을 하는데, 선생님만의 연기 인입 방법은 무엇인가요?

윤: 저는 캐스팅되어 대본을 받고 그것을 읽으면 금방 그 사람이 되요. 매우 심플하죠. 주변 정리를 할 것도 없이, 나는 자연스럽게 그 배역에 몰입이 되요. 저는 작품 속 캐릭터를 완전히 다른 또 하나의 나로 여기죠. 평생 대사를 외우지 않았으며 지금도 마찬가지예요. 나는 연기를 대사를 암기해서 하는 것으로 생각하지 않아요. 배우로서 맡은 배역, 바로 그 사람이 되는 연습을 줄기차게 반복하면 자연스럽게 대사가 이어지고 숙련되는 것이죠. 이렇게 준비를 하고 대본을 대기실에 내려놓고 무대에 오르거나 카메라 앞으로 가요.

필자: 연기를 마치고 빠져나오는 자신만의 디롤링 비법은 무엇인가요?

윤: 저는 작품이 끝나자마자 극장에 갖춰져 있는 샤워실에서 공연으로 긴장된 몸을 먼저 씻어요. 어디 다른 데로 이동하지 않고 바로 거기서 샤워를 하는 것이죠. 그러면 청량감이 느껴지면서 배역의 캐릭터가 바로 잊히고 자연스럽게 원래 나 자신의 자아로 돌아와요. 매우 간단한 원리지만 이것이 나만의 디롤링 방법이에요. 저는 작품 전후 쉽게 자아 전환을 하는데, 배우 생활을 하는 동안 나는 자아 전환이 안 되는 배우를 매우 많이 봐왔어요. 다들 개인적 특성이 있고 해서 별도로 조언은 하지 않아요. 유명하지 않았을 때는 열심히 연습하다가도 어느 날 유명해지면 얼굴에 선글라스를 쓰고, 그가 갖고 다니는 자동차 창문의 태닝이 매우 짙어지는데, 바로 이런 배우들이 디롤링 또는 자아 전환이 안 되는 경우가 많았죠. 아마도 '스타병'에 걸린 경우라고 봐요. 스타병은 남을 지나치게 의식하는 증상이기도 하기에 자아 전환이 수월하지 않은 고통을 유발할 수 있다고 보지요.

필자: 여섯 가지 '간편형 디롤링 모델'에 대한 설명을 들으셨는데, 그 효용성에 대해서는 어떤 견해를 갖고 계시나요?

윤: 요즘은 연기 환경이 달라져 배우마다 자신에게 적합한 것을 적용해야 해요. 여섯 가지 기법 모두 일리가 있지만 저는 평소에 ②~⑤는 전혀 적용하지 않고, ⑥ '연기 이외의 예술 장르 적극 활용', ① '연기 공간과 생활공간의 이격'을 실천하고 있어요. '연기 이외의 예술 장르 적극 활용'과 관련지어 먼저 얘기하면, 저는 배우인 동시에 '나에 대한 디자이너'예요. '셀프 디자이너', 바로 그것이죠. 저는 작품이 끝나면 곧바로 샤워를 통해 자아 전환을 하지만 평소에는 디자이너로서 나 자신을 디롤링해요. 뭔가 대단한 활력이 느껴지는 작업이에요. 저는 저의 강약점을 다 알고 있어서 나에게 맞게 머리 모양, 분장, 의상 제작 등을

스스로 해요. 다른 사람이 제 머리나 얼굴을 터치하지 못하게 하지요. 평생 미장원이나 메이크업 숍에 가지 않았어요. 스타일리스트의 도움을 받거나 스타일리스트를 고용하지도 않았고요. 저는 저 스스로 옷을 만들고 분장을 하고 스타일링을 해요. 작품이 있거나 출연하는 날 저는 집에서 다 이런 것들을 세팅하고 현장으로 향하죠.

필자: ① 연기 공간과 생활공간의 이격과 관련해 연기 공간과 생활공간을 분리하는 선생님만의 구체적 실천 방법은 무엇인가요?

윤: 좋은 질문이에요. 저는 매년 1월이 되면 미국 괌에 가서 바다 수영을 즐겨요. 모든 생각과 주변의 일들을 잊고 오직 수영만을 즐기죠. 한 달 동안 일절 아무 생각도 안 하고 그렇게 지내요. 몸을 소독하고 디톡스 하는 개념으로 보면 되요. 저는 어린 시절부터 바다 수영을 배웠어요. 바다 수영을 즐기면 배우로서 그간 활동하며 쌓인 스트레스가 해소되고, 경직된 근육이 이완되고, 땀이 많이 나서 노폐물도 속속 빠져나오죠. 힐링도 되지만 호흡의 에너지와 폐활량도 좋아져 배우로서의 능력과 자질을 보강하게 되고요.

필자: 가요, 드라마, 영화, 뮤지컬 등 모든 장르를 하셨는데요, 본인의 장르별 연기를 구분하여 설명해 주신다면 어떻습니까?

윤: (소스라치게 놀라며) 저는 평생 가수를 해본 적이 없어요. TV나 무대에서 노래할 때는 배우로서 연기한 것이죠. 모두 준비된 텍스트와 스토리 안에서 그 인물이 되는 배우로 노래하고 춤추고 얘기한 것이에요. 제가 어린 시절에는 한때 먹고살기 위해서 다른 사람의 노래도 부르고 모창도 하던 시절이 있었는데, 그때를 제외하면 나는 줄곧, 그리고 온전히 배우로 살았어요. 장르의 차이가 전혀 없었고요. 배우는 연기, 즉 퍼포먼스를 잘해야 해요. 연기, 노래, 춤은 기본이고 그런 것을 모

두 여배우로서 표현하는 것이죠. 나는 평생 배우로서 표현하고 싶은 것을 표현하고자 했어요.

필자: 그렇다면 팬들이 보기에 선생님께서 가수 역할을 한 것으로 보일 때는 어떤 경우였나요?

윤: 제가 배우로서 위로받고 감동을 했을 때는 그 메시지를 남들에게 전해주고 싶어져요. 그런 마음이 들 때 저는 노래를 짓고 곡을 만들어 불렀어요. 저는 어렸을 때부터 뮤지컬을 해서 그런지 나 자신이 누군가가 되는 것이 매우 익숙해요. 제가 콘서트를 한 것은 70세부터예요. 그전에는 콘서트라는 것을 한 적이 없죠. 그래서 그 콘서트 무대에 올라가면 저는 사실 매우 쑥스러워요. 콘서트를 하게 되면 제가 평소에 배우로서 연기할 때처럼 다른 인물로 들어가는 것이 아니라, 나를 프레젠테이션해야 하기 때문이죠.

필자: 배우는 심신의 건강 유지가 매우 중요한데, 평소에 적용하고 계신 건강관리 기법은 무엇인가요?

윤: 사실 저만의 특별한 건강관리 기법은 없어요. 그냥 자연스럽게 생활하죠. 식사는 1일 2식을 해요. 일어나서 쉬다가 오후 3~4시에 첫 끼를 먹어요. 이때는 토스트, 달걀부침 2개, 햄, 가벼운 커피로 이렇게 라이트(light)하게 먹지요. 저녁에는 공연에 집중하기 위해, 배가 부르면 정신이 흐릿해지거나 혼미해지므로 금식하고 공연해요. 그 뒤 공연이 끝나면 항상 오후 11시쯤에 밥과 스테이크 등을 비교적 거하게, 충분히 먹고요. 충분히 먹어 에너지를 보충하는 것이죠. 돼지 오겹살 김치찌개를 매우 좋아해서 자주 먹어요.

필자: 뛰어난 예술성을 갖고 계시는데, 선생님의 예술성의 원천은?

윤: 저는 끼와 열정을 비롯해 뭐가 타고나거나 그런 것이 없다고 봐요. 저는 그저 배우로서 준비를 잘할 뿐이에요. 사람들이 몰입을 잘한다고 하는데 제가 몰입하는 것이 아니라 막이 오르면 그 역할에 제대로 충실히 하는 것이죠. 뮤지컬 〈피터팬〉 공연을 할 경우, 저는 막이 오르면 마구 날아서 무대로 올라가요. 환호성이 나오면 더 신나게 되어 뛰쳐나가요. 배우로서 제 에너지는 최대치가 100인데 그 이상은 더 나올 수 없어요. 관객이 덧붙여주는 것이죠. 관객이 4000명이라면 4000개의 볼테이지(voltage)가 저에게 붙어서, 그것이 폭발해서 제게 엄청난 에너지가 되는 것이죠. 관객의 에너지가 제게 붙어서 그 힘으로 몰입의 극치에 이른 열정적 연기를 하게 되는 것 같아요. 제가 원래 열정적인 것이 아니라 관객이 믿고 붙어줘서 그렇게 되는 것이죠.

필자: 연기와 관련하여 후배들에게 하고 싶은 조언은?

윤: 참 어려운 질문이네요. 배우들은 저마다 고유한 자존감이 있어요. 그래서 배우 생활은 본인이 알아서 잘해야 하죠. 무엇보다도 배우 생활을 즐길 줄 알아야 해요. (활동하기 시작한 시절은 시대적으로 배우들이 고생하던 시절이었지만) 저는 절대 고생하면서 배우 생활을 하지 않았어요. 언제나 즐거웠죠. 저는 어릴 때부터 연습벌레였어요. 오직 연습만이 배우의 기량을 길러주고 배우에게 자신감을 느끼게 해주고 결과적으로 배우를 빛나게 해준다고 믿었고 그것은 현실에서 증명되죠.

필자: 정말 열심히, 그리고 다채롭게 활동하시다 보니 어느덧 세월이 많이 흘러 연기 예술계에서 원로가 되셨습니다. 배우로서 세상에 꼭 남기고 싶은 말은?

윤: 저는 지금까지 배우 생활을 매우 행복하게 했어요. 제가 크리스천인

데, 주님께서 배우로서 여러 작품과 배역을 시켜주시고 서포트도 해주시니 정말 축복이었죠. 지금도 제가 캐스팅이 되고 TV에 불러줘 출연하게 되니 정말 축복인 것이죠. 저는 수명을 다하는 날까지가 아닌, 주님이 하라는 날까지 그 축복을 받고 관객과 시청자에게 기쁨을 전해드릴 거예요. 요즘 유전적 요인으로 한쪽 눈이 완전히 안 보이고, 다른 쪽 눈도 시력이 안 좋아지고 있어요. 증상이 '황반변성'(망막을 포함한 망막 색소 상피층, 부르크막, 맥락막 따위에서 발생하는 다양한 정도의 위축과 변성)이라고 하는데, 주사 치료를 여섯 번이나 했는데도 나아지지 않고 있네요. 저는 죽어서 어디에 묻히고 싶지 않아요. 후배들에게 나 죽으면 태워서(화장해서) 그 가루를 조금씩 나눠서 여기저기 바다에 뿌려달라고 말했죠. 저는 마지막에는 내가 사랑하는 이렇게 넓고 푸른 바다로 갈 거예요.

2. '현대극과 전통연희의 달인' 이상희 배우 겸 연출가

연극인 이상희(사진)는 베테랑 배우이자 연극, 뮤지컬, 전통연희, 무용, 넌버벌(non-verbal) 작품 분야의 전문 연출가다. 현재 극단 '집현(集賢)'의 상임 연출가이기도 한 그는 2012년 전문가들이 뽑은 연극 부문 '차세대 리더 300인'에 선정되었다. 서울예대 연극과 출신인 그는 그간 배우로서 〈맥베스〉, 〈달이거나 달빛이거나〉, 〈사랑은 아름다워〉, 〈안전지대〉, 〈골생원〉 등 수많은 작품에 주연 배우로 출연했다. 연출가로서는 2019 동아시아문화도시 한·중·일 인시토(인천·시안·도쿄) 연극제 예술감독, 2018 평창동계올림픽 개회식 '소망의 불꽃'(Show 6) 프로그램과 2022년 청와대 개방행사 '관무' 등을 진행했다.

그가 활동 중인 극단 집현은 배우 전무송·최종원과 연출·극작가 조일

도가 1980년 창단해 44년째 이어오고 있다. 전통연희도 숙련해 문화재청이 관장하는 국가무형문화재 제90호 황해도 평산 소놀음 굿 전승 교육사로도 활동하고 있는데, 1997년 '제의와 놀이-코티(KOTTI, Korea Traditional Theatre Institute, 한국전통극연구소)'를 설립해 전통적인 샤머니즘 요소를 현대화한 퍼포먼스로 선보이기도 했다. 그의 피땀이 어린 극단 집현은 대하 사극 〈광대, 달문을 찾아서〉를 선보인 2024년 전통예술의 현대화와 세계화에 기여한 공로로 '제1회 양혜숙 한극상' 대상을 받았다.

필자: 경험이 출중한 베테랑 배우이자 연출가로서 배우들의 디롤링 문제 해법 가운데 가장 효과적인 것은 무엇이라고 생각하시나요?

이: 저는 연구로 제시된 여섯 가지 한국적인 간편형 디롤링 모델 가운데 무엇보다도 ② '운동·호흡을 통한 감정·육체의 중립화'와 ④ '작품 속 캐릭터를 친구로 여기며 거리 두기'가 가장 중요한 처치법이라고

생각합니다. ②는 디롤링뿐만이 아니라 연기 훈련과도 관계가 깊은데, 심신을 중립 상태에 두고 집중과 이완을 반복하며 탄탄하게 수련해야 합니다. ④는 작품 속 캐릭터를 제삼자로 인식하는 객관화 장치로서 자기 제어에 매우 유용합니다.

필자: 다른 기법 가운데 추가로 유념해야 할 것은 무엇인가요?

이: ③ '호칭 구별과 소품 정리를 통한 캐릭터 분리'는 연기에 들어갈 때도 좋은 방법이니 권장합니다. ⑤ '상상의 연기 개시 및 종료 의식 거행'은 인지체계 전환 기술 가운데 하나기에 연기술과 배역 탈피술 모두에게 매우 중요하다고 생각합니다. ⑥ '연기 이외의 예술 장르 적극 활용'도 매우 중요한데, 배우는 쉴 때 배우의 자질이나 연기에 관련된 자기계발을 하는 것이 디롤링 문제를 겪지 않도록 예방 기능을 해준다. 배우의 기반이 탄탄해져 심신의 흔들림이 발생하지 않기 때문이다.

필자: 수십 년 간의 연기 인생에서 디롤링 문제를 크게 겪은 적이 있나요?

이: 저는 사실 디롤링 문제를 겪어본 적이 없어요. 그 이유는 젊었을 때부터 연기 훈련을 탄탄히 했고, 한 작품이 끝나면 바로 다음 작품이 이어져 그런 상황을 생각할 겨를도 없었습니다. 아울러 작품이 끝나면 쉬는 동안 자기계발에 충실했어요. 자기계발도 다른 게 아니라 연기 관련 일을 수련하다 보니 그것이 굵은 밑동이 아름드리나무를 지탱하듯 탄탄하게 받쳐줘 디롤링 문제를 겪지 않았어요.

필자: 그렇다면 '연기 관련 자기계발'이란 구체적으로 무엇을 말씀하신 것일까요?

이: 배우의 바탕이 되는 요소나 연관 예술을 충실하게 습득하는 것이죠. 저는 일찌감치 대금, 단소, 소금, 국악 타악기를 배워 이 분야를 교습

하며 시간도 보내고 돈도 벌었죠. 배우는 여러 가지 이유로 생계, 소일 등 부업이나 아르바이트를 할 수 있어요. 그런데 카페, 맥줏집, 레스토랑 아르바이트보다 배우 또는 연기와 유관한 일을 해야 합니다. 후배들이 특히 이 점을 유념해야 합니다.

필자: 그런 '배우 연관 분야'에 집중하려면 미리 준비했을 텐데요?

이: 저는 고등학생 때부터 학교 연극반에 들어가 연기를 배웠고 대학도 연극과에 진학했어요. 이뿐만 아니라 대금, 소금, 단소와 북, 장구 등 타악기를 능숙한 수준으로 배웠기에 작품이 끝나면 이런 분야의 교육을 진행했어요. 이런 활동은 예술적 기량과 감수성, 그리고 직관을 크게 길러 줬습니다.

필자: 그런 준비가 디롤링 문제를 겪지 않는 바탕이 되었나요?

이: 그렇습니다. 지금도 공연을 하지 않을 때는 하루 2~3시간씩 단소, 대금 같은 악기를 연주하고 노래를 부릅니다. 연주는 그때그때 떠오르는 악상을 연주하고 뮤지컬배우로도 활동하는 만큼 노래를 마음껏 부릅니다. 춘앵무(春鶯舞), 이건 기생무(妓生舞) 일종인데, 궁중 대잔치 때 버드나무 가지에서 맑게 지저귀는 꾀꼬리 모습을 빗대서 화문석 하나만 깔고 한 사람의 무기(舞妓)만 그 위에 올라 주악(奏樂)에 맞춰 추는 춤인데요, 이 춘앵무와 무속 춤 같은 전통 춤과 굿도 배웠기에 종종 춤도 춥니다. 사이클, 걷기, 등산 등의 운동은 물론 노장사상 등의 철학서와 신간 서적을 많이 읽습니다.

필자: 상당수 배우가 디롤링 문제에 봉착하는 이유는 뭐로 보시나요?

이: 배우의 개인적 특성에 따라 이 문제를 겪을 수도 겪지 않을 수도 있어요. 감성, 접근법, 인식체계가 조금 다르기에 서양 배우와 동양 배우

의 차이도 있을 것입니다. 연기 훈련이 잘된 경우나 특수한 심리 체계를 지닌 사람의 문제인 경우도 있다고 봅니다. 무어보다도 중요한 것은 연기 훈련을 탄탄히 하고 내재적인 불안 요소를 스스로 잘 관리하고 해소한다면 이를 겪지 않거나 겪더라도 고통과 혼란을 크게 줄일 수 있다는 것입니다. 누구나 한 번쯤 자신의 연기 훈련이 잘못되었는지도 점검해 봐야 합니다.

필자: 언급하신 '탄탄한 연기 훈련'이란 무엇을 지칭하시나요?

이: 자동차의 중립 기어처럼 정신과 육체를 중립 상태에 둔 뒤 집중과 이완의 반복을 통해 내가 원하는 감정으로 들어가도록 언제든지 들어갈 수 있도록 하는 것을 말합니다. 집중과 이완은 어느 한쪽으로 치우치거나 어느 한쪽이 모자라서는 안 되는 상보적 관계죠. 이런 훈련을 통해 자유자재로 심신을 쉽게 비우고 던질 줄 알아야 합니다. 명상 등이 이런 훈련을 탄탄히 하는 데 큰 도움이 됩니다.

필자: 말씀하신 '내재적 불안 요소'는 무엇을 뜻하나요?

이: 배우의 불안은 크게 두 가지가 있습니다. 첫째는 연기 훈련이 탄탄하지 않아 늘 공연을 앞두고 엄습해 오는 불안감이 있습니다. '무대 불안증'도 이런 원인에 의해 생길 수 있습니다. 둘째는 배우는 직업 특성상 본래 캐스팅을 기다리는 존재인 데다 수입이 일정치 않기에 매우 민감해져 미래에 대한 불안감이 생길 수 있습니다. 스타나 인정받는 배우로 성공하기 전까지 차기 작품이 오지 않을까 하는 불안에 시달리는 경우도 많죠. 이런 이유로 불안이 굳어지고 가족, 친구, 연인 등 주변에 유쾌하지 않은 일들이 생기면 이것이 중첩되어 불안증, 우울증, 조울증, 공황장애 등으로 발전할 수 있습니다.

필자: 그렇다면 바람직한 배우 훈련과 관리 방법은 무엇일까요?

이: 저는 배우라면 평소 탄탄하게 연기 훈련을 하고, 연기에 돌입하면 그 작품과 역할을 제대로 파악하고 들어가 즐기는 수준이 되도록 노력해야 한다고 봅니다. 흔히 논다고 하잖아요. 배우는 작품에서 플레이(play), 즉 '노는 수준'으로 능수능란해야 합니다. 이른바 노는 수준이란 작품마다 노련한 실력과 여유를 내뿜으며 내가 가려는 방향으로 가면서 한껏 즐기는 것을 말합니다. 연습의 빈도와 반복성이 높을수록 작품 속의 캐릭터로 깊게 들어가는 데 유용합니다.

필자: 이런 배우 훈련을 할 때 주의해야 할 점은 무엇일까요?

이: 자신이 배우로서 부족한 점은 연출의 도움을 받거나 상대 배우와의 소통, 교감을 통해 발전시키면 됩니다. 노는 수준에 이르는 이런 시스템에 따르지 않고 배우가 캐릭터의 감정에만 함몰된다면, 그것을 마치 연기를 잘하는 것으로 착각한다면, 관객에게 그것이 적나라하게 노출되어 좋은 평가를 받지 못합니다. 관객들은 매우 명민하기에 금방 알아차립니다. 제대로 노는 배우가 되어야 하며, 그런 수준에 이르지 못했다면 매우 큰 노력을 해야 합니다. 심지어 무의식과 꿈의 세계에서 맡은 역할을 소화할 정도로 훈련을 많이 해야 합니다.

3. '독보적 카리스마와 광폭 연기의 지존' 손병호 배우

배우 손병호(사진)는 투시력 있는 예리한 눈매를 지닌 연기자로 잔혹한 악역 연기에서 출발해 왕까지 그간 다채로운 연기 스펙트럼을 선보였다. 독보적인 카리스마와 광폭 연기의 지존이다. 이제는 카리스마와 호탕함이 넘치는 장성과 상사, 위엄과 덕망이 짙은 임금과 대기업 회장을 도맡는

'VIP 전문 배우'로 통한다. 경북 안동의 중학교 2학년생 손병호는 여느 소년 처럼 쌍절곤을 휘두르는 배우 이소룡(李小龍, 리샤오롱)의 매력에 빠져 일찌 감치 배우가 되기로 했다. 서울예술대학 연극학과를 나와 극단 '목화' 등에 서 수련한 뒤 1989년 연극 〈비닐하우스〉로 데뷔해 TV와 영화로 지평을 넓 혀 약 40년 간 배우로서 탄탄한 입지를 구축했다.

영화는 1999년 한국영화 사상 최초로 칸 국제영화제에서 수상(단편 부문 심사위원상)한 송일곤 감독의 〈소풍〉이, 드라마는 〈KBS TV 문학관: 눈보라〉 가 데뷔작이다. 그는 SBS 미니시리즈 사극 〈귀궁〉의 촬영을 앞둔 2024년 10월 2일 이뤄진 인터뷰에서 "(캐릭터는 배우가 누구인가에 따라 그 구체적 모 습이 달라지기에) 누구의 햄릿인가, 누구의 오셀로인가가 연기의 매력"이라 며 "배우는 삶의 경험을 바탕으로 미시와 거시, 단선과 입체를 넘나들며 자 신도 배역도 아닌 제3의 인물을 창출해야 한다"라고 강조했다.

필자: '연기의 달인'으로 불리는데, 고유한 연기 인입 기법은 무엇인가요?
손: 저는 연기할 때 '제1의 인물'인 자연인 손병호와 '제2의 인물'인 대본 의 배역을 통해 실제 구현되는 '제3의 인물'을 창출하는 것을 철칙으 로 삼고 있어요. 연기는 감정이 아닌 논리, 이성, 과학의 메커니즘이 기에 저는 무대에서는 관객을 보고, 카메라 앞에서는 앵글·조명을 보면서 순간순간 판단해 자연스레 배역으로 이성적 전환을 합니다. 캐스팅되면 첫째, 작품 분석, 둘째, 대사 분석, 셋째, 수준 분석의 순 서로 연기에 들어갑니다. 작품 분석은 대본이 어떤 주제를 관객에게 전달하는 것인지, 나의 캐릭터가 뭔지, 내가 맡은 인물이 뭘 목표로 하고 뭘 해내야 하는지 등을 파악하는 과정입니다. 대사 분석은 인물 의 의도를 파악하는 데 중점을 두고, 수준 분석은 앞의 두 단계를 바 탕으로 어떻게 디테일하게 보여줄 것인가를 결정하는 과정인데, 저는 나와 배역의 구성 요소를 절반쯤 조합해 표현합니다. 배우 자신의 삶

속에서 캐릭터의 특징을 간파하고 깨달아 새로운 인물을 창출하는 방식입니다.

필자: 말씀하신 연기술은 캐릭터와 똑같이 되길 권하는 전통적인 메소드 연기 방식과 크게 차이가 나는데요, 어떻게 이런 스타일을 익혀 체화했나요?

손: 저도 대학 때나 극단 목화 단원 초기에는 '연기는 이런 것이다' 유의 지도를 통해 연기를 관념적으로 배워 힘들었습니다. 도무지 감 잡기 어려웠죠. 그런데 대학 시절부터 은사님이신 안민수와 오태석 선생님을 만나면서 많은 가르침을 얻어 깨알같이 노트에 적고 훈련해 저만의 기법을 정립할 수 있었어요. 안민수 선생님은 배우가 목표를 갖고 접근해야 연기가 다채롭고 깊어지며, 삶의 경험에 따라 캐릭터가 달라지기에 우리가 이미 알고 있는 것들을 깨뜨리며 깨달음과 분석으로 새로운 표현을 창출해야 한다는 점을 일깨우셨죠. 햄릿이나 리어왕은 시대, 배우 등에 따라 매번 달라져야 한다는 것이죠. 오태석 선생님은 연기할 때 무대와 말(대사 표현)에 대한 공포를 없애고 '놀이의 예술'로 인식해 무대에서 마음껏 노는 법을 가르쳐 주셨습니다. 깔끔하고 단조롭게 접근해 강렬한 인상을 남기는 '정면 승부'와 관객을 직시하며 대화하는 이른바 '논두렁 화법'도 제시하셔서 저만의 연기관을 갖게 해주셨습니다. 대학 시절 여름방학 특강에 강사로 오셔서 무대에 달려 나올 때마다 '보고 싶음', '그리움' 등의 분명한 목표가 있어야 한다고 강조한 스타니슬라프스키의 제자께도 감명을 받았습니다. 지금 생각해 보면 이분들이 무척 고맙게 느껴집니다.

필자: 작품 목록을 보면 강한 배역이 많았는데, 디롤링 장애도 겪으셨나요?
손: 역대 배역 가운데 영화 〈아수〉의 깡패 출신 보스인 '유강진 역'이 가장

센 역이었죠. 잔혹하면서도 영악하고, 또 단순한 캐릭터여서 이마가 두드러지게 M자 탈모 형으로 분장했을 정도죠. 저는 안민수·오태석 선생님께 배운 대로 실천해 디롤링이 어렵지 않았어요. 메소드 연기식 집중·몰입이나 감정적 숙취에 빠지면 정신질환자가 되는 게 불가피하죠. 저는 가르침대로 이성적 전환을 습관화해 디롤링이 수월했습니다. 저는 "배우는 분장을 하면서부터 변하고, 분장을 지우면서부터 빠져나온다"라는 속설 같은 원리에 익숙해져 있죠. 옛날 시골 마을 상갓집을 떠올려 보세요. 삼일상 중에 우리의 어머니, 이모, 고모들이 시간 주기별로 제사를 올리며 매우 크고 구슬프게 곡(哭)을 하다가도 어느새 그것을 즉시 중단하고 문상객용 음식을 준비하는 것과 같은 이치죠. 감정이 아닌 이성적 전환이죠. 롤링과 디롤링 기법은 사실 그분들에게서 배워야 합니다.

필자: 평소에 수월한 디롤링을 위해 어떤 특별한 '루틴'을 갖고 계시나요?

손: 저는 등산을 가장 즐겨요. 등산이 없었다면 오늘의 제가 없었을 거예요. 배우 204명으로 구성된 'MAM(Monday Artist Mountain)'이라는 산악회를 만들어 매주 월요일 오전 9시 30분에 출발해 북한산에 오릅니다. 제가 회장이죠. 촬영의 피로감이나 캐릭터의 잔흔, 또는 이유가 다양한 내적 아픔이 있다면 산정상의 바람, 하늘, 구름이 다 씻어가고, 부족한 것이 뭔지도 실감하게 하죠. 등정 길은 한 계단씩 땀 흘려 오르고, 정상에서 막걸리 한 잔과 함께 희열을 느끼면 어느새 내려가야 한다는 것을 숙명적으로 알게 되죠.

필자: 연기 경험에 비추어 '한국형 간편형 디롤링 모델'을 평가하신다면?

손: 여섯 가지 기법을 살펴보니 작품 종료 후 당장 현장에서 해야 처치법과 일상적으로 해야 할 일이 섞여 있어요. 저는 이 가운데 연기 이외

다른 예술 장르를 적극적으로 활용하는 것이 가장 효과가 좋다고 평가해요. 작품 속 캐릭터를 친구로 여긴 다음 거리를 두는 것도 이에 버금가는 효과가 있다고 봐요. 요즘 배우들은 남녀노소 가릴 것 없이 그림, 목공, 요리, 음악, 여행 등을 즐기고 있어요. 쉴 때 집중할 일을 만들어 디롤링에 활용하고 있는 것이죠. 이런 취미를 개인 유튜버 활동으로 확장해 깊이를 심화하는 분들도 많아요.

필자: 요즘 후배들의 연기력을 평가하고 유익한 조언을 해주신다면?

손: 네. 요즘 20~30대 후배들은 정말 연기를 잘해요. 다들 연기 경험이 풍부하고 기술적으로도 정교해 정말 놀랄 정도입니다. 그런데 너무 무대를 등한시하는 친구들이 많고, 너무 쉽게 단기간에 성공하려 해요. 무대는 디딤돌이 아니라 배우라면 늘 함께해야 할 놀이터예요. 최소 10년은 무대를 경험하며 끊임없이 영상과 무대를 병행해야 해요. 연기, 나아가 예술이라는 것은 대기만성의 메커니즘이 작동하기에 과정이 매우 중요합니다. 타고난 연기 천재는 없어요. 끊임없이 담금질하고 소통해야 합니다. 제가 연기 신선으로 추앙하는 박인환 선배님도 김혜자 선배님도 작품이 정해지면 엄청나게 준비하고 노력하는 것을 지켜봤습니다. 작품 직후 이어지는 선후배 배우들 간의 흔한 술자리도 '맡은 배역'과 '귀가' 사이에서 자아 전환과 치유의 시공간적 버퍼 존 역할을 하는 데다 경험을 공유하고 고민을 해소하며 에너지를 얻을 수 있기에 경시해서는 안 됩니다. 배우는 기다리는 직업이기에 항상 쉬지 않고 크든 작든 다양한 작품을 하면서 내성을 길러야 합니다. 그러다 보면 좋은 소식이 있게 마련입니다.

필자: 배우 철학은 무엇이며, 앞으로 어떤 배우를 지향하고 싶으신가요?

손: 저는 '낭만이 있는 예술'을 추구합니다. 저는 연기 그 자체를 즐기는

배우이고 계속 그렇게 추구하고 싶습니다. 연출가의 조언에 의존하지 말고 나 스스로 인물을 만들고 즐기는 배우가 되는 것이죠. 자신에 대해 의심하지도 두려워하지도 말고 자신감 있게 쏟아내고 표출하며 즐기고 싶습니다. 그 결과물에 대한 평가는 관객의 몫입니다. 후배들도 다들 그랬으면 좋겠습니다.

4. '선 깊은 합의 예술가' 한예종 출신 정연주 배우

정연주 배우는 한국예술종합학교(한예종) 연극원 출신으로 특히 감정선이 깊은 아티스트다. 다양한 작품을 통해 예술적 감성과 센스가 뛰어난 배우로 인정받으면서 2011년 '제5회 대단한 단편영화제'의 '대단한 배우상'에 이어 2012년 '클레르몽페랑 국제 단편영화제'의 '여우주연상'을 받았다. 그는 2012년 SBS 설날 특집극 〈널 기억해〉로 상업 작품에 데뷔했다. 같은 해 KBS2 TV 미니시리즈 〈드림하이 2〉(이사장의 딸 이슬 역)로 20·30세대 시청자에 널리 알려지고 tvN 〈SNL〉의 시즌 6~7의 크루로 출연해 대중적인 인기를 한 몸에 받았다. 인터뷰는 2024년 9월 25일 실시했는데, 이때 그는 걸그룹 원더걸스 출신의 안소희 배우 등과 함께 일본에서 촬영한 옴니버스 영화 〈레이오버 호텔〉의 개봉을 기다리고 있었다.

정연주 배우에게 관객 328만 명을 기록한 영화 〈아이 캔 스피크〉(아영 역)와 315만 명을 기록한 영화 〈탐정: 리턴즈〉(서희연 역)는 생애 잊지 못할 작품이다. 나문희·성동일·박철민·염혜란 등 노련한 선배 배우들로부터 연기적 경험·직관·자세를 현장에서 사사받은 너무 값지고 소중한 기회였기 때문이다. 특히 일제강점기 위안부 피해자 이용수 할머니의 일본의 만행에 대한 미국 의회 하원 청문회의 공개 증언을 소재로 한 〈아이 캔 스피크〉를 통해 영화의 의미와 힘에 대해서도 새롭게 인식했다고 한다.

내성적인 성격이었지만 조금은 늦은 경기 고양시 행신고등학교 2학년 때 분출되지 못한 끼가 잠복해 있음을 자각하고 연기, 춤, 노래를 다 배울 수 있는 뮤지컬 학원을 노크해 수련했다. 일단 뮤지컬배우가 끌렸기 때문이다. 박정민, 변요환, 임지연, 수호(김준면)(그룹 'EXO'의 구성원) 등과 동기생으로 함께 한국예술종합학교 연극원 연기과에 들어갔다. 졸업 후 풍부한 주·조·단역 경험을 쌓으면서 자신만의 배우 정체성을 확고히 하며 연기 세계를 구축해 나가고 있는 지금, 그에게 롤링과 디롤링의 해법, 배우 철학 등에 관해 물었다.

필자: 정연주 배우님은 배우로 데뷔한 후 곧 15년이 되어가는데, 연기할 때 본인만의 캐릭터 인입(롤링) 기법은 무엇인가요?

정: 저는 작품에 캐스팅이 되면 첫째, 대본을 잘 읽고, 둘째, 저의 특성을 반영해 캐릭터를 창출해 완성하고, 셋째, 극적 상황에 맞게 자연스레 감정을 표출해요. 대본은 처음에 가볍게 본 다음, 차분하게 인물·대사·배경을 숙지하며 여러 번 깊게 봐요. 캐릭터는 대본 속 역할과 유사한 현실 속의 인물을 꾸준히 찾아 살피고, 그간의 연기 경험을 덧붙여 완성해요. 작품 속 캐릭터는 극작가가 대본과 시나리오에 설정해 놓은 원래의 것과 똑같이 되려 하기보다 저만의 개성, 감성, 특성을 담아 완성하는 스타일입니다.

필자: 연기할 때 다른 배우와 비교되는 특성이 있다면, 그것은 무엇일까요?

정: 제가 생각할 때는 '초집중' 상태가 지속적으로 유지된다는 점인 것 같아요. 저는 작품의 대본을 받자마자 바로 그 대본에 맞는 연기 공부를 시작하고 본격적으로 준비하는 스타일이에요. 그래서 작품이 결정되면 오직 그것의 준비에만 몰두해요. 조금 예민해서 그런지 딴 것은 신경을 못 써요. 그래도 그 덕분에 제 역할에 집중해 주어진 상황에 예민하

게 반응하며 상대 배우들과의 '합(合)'을 빠르게 맞출 수 있는 것 같아요. 저는 연기에서 '합'이 제일 중요하다고 보는데, 누가 뭐라고 말하지 않아도 상황에 맞게 자연스럽게 그 합이 잘 이뤄지는 것 같아요.

필자: 그간 연기하면서 겪은 디롤링 문제는 어떻게 해결했나요?

정: 저는 배우 입문 초기에 정말 디롤링이 안 돼서 크게 고생했어요. 다행히 심리상담을 전공하는 친구가 있어서 그 친구랑 얘기하면서 나름대로 해결했어요. 정말 힘들더라고요. 그때 제가 내린 결론은 작품 종료 후 캐릭터에서 벗어나려면 그 역할에 너무 빠져들지 말고 적당한 선에서 몰입해야 한다는 것이었죠. "선을 지켜야 한다"라는 내면의 다짐과 규칙이 생겼어요. 그러나 이것은 경험적인 것에서 비롯된 처치법이었기에 보다 전문적이고 과학적인 디롤링 방법을 배울 필요가 있다고 봅니다.

필자: 한예종을 나오셨는데, 그곳에서도 디롤링 테크닉을 배운 적이 있나요?

정: 제가 학교 다닐 때는 구체적으로 배우가 맡은 역할에서 벗어나는 방법을 가르치는 과목은 없었어요. 그러나 디롤링이 안 되고 우울증과 주변의 좋지 않은 일이 겹쳐 홀연 세상을 떠나는 배우들이 늘어나 충격을 주면서 커리큘럼의 변화가 있었어요. 다른 대학도 유사했죠. 그래서 졸업 전에 학교에서 디롤링에 도움이 된다는 '알렉산더 테크닉(Alexander Technique)[1]'이라는 수업을 들었어요. 요가와 유사한

---

1   '알렉산더 테크닉'은 배우 겸 낭독가인 프레더릭 매티어스 알렉산더(Frederick Matthias Alexander)가 개발한 심신·자세 회복법으로 소마틱스(Somatics: 몸학. 근육의 움직임을 의식하고 수의적으로 통제함으로써 몸을 회복하는 운동법) 기법의 일종이다. 자신이 인지하지 못하는 감각 인식의 오류, 즉 고정된 생각과 행동습관, 자세에서 벗어나 스트레스와 피로를 떨치고 심신의 균형과 조화를 회복하는 기법이다. 머리-목-몸통을 통합한 중추조절(primary control), 불필요한 반응에 대한 자제심(inhibition) 유지, 무의식적 반사의 자제와 중추조절 회복을 위한 언어적 디렉션(direction) 사용, 목적의식(end-gaining)과 집착의 자제, 순간 속에 깨어 있는 진행 과정(mean's where by)

심신의 이완·회복 훈련에 관한 것이었어요.

필자: 다양한 작품 경험을 통해 갖춰진 고유한 디롤링 방법은 무엇인가요?

정: 저는 '자전거 타기'를 가장 많이 합니다. 바다 수영을 포함한 수영, 여행, 요가도 즐겨요. 특히 자전거 타기는 디롤링에 최고예요. 자전거를 타고 달리면서 자연과 대화하는 느낌을 얻기 때문에 마음이 비워지고 초록 빛깔의 산야, 나무, 풀들을 보면 나의 눈과 내면의 감정이 정화되기에 이전 작품의 캐릭터 잔흔이 말끔히 사라집니다. 여행을 떠나면 그곳의 풍토와 자연미, 음식의 미감으로 인해 기분이 전환되어 디롤링이 잘 됩니다.

필자: 예술인의 지향과 자기관리 측면에서 어떤 배우가 되고 싶나요?

정: 저는 '잘하는 배우'가 되고 싶습니다. 가장 쉽고 간결한 표현으로 이렇게 말하고 싶어요. 연기와 소통을 모두 잘하고, 사회성이 뛰어나며, 자기관리를 입체적, 과학적으로 잘하는 배우 말이죠. 연기할 때 감성과 테크닉이 조화를 이뤄 제가 맡은 캐릭터를 잘 구현하고, 동료 배우와 합을 잘 이루고, 롤링과 디롤링을 잘하여 심신을 건강하게 유지하는 '똑똑한 연기자'가 되고 싶습니다. '똑똑한 연기자', 배우 정연주의 앞날을 크게 응원해 주세요. 감사합니다.

적용, 판단 보류와 무심 상태(non judgement) 유지, 자연스런 넌두잉적(non-doing) 몸 사용이 핵심 원리다.

참고문헌

국내 자료

≪fn스타≫. 2017.9.27. "윤계상 '악역 연기, 정말 내가 찔렸나 싶을 정도로 후유증 컸다'".

≪OSEN≫. 2022.5.27. "박해일 '탕웨이 첫인상, 소탈… 텃밭 가꿔 식사 대접'".

≪경향신문≫. 2005.6.2. "TV 문학관 '외등'의 원작자와 주인공 박범신-홍수현".

구승회. 2005. 「브랜드의 의인화 이미지와 자아 일치성에 관한 연구: 중앙 일간지 신문 브랜드를 중심으로」. ≪한국광고홍보학보≫, 7(1).

구승회·이진석. 2017. 「브랜드 의인화의 유형과 효과에 관한 분석-국내 문헌에 대한 질적 메타분석을 중심으로」. ≪광고학연구≫, 115.

김수기. 2007. 『몸을 통한 연기훈련』. 서울: 동인.

김시무. 2018. 『스타 페르소나』. 서울: 아모르문디.

김정섭. 2014. 『케이컬처 시대의 배우 경영학』. 파주: 한울엠플러스.

_____. 2016. 「현업 배우들의 배우 요건 평가에 나타난 연기예술 교육 개선 방향」. ≪예술교육연구≫, 14(3).

_____. 2017. 『한국 대중문화 예술사』. 파주: 한울엠플러스.

_____. 2019. 「배우 손예진의 코어 페르소나와 주연 작품에 대한 수용자 반응과의 정합성 분석」. ≪한국엔터테인먼트산업학회논문지≫, 13(4).

_____. 2023. 「전문 배우들의 디롤링(De-roling) 기법에 대한 유효성 평가와 간편형 적용 모델의 구축 인식」. ≪한국엔터테인먼트산업학회논문지≫, 17(3).

김정섭·이은혜. 2016. 「뮤지컬 배우의 배역 투사 양태와 치유 시스템」. ≪한국콘텐츠학회논문지≫, 16(7).

_____. 2021. 「'투사-역투사 이론' 관점의 한국 뮤지컬 배우 정선아의 연기 스킬과 스타일 특성」. ≪한국엔터테인먼트산업학회논문지≫, 15(4).

김진숙. 2009. 「투사적 동일시의 의미와 치료적 활용」. ≪한국심리학회지: 상담 및 심리치료≫, 21(4).

≪더 팩트≫. 2013.10.19. "아역배우 심리치료 어떻게 이뤄지나".

류지현. 2012. 「이미지의 사실성과 학습자의 전문성이 학습용 에이전트의 의인화 효과에 미치는 영향」. ≪감성과학≫, 15(1).

박순환·심혜숙. 2006. 「다면 페르소나 검사의 개발 및 타당화」. ≪상담학연구≫, 7(2).

박호영. 2009. 「스타니슬라브스키 연기 시스템과 미하일 체홉 연기 테크닉의 경계」. ≪한국콘텐츠학회논문지≫, 9(10).

반건호·김봉석·황준원·유희정·민정원·곽영숙·홍민하. 2013. 「배역이 아역 연기자들의 정신건강에 미치는 효과: 영화 촬영 현장 관계자 면담을 중심으로」. ≪소아청소년정신의학≫, 24.

보건복지부 질병관리본부. 2017. 「2017 국민건강통계」. 제7기 2차년도 국민건강영양조사.

사회관계 부처통합. 2021.9.29. 「대중문화예술인 자살 예방 추진계획」. 사회관계 장관회의. 2021-17.

신행우. 2001. 「자아 정체성 지위 척도의 타당도 연구」. ≪한국심리학회지≫, 14(2).

야노 다카요시(矢野尊義). 2010. 「도코쿠(透谷) 문학과 빙의」. 『일본문화연구』, 34.

예민희·임은혁. 2015. 「패션 디자이너의 페르소나 마케팅」. ≪한국의류학회지≫, 39(3).

오윤홍. 2018. 「역할 유형에 관한 연기연구: 드라마 '미스터 션샤인'의 주·조연 배우를 중심으로」. ≪한국엔터테인먼트산업학회논문지≫, 12(8).

_____. 2020. 「퍼스낼리티 배우의 '인물창조' 연구: 배우 '정우성-캐릭터' 들을 중심으로」. ≪한국엔터테인먼트산업학회논문지≫, 14(8).

윤지용. 2012. 「도자 조형의 '페르소나'와 서사(narrative) 형태 연구」. 단국대학교 대학원 조형예술학과 박사학위 논문.

윤혜원. 2000. 「반편견 교육 전략으로서 동화의 활용 방안」. ≪한국영유아보육학회지≫, 23.

이강임. 2022. 「정서 시대의 과학적 정서 이론과 연기 테크닉의 문제: 알바 이모팅 테크닉을 중심으로」. ≪드라마연구≫, 68.

이선형. 2012. 「연극치료에서 투사 연구」. ≪한국연극예술치료학회 학술대회지≫, 2.

임정미·오현옥. 2019. 「Goffman 관점에 따른 실버 여성 라인댄스 지도자의 연극학적 자아유형」. ≪코칭능력개발지≫, 21(1).

장현미. 2014. 「고프먼 관점에 따른 자아의 유형화와 커뮤니케이션적 함의-인터넷 커뮤니케이션 환경에서 자아에의 적용」. ≪커뮤니케이션 이론≫, 10(2).

주혜진. 2014. 「콘 사토시 작품에서 나타나는 양면성을 지닌 캐릭터의 페르소나 연구: 〈퍼펙트 블루〉, 〈망상 대리인〉, 〈파프리카〉를 중심으로」. ≪만화애니메이션 연구≫, 35.

최현경. 2022. 「[최현경의 배우 열전 | ⑧ '화가와 배우, 무모하지만 확실한 행복' 정재순] 국전 입상한 화가 배우 1호… 개인전만 6번」. ≪매경ECONOMY≫, 2144.

코사, 마리오(Mario Cossa). 2017. 『이유 있는 반항: 액션 기법으로 청소년과 작업하기』. 김세준·김은희 옮김. 서울: 창지사.

통계청. 2024.10.4. "2023년 사망원인통계". 대한민국정책브리핑 브리핑 자료. https://www.korea.kr/briefing/policyBriefingView.do?newsId=156653541(검색일: 2025.2.17).

≪프레시안≫. 2019.1.28. "종현, 주원, 장동건… 한류 스타들은 아프다".

≪한스경제≫. 2017.9.11. "[인터뷰] 이준 '카메라 공포증… 트라우마 아닌 트라우마'".

≪헤럴드경제≫. 2022.11.16. "[헤럴드 광장] 아티스트 심리 케어 제도화 시급하다".

홍재범. 2005. 「홍해성의 무대 예술론 고찰」. ≪어문학≫, 87.

해외 자료

Haile, Colin N. 2012. "History, use, and basic pharmacology of stimulants." *Cocaine and Methamphetamine Dependence: Advances in Treatment*, 13.

Knasel, Eddy, John Meed and Anna Rossetti. 2003. Demonstrations A demonstration is a physical example of an application or. Learning about Learning: An AZ of Training and Development Tools and Techniques.

Aaron, Stephen. 1986. *Stage fright: Its Role in Acting*. Chicago, IL: University of Chicago Press.

Formely The Actor's Fund. "Our Services & Programs" Entertainment Community Fund.org. https://entertainmentcommunity.org/services-and-programs(검색일: 2024.11.12).

Adams, James L. 1989. "Emotional blocks." *Readings in Managerial Psychology*, 107.

Andresen, Jensine. 2000. "Meditation meets behavioural medicine: The story of experimental research on meditation." *Journal of Consciousness Studies*, 7(11-12).

Arias, Gabrielle L. 2019. "In the wings: Actors and mental health a critical review of the literature." Expressive Therapies Capstone Theses.

Aristoteles. 1968. *Poetics*. Oxford: Clarendon Press.

Armstrong, Derek and Yu Kam-wai. 1997. *The Persona Principles: How to succeed in business with image marketing*. New York, NY: Simon and Schuster.

Artnet. 2023.5.15. "Do actors make good painters? Here are 9 Hollywood celebs who have turned their hand to art, ranked." https://news.artnet.com/art-world/actors-turned-painters-ranked-2295488(검색일: 2024.3.18).

Arts Wellbeing Collective. 2019.10.21. "A pocket guide for actors to post-show de-role." Theatre Art Life. https://www.theatreartlife.com/acting-singing/pocket-pocket-guide-actors-post-show-de-role/(검색일: 2024.2.16).

Ayad, Violette. 2021.2.8. "How to de-role: 8 techniques for getting out of character." Actor's Health. https://www.stagemilk.com/getting-out-of-character/(검색일: 2025.1.4).

Bailey, Sally and Paige Dickinson. 2016a. "The importance of safely 'De-roling' methods." *A Journal of Acting Pedagogy*, 2.

_____. 2016b. "The importance of safely de-roling." Methods: A journal of acting pedagogy, 2.

Bailey, Sally. 2014. "Exemplary theatre practices: Creating barrier-free theatre." *Arts and Special Education: Exemplary programs and approaches*, 2. 2013 VSA Intersections.

Bain, Alison. 2005. "Constructing an artistic identity." *Work, Employment and Society*, 19(1).

Baker, Angela K. 2008.7.13. "Alba Emoting: A safe, effective, and versatile technique for generating emotions in acting performance." BYU ScholarsArchive.

Ballard, David. David.sb.org. "Actor's equity association" http://david.sb.org/musictheater/

actors_equity_association.html(검색일: 2024.12.22).

Barton, Kate. 2020.8.10. "Feeling camera shy? Six easy ways to get over your fear." Forbes Communications Council. https://www.forbes.com/sites/forbescommunication scouncil/2020/08/10/feeling-camera-shy-six-easy-ways-to-get-over-your-fear/?sh= 26ea4e123c18(검색일: 2024.12.13.).

Barton, Robert. 1994. "Therapy and actor training." *Theatre Topics*, 4(2).

Bass, B.K. "Protagonist to antagonist: Character role hierarchy and archetypes". https:// bkbass.com/essays-articles-and-musings/the-writing-desk/protagonist-to-antagonist-character-role-hierarchy-and-archetypes/(검색일: 2023.9.16).

Beck, Jessica. 2010. "Alba Emoting and emotional melody: Surfing the emotional wave in Cachagua, Chile." *Theatre, Dance and Performance Training*, 1(2).

Bellini, Samantha, Denise Erbuto, Karl Andriessen, Mariantonietta Milelli, Marco Innamorati, David Lester, Gaia Sampogna, Andrea Fiorillo and Maurizio Pompili. 2018. "Depression, hopelessness, and complicated grief in survivors of suicide." *Frontiers in Psychology*, 9(198).

Bench, Shane W., Jac'lyn Bera and Jaylee Cox. 2021. "State boredom results in optimistic perception of risk and increased risk-taking." *Cognition and Emotion*, 35(4).

Bennett, Andy and Steve Waksman. 2015. *The SAGE Handbook of Popular Music*. London: SAGE Publications Ltd.

Berthelot, Jean-Michel. 1995. *1895 Durkheim: L'avènement De La Sociologie Scientifique*. Toulouse: Presses Univ du Mirail.

Bishop, Benjamin. 2009. "Nature for mental health and social inclusion." *Disability Studies Quarterly*, 33(1).

Bishop, Paul. 2007. *Analytical Psychology and German Classical Aesthetics: Goethe, Schiller, and Jung, Volume 1: The development of the personality*. Milton Park: Taylor and Francis.

Blackstone, Max. 1993. "Beyond brand personality: Building brand relationships, brandequity and advertising." in David A. Aaker and Alexander L. Biel(eds.). *Brand Equity Andadvertising: Advertising's role in building strong brands*. Hillsdale, NJ: Lawrence Erlbaum Associate.

Bloch, Susana and Madeleine Lemeignan. 1992. "Precise respiratory-posturo-facial patterns are related to specific basic emotions." *Bewegen and Hulpverlening*. 1.

Bloch, Susana, Pedro Orthous and Guy Santibañez-H. 1987. "Effector patterns of basic emotions: A psychophysiological method for training actors." *Journal of Social and Biological Structures*, 10(1).

Bloch, Susana, Sylvie Paulet and Madeleine Lemeignan. 1994. "Reproduciendo patrones efectores emocionales específicos: un método 'bottom-up' para inducir emociones,

Alba Emoting", in Nico H. Frijda(ed.). *ISRE'94 Proceedings of the 8th Conference of the International Society for Research on Emotions.* Storrs, CT: ISRE Publications.

Bloch, Susana. 1993. "Alba Emoting: A psychophysiological technique to help actors create and control real emotions." *Theatre Topics*, 3(2).

_____. 1994. "Personal interview with Roxane Rix."

_____. 2008. *Personal interview with Roxane Rix.* Las Condes: Uqbar Editores.

Boss, Pauline. 2006. "Resilience and health." *Grief Matters: The Australian Journal of Grief and Bereavement*, 9(3).

Briggs, Amy Ruth. 2001. *Comprehending Personality Traits of Protagonists in Narratives.* Minneapolis, MN: University of Minnesota.

Buis, Emiliano J. 2004. "How to play justice and drama in Antiquity: Law and theater in athens as performative rituals." *Florida Journal of International Law*, 16(3).

Busselle, Kate. 2021. "De-roling and debriefing: Essential aftercare for educational theatre." *Theatre Topics*, 31(2).

Buthelezi, S. 2021.8.15. "Top 5 de-roling techniques. Actor spaces. https://www.actorspaces.co.za/top-5-de-roling-techniques/(검색일: 2025.1.5).

Caldwell, Linda L., Nancy Darling, Laura L. Payne and Bonnie Dowdy. 1999. "Why are you bored?: An examination of psychological and social control causes of boredom among adolescents." *Journal of Leisure Research*, 31(2).

Carducci, Bernardo J. 2000. "What shy individuals do to cope with their shyness." *Shyness: Development, Consolidation and Change.* London: Routledge.

Carmody, Emily and Timothy D. Grant. 2017. "Online grooming: Moves and strategies." *Language and Law/Linguagem e Direito*, 4(1).

Carnicke, Sharon M. 2000. "Stanislavsky's system: Pathways for the actor." in Alison Hodge(ed.). *Twentieth Century Actor Training.* London: Routledge.

Chandler, Vincent. 2018. "Google and suicides: What can we learn about the use of internet to prevent suicides?" *Public Health*, 154.

Chauke, Mmaboshadi. 2020.10.20. "ACTORS: @SAGActors is hosting 2 workshops this week on Zoom! Join us!" @LadyShadi on X(formerly Twitter). https://x.com/LadyShadi/status/1318297141740273669(검색일: 2024.7.23).

Chatman, Seymour B. 1978. *Story and Discourse: Narrative structure in fiction and film.* Ithaca, NY: Cornell University Press.

Chatman, Seymour B. 2006. "Story and discourse: Narrative structure." in Dorothy J. Hale, *The Novel: An anthology of criticism and theory, 1900~2000.*

Chen, Charles P. and Komila Jagtiani. 2021. "Helping actors improve their career well-being." *Australian Journal of Career Development*, 30(1).

Cho Hyun-ro. 1999. "Étude sur L'image du comédien: Autour de kean d'Alexandre Dumas pére." *Revue d'Études Françaises*, 26.

Choi, Ji-hoon. 2015. "Suicide study of korean entertainers: A report on causation of korean entertainer suicides presented by media." *Sucidology Online*, 6.

Clevenger Jr, Theodore. 1955. "A definition of stage fright." *Communication Studies*, 7(1).

Cochran, Larry. 1997. *Career Counseling: A narrative approach.* Thousand Oaks, CA: Sage Publications.

Coleridge, Samuel Taylor. 1817. *Biographia Literaria.* London: Rest Fenner.

Comer, Ronald J. 2016. *Fundamentals of Abnormal Psychology.* New York, NY: Worth.

Correia, Antonia, Metin Kozak, and Jorge Ferradeira. 2013. "From tourist motivations to tourist satisfaction." *International Journal of Culture, Tourism and Hospitality Research*, 7(4).

Craven, Samantha, Sarah Brown, and Elizabeth Gilchrist. 2006. "Sexual grooming of children: Review of literature and theoretical considerations." *Journal of Sexual Aggression*, 12(3).

Crompton, John L. 1979. "Motivations for pleasure vacation." *Annals of Tourism Research*, 6(4).

Csikszentmihalyi, Mihaly. 1997. "Flow and education." *NAMTA Journal*, 22(2).

Cuddy, Amy. 2015. *Presence: Bringing your boldest self to your biggest challenges.* New York, NY: Little, Brown and Company.

Damen, Mark. 1989. "Actor and character in Greek tragedy." *Theatre Journal*, 41(3).

Davis, Tony. 1991. "Dramatherapy and cross dressing." *Dramatherapy*, 14(1).

Den Dulk, Allard. 2014. "Boredom, irony, and anxiety: Wallace and the Kierkegaardian view of the Self." in Marshall Boswell(eds.), *David Foster Wallace and "The Long Thing": New Essays on the Novels.* New York, NY: Bloomsbury.

Dieckman, Suzanne B. 1991. "A crucible for actors: Questions of directorial ethics." *Theatre Topics*, 1(1).

Ding, Lining. 2022. "Study on psychological resilience of actors and artists' depression suicide." *Psychiatria Danubina*, 34(2).

Durkheim, Émile. 1897. *Le suicide: Étude de sociologie.* Paris: Alcan.

_____. 2009. *Les Régles De La Méthode Sociologique.* Paris: Payot.

Dyer, Richard. 1979. *Star.* London: British Film Institute.

_____. 1998. "Introduction to film studies." in John Hill and Pamela Gibson(eds.), *The Oxford Guide to Film Studies.* Oxford: Oxford University Press.

Dyer, Richard. 2005. *Only Entertainment.* London: Routledge.

_____. 2013. *The Matter of Images: Essays on representations.* London: Routledge.

Eastwood, John D., Alex Frischen, Mark J. Fenske, and Daniel Smilek. 2012. "The unengaged mind: Defining boredom in terms of attention." *Perspectives on Psychological*

Science, 7(5).

Edmiston, Brian. 2014. *Transforming Teaching and Learning with Active and Dramatic Approaches: Engaging students across the curriculum.* New York, NY: Routledge.

Elyot, Thomas and Pierre de la Primaudaye. 2014. "Theory: Conflict and didacticism." in Michelle Zerba, *Tragedy and Theory: The problem of conflict since aristotle.* Princeton, NJ: Princeton University Press.

Entertainment Community. "Artists health insurance resource center." https://entertainment community.org/services-and-programs/artists-health-insurance-resource-center (검색일: 2025.1.12).

Equity League. "My health." https://www.equityleague.org/health/(검색일: 2025.1.7).

Esposito, Janet. "Conquering stage fright. Anxiety and depression association of America." https://adaa.org/understanding-anxiety/social-anxiety-disorder/treatment/con quering-stage-fright(검색일: 2025.1.3).

Farnworth, Louise. 1998. "Doing, being, and boredom." *Journal of Occupational Science*, 5(3).

Fawkes, Johanna. 2015. "Performance and persona: Goffman and Jung's approaches to professional identity applied to public relations." *Public Relations Review*, 41(5).

Florentine, Julia B. and Catherine Crane. 2010. "Suicide prevention by limiting access to methods: A review of theory and practice." *Social Science and Medicine*, 70(10).

Forte, Alberto, Giuseppe Sarli, Lorenzo Polidori, David Lester, and Maurizio Pompili. 2021. "The role of new technologies to prevent suicide in adolescence: A systematic review of the Literature. *Medicina*, 57(2).

Frawley, Rachel. 2023.10.5. "De-Roling: How and When It's Important to Remove Yourself from the Work." Casting Networks. https://www.castingnetworks.com/news/de-roling-how-and-when-its-important-to-remove-yourself-from-the-work/(검색일: 2024.11.2).

Freud, Sigmund. 1973. "Further remarks on the Neuro-psychoses of defense." in James Strachey(eds.), *The Standard Edition of the Complete Psychological Works of Sigmund Freud II.* London: Hogarth Press.

_____. 1989. "The ego and the Id." *TACD Journal*, 17(1).

Gabbard, Glen O. 1979. "Stage fright." *The International Journal of Psycho-Analysis*, 60.

Garville, Stephanie. "Parting with a part: How to de-role." SpotLight. https://www.spotlight. com/news-and-advice/parting-with-a-part-how-to-de-role/(검색일: 2025.2.1).

Gecas, Viktor. 1982. "The self concept." *Annual Review of Sociology*, 8.

Geer, Richard O. 1993. "Dealing with emotional hangover: Cool-down and the performance cycle in acting." *Theatre Topics*, 3(2).

Gerritsen, Cory J., Maggie E. Toplak, Jessica Sciaraffa and John Eastwood. 2014. "I can't get no satisfaction: Potential causes of boredom." *Consciousness and Cognition*, 27.

Goffman, Erving. 1959. *The Presentation of Self in Everyday Life*. New York, NY: Adoubleday Anchor Original.

_____. 1963. *Behavior in Public Places: Notes on the social organization of gatherings*. New York, NY: The Free Press.

_____. 1967. *Interaction Ritual: Essays on face to face behavior*. New York, NY: Doubleday Anchor Books.

_____. 1971. *Relations in Public: Microstudies of the public order*. New York, NY: Harper and Row Publishers.

Goodstein, Elizabeth S. 2005. *Experience Without Qualities: Boredom and modernity*. Stanford, CA: Stanford University Press.

Greek Theatre group. "Costume and masks." https://greektheatre.wordpress.com/home/ (검색일: 2024.9.18).

Grootboom, G. Allen. 2012. *Taking the Face Off: The masks that separate us*. Bloomington, IN: Xlibris.

Gualeni, Stefano and Daniel Vella. 2020. "En-roling and de-roling in virtual worlds." In *Virtual Existentialism*. Cham: Palgrave Pivot.

Gualeni, Stefano, Daniel Vella, and Johnathan Harrington. 2017. "De-roling from experiences and identities in virtual worlds." *Journal For Virtual Worlds Research*, 10(2).

Gurbuz, Sait O., Serhad Habiboglu and Dursun Bingol. 2016. "Who is being judged promotable: Good actors, high performers, highly committed or birds of a feather?" *International Journal of Selection and Assessment*, 24(2).

Hartney, Elizabeth. 2019.7.3. "How long does withdrawal from Marijuana last?" Verywell mind. https://lifering.org/wp-content/uploads/lifering_recovery/outside-recovery-articles/science/How%20Long%20Does%20Withdrawal%20From%20Marijuana%20Last.pdf(검색일: 2025.2.4).

Hastrup, Kirsten. 1998. "Theatre as a site of passage." *Ritual, Performance, Media*, 35.

Hayashi Norio, Wada Teruo, Hirai Hiroaki, Miyake Takaaki, Matsuura Yoshimasa, Shimizu Norinaga, Kurooka Hiroshi and Horiuchi Shousaku. 2008. "The Effects of Horticultural Activity in a Community Garden on Mood Changes." *Environmental Control in Biology*, 46(4).

Hehemann, Marah C., Omer A. Raheem, Saneal Rajanahally, Sarah Holt, Tony Chen, Judy N. Fustok, Kelly Song, Heather Rylander, Emma Chow, Kevin A. Ostrowski, Charles H. Muller and Thomas J. Walsh. 2021. "Evaluation of The Impact of Marijuana use on semen quality: A prospective analysis." *Therapeutic Advances in Urology*, 13.

Hendel, Hilary J. 2022.2.11. "Boredom as a symptom." National Alliance On Mental Illness. https://www.nami.org/Blogs/NAMI-Blog/February-2022/Boredom-as-a-Symptom

(검색일: 2025.2.3).

Heshmat, Shahram. 2017.6.16. "Eight reasons why we get bored: Boredom can be viewed as a crisis of desire". *Psychology Today*. https://www.psychologytoday.com/us/blog/science-choice/201706/eight-reasons-why-we-get-bored(검색일: 2024.12.8).

Hisanabe Yumi. 2009. "Persona marketing for Fujitsu kids site." *Fujitsu Science Technology Journal*, 45(2).

Hitchcock, Katherine and Brian Bates. 1991. "Actor and mask as metaphors for psychological experience." in Glenn D. Wilson, *Psychology and Performing Arts*. Amsterdam: Swets and Zeitlinger.

Holland, John L. 1997. *Making Vocational Choices: A theory of vocational personalities and work environments*(3rd ed.). Odessa, FL: Psychological Assessment Resources.

Hritzu, John N. 1945. "Three actor rule in Goethe's 'Iphigenie auf Tauris'." *Monatshefte für Deutschen Unterricht*, 37(8).

Hunter Talent. "Tips on how to overcome shyness and be camera-ready." https://www.huntertalent.com.au/camera-preparation/how-to-overcome-shyness-and-be-camera-ready/(검색일: 2024.12.29).

Iacono, William G. 2024. "Psychology and the lie detector industry: A fifty-year perspective." *Biological Psychology*, DOI: 108808.

Jabr, Ferris. 2013.11.1. "How the brain gets addicted to gambling: Addictive drugs and gambling Rewire Neural Circuits in Similar Ways." Scientific American. https://www.scientificamerican.com/article/how-the-brain-gets-addicted-to-gambling/(검색일: 2025.1.28).

James, William. 1890. *The Principles of Psychology*(Vol. 2). New York, NY : Henry Holt Co.

_____. 1982. *Psychology: Briefer course*. New York, NY : Henry Holt Co.

Jobes, David A. 2000. "Collaborating to prevent suicide: A clinical-research perspective." *Suicide and Life-Threatening Behavior*, 30(1).

Jones, Phil. 2007. *Drama as Therapy Volume 1: Theory, practice and research*. London: Routledge.

Jung, Carl G. 1943. "On the psychology of the unconscious." *Two Essays on Analytical Psychology*. Cleveland: The World.

_____. 1990. *The Archetypes and the Collective Unconscious*. New York, NY: Princeton UP.

Kak, Subhash. 2004. "Ritual, masks, and sacrifice." *Studies in Humanities and Social Sciences*, 11(1).

Kaplan, Donald M. 1969. "On stage fright." *The Drama Review*, 14(1).

Kelley, Sue A., Celia A. Brownell and Susan B. Campbell. 2000. "Mastery motivation and self-evaluative affect in toddlers: Longitudinal relations with maternal behavior."

Child Development, 71(4).

Kensinger, Elizabeth A. and Brendan D. Murray. 2012. "Emotional memory." in Norbert M. Seel(eds.), *Encyclopedia of the Sciences of Learning*. New York, NY: Springer.

Kielblock, Adolph. 1891. *The Stage Fright or How to Face an Audience*. Boston, MA: Press of G. H. Ellis.

Kleiman, Evan M., Catherine R. Glenn and Richard T. Liu. 2023. "The use of advanced technology and statistical methods to predict and prevent suicide." *Nature Reviews Psychology*, 2(6).

Klein, Melanie. 1975. "Notes on some schizoid mechanisms." *Envy and Gratitude and Other Works*(Vol. 3). London: Hogarth Press.

Knox, Kerry L., Yeates Conwell and Eric D. Caine. 2004. "If suicide is a public health problem, What are we doing to prevent it?" *American Journal of Public Health*, 94(1).

Kostera, Monika. 2012. "Chapter 7 | Persona: The actor and the mask in organizations and archetypes." *Organizations and Archetypes*. Cheltenham: Edward Elgar Publishing.

Kriegt, Jessica. 2004. "There's no business like show business: Child entertainers and the law." *Journal of Labor and Employment Law*, 6(2).

Krumboltz, John D. 1996. "A learning theory of career counseling." in Mark L. Savickas and W. Bruce Walsh(eds.), *Handbook of Career Counseling Theory and Practice*. Palo Alto, CA: Consulting Psychologists Press.

K-State. 2014.6.5. "Student's research project looks at how de-roling may help actors shed intense roles." https://www.k-state.edu/media/newsreleases/jun14/de-role 6514.html(검색일: 2024.11.20).

Lai Pei-hsuan, Li Chia-wei, Hung Shih-han, Lee A-young, Chang Chun-yen and Tang Hsing-feng. 2023. "How do horticultural activities affect brain activation and emotion? Scientific evidence based on functional connectivity." *Hort Science*, 58(1).

Landy, Robert J. 1990. "The concept of role in dama therapy." *The Arts in Psychotherapy*, 17(3).

_____. 1993. *Persona and Performance: The meaning of role in drama, therapy, and everyday life*. New York, NY: Guilford Press.

_____. 1994. *Drama Therapy: Concepts, theories and practices*(2nd ed.). Springfield, IL: Charles C Thomas Publisher.

_____. 2009. "Role theory and the role method of drama therapy." in David R. Johnson, Renee Emunah(eds.), *Current Approaches in Drama Therapy*(Vol. 2). Springfield, IL: Charles C Thomas Publisher.

Lapsley, Daniel K. and Paul Stey. 2012. "Id, ego, and superego." in Vilayanur S. Ramachandran(eds.), *Encyclopedia of Human Behavior*(Vol. 2). Cambridge, MA: Academic Press.

Lassken, Savannagh. 2017. "Persona Non Grata: A systematic review of de-roling in drama therapy." *Drama Therapy Review*, 3(2).

Leeman, Robert F., Rani A. Hoff, Suchitra Krishnan-Sarin, Julie A. Patock-Peckham, Marc N. Potenza. 2014. "Impulsivity, sensation-seeking, and part-time job status in relation to substance use and gambling in adolescents." *Journal of Adolescent Health*, 54(4).

Lester, David. 1995. "Preventing suicide in women and men." *Crisis*, 16(2).

_____. 2011. "Evidence-based Suicide Prevention by Lethal Methods Restriction." in Maurizio Pompili and Roberto Tatarelli(eds.), *Evidence-based Practice in Suicidology: A source book*. Göttingen: Hogrefe and Huber Pub.

_____. 2012. "Psychotherapy for Preventing Suicide." in Maurizio Pompili(Ed.), *Exploring The Phenomenon of Suicide*. Hauppauge, NY: Nova Science Publishers.

Liroff, Marci. 2021.11.19. "5 ways to de-role when working with triggering material." Back Stage. https://www.backstage.com/magazine/article/how-to-recover-from-working-with-triggering-material-74285/(검색일: 2024.12.26).

Lombardo, Nicholas E. 2017. "Boredom and modern culture." *Logos: A journal of catholic thought and culture*, 20(2).

Longwell, Dennis and Sanford Meisner. 1987. *Sanford Meisner on Acting*. New York, NY: Random House.

Lounsbury, John W. and Jeffrey R. Polik. 1992. "Leisure needs and vacation satisfaction." *Leisure Sciences*, 14(2).

Luxton, David D., Jennifer D. June and Katherine Anne Comtois. 2013. "Can postdischarge follow-up contacts prevent suicide and suicidal behavior?" *Crisis*, 34(1).

Mahika, Cristina. 2011. "Current trends in tourist motivation." *Cactus Tourism Journal*, 2(2).

Maloney, David. 2020.10.25. "Understanding the shadow persona trap." Youtube channel 'Dr David Maloney Psychotherapy'. https://www.youtube.com/watch?v=eoXaeoFrMaU(검색일: 2025.2.10).

Manchanda, Subhash C. and Kushal Madan. 2014. "Yoga and meditation in cardiovascular disease." *Clinical Research in Cardiology*, 103.

Manne, Kate. 2023. "Moral Gaslighting." *Aristotelian Society*, 97(1).

Marcia, James E. 1966. "Development and validation of Ego-Identity status." *Journal of Personality and Social Psychology*, 3(5).

Martin, Marion, Gaynor Sadlo and Graham Stew. 2006. "The phenomenon of boredom." *Qualitative Research in Psychology*, 3(3).

McDonald, William. 2009. "Kierkegaard's demonic boredom." *Critical Studies*, 31.

Meerwijk, Esther L., Amrita Parekh, Maria A. Oquendo, Elaine Allen, Linda S. Franck, Kathryn A. Lee. 2016. "Direct Versus Indirect Psychosocial and Behavioural Interventions to Prevent Suicide and Suicide Attempts: A systematic review and Meta-analysis." *The*

Lancet Psychiatry, 3(6).

Mercer-Lynn, Kimberley B., Rachel J. Bar and John D. Eastwood. 2014. "Causes of boredom: The person, the situation, or both?" *Personality and Individual Differences*, 56.

Merlin, Bella. 2016. *Facing the Fear: An actor's guide to overcoming stage fright*. London: Nick Hern Books.

Mikulas, William L and Stephen J. Vodanovich. 1993. "The essence of boredom." *The Psychological Record*, 43(1).

Monteressi, Christopher. 1998. *Emotional hijacking Versus Safe Behavior*. Morgantown, WV: West Virginia University.

Moore, Joan. 2006. "Theatre of 'Theatre of Attachment': Using drama to facilitate attachment in adoption." *Adoption and Fostering*, 30(2).

Moreno, Zerka T., Leif Dag Blomkvist and Thomas Rutzel. 2000. *Psychodrama, Surplus Reality, and the Art of Healing*. London: Routledge.

Nakamura, Jeanne and Mihaly Csikszentmihalyi. 2014. "The concept of flow." *Flow and the Foundations of Positive Psychology*. Dordrecht: Springer Netherlands.

Nandini, Narayana, Nandita Chaube and Dahiya, M. S. 2018. "Psychological review of suicide stories of celebrities: The distress behind contentment." *Indian Journal of Health and Wellbeing*, 9(2).

Naratri, Aisya R. 2015. "Psychological conflict of Dorian Gray in the novel entitled the picture of Dorian Gray by Oscar Wilde." *Lantern*, 5(1).

Orzechowicz, David. 2008. "Privileged emotion managers: The case of actors." *Social Psychology Quarterly*, 71(2).

Paget, Derek. 2002. "Acting a part: Performing docudrama." *Media International Australia*, 104(1).

Paris, Joel. 2021. "Can we predict or prevent suicide?: An update." *Preventive Medicine*, 152.

Petter, Chris. 1982. "Pound's 'Personae': From manuscript to print." *Studies in Bibliography*, 35.

Phillips, David. P. 1974. "The influence of suggestion on suicide: Substantive and theoretical implications of the werther effect." *American Sociological Review*, 39(3).

Plancke, Laurent, Alina Amariei, Thierry Danel, Christophe Debien, Marielle Wathelet and Guillaume Vaiva. 2021. "Effectiveness of a French program to prevent suicide reattempt(VigilanS)". *Archives of Suicide Research*, 25(3).

Porter, Stephen and Leanne ten Brinke. 2010. "The truth about lies: What works in detecting High-stakes deception?" *Legal and Criminological Psychology*, 15(1).

Preti, Antonio, and Paola Miotto. 1999. "Suicide among eminent artists." *Psychological Reports*, 84(1).

Preti, Antonio, Francesca De Biasi, and Paola Miotto. 2001. "Musical creativity and suicide."

Psychological Reports, 89(3).

Pringle, Beverly, Lisa J. Colpe, Robert K. Heinssen, Michael Schoenbaum, Joel T. Sherrill, Cynthia A. Claassen and Jane L. Pearson. 2013. "A strategic approach for prioritizing research and action to prevent suicide." *Psychiatric Services*, 64(1).

Reid, William H. 2010. "Preventing suicide." *Journal of Psychiatric Practice*, 16(2).

Rennison, Nick. 2015. *Freud and Psychoanalysis: Everything you need to know about Id, ego, super-ego and more*. Harpenden: Oldcastle Books.

Resnick, Barbara. 2018. "The relationship between resilience and motivation`" in Barbara Resnick, Lisa P. Gwyther, Karen A. Roberto(eds.), *Resilience in Aging: Concepts, research, and outcomes*. New York, NY: Springer.

Rietdijk, Natascha. 2024. "Post-truth politics and collective gaslighting." *Episteme*, 21(1).

Ringmar, Erik. 2016. "Attention and the cause of modern boredom." in Michael Gardiner, Julian Jason Haladyn(eds.), *Boredom Studies Reader*. London: Routledge.

Ross, Martha. 2024.10.23. "Nicole Kidman reveals how intense sex scenes got for new film, 'Babygirl'." *The Mercury News*. https://www.mercurynews.com/2024/10/23/nicole-kidman-reveals-how-intense-sex-scenes-got-for-new-film-babygirl/(검색일: 2024.11.13).

Rule, Janice. 1973. "The actor's identity crises: Postanalytic reflections of an actress." *International Journal of Psychoanalytic Psychotherapy*, 2(1).

Sarason, Seymour B. 1999. *Teaching as a Performing Art*. New York, NY: Teachers College Press.

Sarbin, Theodore R. 1986. *Narrative Psychology: The storied nature of human conduct*. New York, NY: Praeger.

Sarma, Kamal. 2008. *Mental Resilience: The power of clarity*. Novato, CA: New World Library.

Schafer, Roy. 1983. *The analytic attitude*. New York, NY: Basic Books.

Scheepers, Daan, Tamar Saguy, John F. Dovidio, and Samuel L. Gaertner. 2014. "A shared dual identity promotes a cardiovascular challenge response during interethnic interactions." *Group Processes and Intergroup Relations*, 17(3).

Schwartz-Lifshitz, Maya, Gil Zalsman, Lucas Giner and Maria A. Oquendo. 2012. "Can we really prevent suicide?" *Current Psychiatry Reports*, 14.

ScienceDaily. 2014.6.5. "How de-roling may help actors shed intense roles." https://www.sciencedaily.com/releases/2014/06/140605140011.htm(검색일: 2024.8.12).

Scott, Elizabeth A. "How to de-role: And why it's important." Stage Whispers. https://www.stagewhispers.com.au/articles/198/how-de-role-%E2%80%93-and-why-it%E2%80%99s-important(검색일: 2025.2.4).

Sempik, Joe and Jo Aldridge. 2006. "Care farms and care gardens: Horticulture as therapy in UK." in Jan Hassink and Majken van Dijk(eds.), *Farming For health: Green-care farming across Europe and the United States of America.* New York, NY: Springer.

Shneidman, Edwin S. 2018. "Anodyne psychotherapy for suicide: A psychological view of suicide." in Maurizio Pompili(ed.), *Phenomenology of Suicide: Unlocking the suicidal mind.* New York, NY: Springer.

Sifakis, Gregory. 1995. "The One: Actor rule in Greek tragedy." *Bulletin of the Institute of Classical Studies,* 40(S66).

Sisto, Antonella, Flavia Vicinanza, Laura Leondina Campanozzi, Giovanna Ricci, Daniela Tartaglini and Vittoradolfo Tambone. 2019. "Towards a rransversal definition of psychological resilience: A literature review." *Medicina,* 55(11).

Söderback, Ingrid, Marianne Söderström and Elisabeth Schälander. 2004. "Horticultural therapy: The 'Healing Garden' and gardening in rehabilitation measures at danderyd hospital rehabilitation clinic, Sweden." *Pediatric Rehabilitation,* 7(4).

Spada, Marcantonio M., Lucia Giustina, Silvia Rolandi, Bruce A. Fernie and Gabriele Caselli. 2015. "Profiling metacognition in gambling disorder." *Behavioural and Cognitive Psychotherapy,* 43(5).

Stack, Steven. 2001. "Occupation and suicide." *Social Science Quarterly,* 82(2).

Stafford, Faith. 2005. "The significance of de-roling and debriefing in training medical students using simulation to train medical students." *Medical Education,* 39(11).

Stead, Harry J. 2019.10.2. "4 Carl Jung theories explained: Persona, shadow, anima/animus, the self: A brief introduction to Carl Jung and Jungian psychology." Medium. https://medium.com/personal-growth/4-carl-jung-theories-explained-persona-shadow-anima-animus-the-self-4ab6df8f7971(검색일: 2025.2.8).

Stein, Joel. 2003.8.4. "Just say om." *Time Magazine,* 162(5).

Sternberg, Patricia and Antonina Garcia. 2000. *Sociodrama: Who's in your shoes?*(2nd ed.). Westport, CT: Praeger.

Stone, Hal and Sidra Stone. 1998. *Embracing Our Selves: The voice dialogue manual.* Navota, CA: New World Library.

Studer, Regina, Patrick Gomez, Horst Hildebrandt, Marc Arial and Brigitta Danuser. 2011. "Stage fright: Its experience as a problem and coping with it." *International Archives of Occupational and Environmental Health,* 84.

Svendsen, Lars. 1999. *A Philosophy of Boredom.* London: Reaktion Books.

Thomas, Keith. 1964. "Work and leisure in pre-industrial society." *Past and Present,* 29(1).

Thomson, Mark and Brian Tracy. 2010. *Now, Build a Great Business: 7 ways to maximize your profits in any market.* New York, NY: AMACOM Books.

Tohid, Hassaan. 2016. "Robin Williams' suicide: A case study." *Trends in psychiatry and psychotherapy,* 38(3).

Toohey, Peter. 2012. *Boredom: A lively history*. New Haven, CT: Yale University Press.

Valente, Lucilia and David Fontana. 1994. "Drama therapist and client: An examination of good practice and outcomes." *The Arts in Psychotherapy*, 21(1).

Vitaro, Frank, Amy C Hartl, Mara Brendgen, Brett Laursen, Ginette Dionne and Michel Boivin. 2014. "Genetic and environmental influences on gambling and substance use in early adolescence." *Behavior Genetics*, 44(4).

Vrij, Aldert and Giorgio Ganis. 2014. "Theories in deception and lie detection." in David C. Raskin, Charles R. Honts and John C. Kircher(eds.), *Credibility Assessment*. Cambridge, MA: Academic Press.

Vrij, Aldert and Samantha Mann. 2001. "Telling and detecting lies in a high-stake situation: The case of a convicted murderer." *Applied Cognitive Psychology*, 15(2).

Walsh-Bowers, Richard. 2006. "A theatre acting perspective on the dramaturgical metaphor and postmodern self." *Theory and Psychology*, 16(5).

Widener, Charlene and Nancy Barnes. 2009. "From camera shy to camera fabulous." SIDLIT Conference Proceedings.

WorkWell Mental Health Improvement Fund. 2023.4.6. "You pocket guide to de-role." https://www.worksafe.vic.gov.au/resources/your-pocket-guide-de-role(검색일: 2024.9.28).

Wright, Sylvia H. 2012. *The ABCs of Greening Communications*. Morrisville, NC: LuLu.com Press.

Xiluva Productions. 2023.8.10. "Acting workshop: De-rolling with manigi." Xiluva Productions' Facebook page. https://www.facebook.com/photo/?fbid=612119171105920&set=a.290867469897760(검색일: 2025.1.16).

Yip, Paul SF, Eric Caine, Saman Yousuf, Chang Shu-Sen, Wu Kevin Chien-Chang and Chen Ying-Yeh. 2012. "Means restriction for suicide prevention." *The Lancet*, 379(9834).

김정섭 교수의 Culture Books

케이컬처 시리즈 (5권)

1 『케이컬처 시대의 아티스트 케어: 연기 예술인의 롤링, 디롤링, 멘탈 헬스』(2025)
2 『케이컬처 시대의 새로운 '시청자 친화채널': FAST』(2024)
3 『케이컬처 시대를 이끈 저력의 발자취 통찰: 한국대중문화예술사』(2024)
4 『케이컬처 시대의 뮤직 비즈니스』(2021)
   — 2021년 문화부 세종도서 학술부문 선정
5 『케이컬처 시대의 배우 경영학』(2014)
   — 2015년 대한민국학술원 우수학술도서 선정

- 『셀럽시대: 이론·데이터에서 수양·실천까지』(2023)
  — 국회도서관 '2024 세상의 변화를 읽는 50책' 선정
- 『대한민국 신선마을: 무형유산 신선강림 전설을 품은 명승 10선』(2022)
- 『(엔터테인먼트 사이언스 I) 엔터테인먼트 경영·경제학』(공역, 2021)
  — 2022년 대한민국학술원 우수학술도서 선정
- 『(엔터테인먼트 사이언스 II) 엔터테인먼트 상품 경영론』(공역, 2021)
  — 2022년 대한민국학술원 우수학술도서 선정
- 『(엔터테인먼트 사이언스 III) 엔터테인먼트 통합 마케팅』(공역, 2021)
  — 2022년 대한민국학술원 우수학술도서 선정
- 『격렬비열도: 함께 가요, 함께 가꿔요, 함께 지켜요』(2020)
- 『할리우드 에이전트』(역서, 2019)
  — 2019년 세계일보·교보문고 선정 '올해의 책'
- 『우리는 왜 사랑에 빠지고 마는 걸까: 끌림의 호르몬부터 사랑의 유효기간까지, 사랑의 모든 순간을 이해하는 5가지 사랑의 과학』(2019)
- 『한국 대중문화 예술사』(2017)
- 『명품배우 만들기 스페셜 컨설팅』(2016)
- 『협동조합: 성공과 실패의 비밀』(공저, 2016)
- 『언론사 패스 심층지식 I 』(2014)
- 『언론사 패스 심층지식 II 』(2014)
- 『한국 방송 엔터테인먼트 산업 리포트』(2007)

지은이

김정섭
KIM Jeong-Seob

성신여자대학교 문화산업예술대학원 문화산업예술학과 교수(Ph. D.)로서 케이컬처(K-culture), 아티스트, 문화산업·정책 연구에 집중해 왔다. 이 책은 전작인『케이컬처 시대의 배우 경영학』,『명품배우 만들기 스페셜 컨설팅』에 이어 '케이컬처'의 위상에 걸맞은 아티스트(배우)의 연기 전후 처치와 과학적 심리 관리, 효능감 및 행복 강화, 불행 예방을 위해 출간한 학문과 제작 현장의 통섭 연구서다. 저자는 ≪경향신문≫ 문화부·공연문화부·미디어부 기자, 'LG 글로벌 챌린저' 제1기, 성신여대 방송영상저널리즘스쿨 원장, 미디어영상연기학과 학과장, '2022~2025 한국케이블TV방송대상' 심사위원장, 문화체육관광부 정책자문위원, KTV 방송자문위원, 경기문화재단 이사, '2025년 대한민국 연극제' 자문위원, 한국거래소 상장심사위원, 한국엔터테인먼트산업학회 이사 등을 지냈다. 현재 한국일차보건의료학회 부회장으로 활동 중이다. '케이컬처'라는 용어를 학문에 처음으로 도입·사용한 학자로서 대학에서 배우와 가수 등 아티스트 자원을 길러내고 있으며, 대하사극 〈광대 달문을 찾아서〉의 예술감독 등을 맡아 공연 제작에도 참여했다. 손예진 배우의 페르소나 연구로 한국엔터테인먼트산업학회 '우수논문상'(2019)을 받았다.
_lakejs@naver.com

한울아카데미 2572

케이컬처 시대의 아티스트 케어

연기 예술인의 롤링, 디롤링, 멘탈 헬스

ⓒ 김정섭, 2025

지은이 | 김정섭
펴낸이 | 김종수
펴낸곳 | 한울엠플러스(주)
편집책임 | 최진희
편 집 | 이동규

초판 1쇄 인쇄 | 2025년 3월 7일
초판 1쇄 발행 | 2025년 3월 27일

주소 | 10881 경기도 파주시 광인사길 153 한울시소빌딩 3층
전화 | 031-955-0655
팩스 | 031-955-0656
홈페이지 | www.hanulmplus.kr
등록 | 제406-2015-000143호

Printed in Korea.
ISBN 978-89-460-7572-6 93680

* 이 책은 KBIZ한마음체(무료 글꼴, 중소기업중앙회)를 사용했습니다.
* 책값은 겉표지에 표시되어 있습니다.